Le Livre de l'iPad

Yasmina Salmandjee-Lecomte
Sébastien Lecomte

FIRST
> Interactive

© Éditions First-Gründ-Dragon d'Or, Paris, 2011
60, rue Mazarine
75006 Paris – France
Tél. 01 45 49 60 00
Fax 01 45 49 60 01
E-mail : firstinfo@efirst.com
Web : www.editionsfirst.fr

ISBN : 978-2-7540-2563-8
Dépôt légal : mars 2011
Imprimé en France par IME, 3 rue de l'Industrie 25112 Baume-Les-Dames

Mise en page : pbi1@me.com

Vue d'ensemble

Table des matières

PARTIE II. BIEN UTILISER L'IPAD ET LES APPLICATIONS DE BASE

PARTIE III. ALLER PLUS LOIN AVEC L'IPAD ET LES APPLICATIONS

PARTIE IV. BIEN CONFIGURER ET SAUVEGARDER L'IPAD

Photo © Apple, Inc.

Présentation

Vous possédez un iPad ? Vraisemblablement, la réponse est oui, puisque vous avez acheté cet ouvrage ! Tout d'abord, bravo, car cela signifie que vous avez opté pour un produit novateur et original : une tablette tactile.

Et vous n'avez pas choisi n'importe quelle *tablette*, vous avez choisi la meilleure d'entre elles : l'iPad. Ce point de vue tout à fait personnel, vous allez probablement le partager très vite avec l'auteur de cet ouvrage, qui a décortiqué pour vous l'iPad dans les moindres détails pour vous en livrer tout ce que vous devez savoir.

L'iPad est bel et bien une révolution. Il dévoile de prime abord des fonctions simples mais efficaces, avec des capacités dignes d'un véritable ordinateur portable. Mais lorsqu'on apprend à le connaître, il révèle des facettes plus inattendues, qui en font une machine unique en son genre !

Il permet bien sûr de surfer sur le Web et consulter vos e-mails, d'écouter de la musique et voir des vidéos, mais il assure aussi les fonctions de GPS pour vous orienter, de cadre photo numérique, de lecteur de livres électroniques, et bien d'autres choses encore. Toutes les fonctions de l'iPad seront expliquées, en profondeur.

Néanmoins, grâce aux célèbres *applications*, l'iPad permet d'aller encore beaucoup plus loin ! Une partie importante de l'ouvrage sera consacrée à la mise en œuvre complète de projets plus avancés et originaux avec l'iPad, à l'aide d'une sélection soignée parmi les applications disponibles sur l'App Store.

L'iPad, tout en étant ultra-complet et très intuitif à utiliser, n'en cache pas moins de nombreux secrets et outils souvent ignorés des utilisateurs, même les plus accros ! Vous en découvrirez beaucoup dans cet ouvrage.

À qui est destiné ce livre

Ce livre, destiné aussi bien aux utilisateurs initiés qu'aux débutants, a pour but de vous faire découvrir les centaines de fonctions qu'offre l'iPad. Détaillé et précis, grâce à des explications claires et des exemples concrets, il est l'outil indispensable pour apprendre sereinement et réussir à maîtriser rapidement les possibilités innombrables qu'offre ce produit. Cet ouvrage se propose donc de vous servir de guide à travers les étapes de votre découverte.

Dans un souci pédagogique, toutes les actions à réaliser sont décrites étape par étape, et, quand cela est nécessaire, illustrées par des captures d'écran. De plus, des paragraphes spécifiques vous fournissent des informations sur les termes employés, les nouveautés de l'iPad, ainsi que des conseils d'utilisation ou des astuces pour aller plus loin.

Contenu de ce livre

Ce livre est divisé en quatre parties.

Partie I : À la découverte de l'iPad

Le chapitre 1, **Bienvenue dans votre iPad !**, vous propose de faire connaissance avec l'iPad. Après une prise en main rapide et une première approche des boutons et contrôles principaux, nous ferons le point sur ce qu'est à proprement parler l'iPad, avec dix exemples d'utilisations incontournables. Vous découvrirez ensuite quelques accessoires utiles pour compléter l'iPad. Nous nous intéresserons également à iTunes. Pour terminer, nous parlerons du tout premier démarrage de l'iPad.

Au chapitre 2, **Premier contact avec l'iPad**, vous vous exercerez à quelques manipulations fondamentales (démarrer l'iPad, le déverrouiller et le verrouiller, *etc.*) puis nous ferons le point sur la connexion à Internet et le mode Wi-Fi. Nous finirons avec quelques manœuvres simples, à connaître impérativement pour ajuster le volume, recharger l'iPad et même parfois… l'éteindre !

Dans le chapitre 3, **Contrôler l'iPad et ses applications**, vous verrez comment la tablette répond… au doigt et à l'œil ! Vous découvrirez deux éléments fondamentaux : le bouton Accueil et l'écran. À quoi servent-ils et comment les contrôler : vous saurez tout. Nous détaillerons aussi les applications et les icônes, ainsi que la recherche et le bouton Action qui permet de partager des éléments ou d'imprimer avec l'iPad.

Partie II : Bien utiliser l'iPad et les applications de base

Le chapitre 4 est consacré à **Safari** et à l'exploration du Web sur l'iPad. Afficher une page Web, effectuer une recherche avec Google, ouvrir une nouvelle fenêtre ou encore utiliser les signets et l'historique, tout cela n'aura plus aucun secret pour vous. Sans oublier de super astuces de navigation !

Le chapitre 5, Mail et Contacts, vous invite à découvrir une approche différente du courriel avec l'iPad. Vous commencerez par paramétrer Mail. Vous accomplirez ensuite toutes les tâches « classiques » avec une messagerie électronique. Vous verrez enfin que l'iPad permet de gérer votre carnet d'adresses.

Le chapitre 6 vous permettra de découvrir deux applications simples mais efficaces : Notes et Calendrier. Nous aborderons même la synchronisation du Calendrier avec un agenda Microsoft Exchange.

Le chapitre 7 est consacré à un outil unique en son genre, très pratique au quotidien : Plans. Vous saurez comment exploiter au mieux Plans et la géolocalisation pour vous repérer et vous orienter, mais aussi voir des photos panoramiques des rues ou encore afficher la circulation ou trouver des adresses de commerçants !

Dans le chapitre 8, vous en prendrez plein les yeux, grâce aux étourdissantes capacités de l'iPad concernant les photos ! Visualisation d'albums, diaporamas, utilisation de l'iPad comme cadre photo : ce ne sont que quelques exemples. Mais au préalable, il vous faudra transférer vos photos sur l'iPad.

Dans le chapitre 9, Musique et vidéo, vous continuerez à profiter de l'iPad avec tous vos sens. L'iPod, incontournable, et la lecture de vidéos sont un vrai plaisir et vous en découvrirez toutes les facettes, comme le transfert des morceaux de musique et des films sur l'iPad ou l'exploration de YouTube, qu'on ne présente plus.

Partie III : Aller plus loin avec l'iPad et les applications

Le chapitre 10 fait office d'introduction à cette partie : Vive les applications ! vous explique comment explorer l'App Store, installer et gérer vos applications, directement depuis l'iPad ou avec iTunes sur votre ordinateur. Nous nous poserons aussi une question simple : qu'est-ce qu'une bonne application ? Enfin, nous parlerons de la compatibilité des applications entre iPhone et iPad.

Le chapitre 11 est un élément essentiel de cet ouvrage, puisqu'il présente quinze projets à réaliser avec votre iPad et à l'aide d'applications à télécharger. Lire des livres électroniques et créer vos propres livres électroniques au format ePub, gérer une liste de choses à faire ou d'invités, créer et envoyer une invitation pour une fête, gérer un budget, embarquer l'iPad en cuisine : voici quelques exemples de projets que nous vous proposons.

Partie IV : Bien configurer et sauvegarder l'iPad

Le chapitre 12, **Réglages importants et personnalisation de l iPad**, fait le point sur les options utiles et les paramétrages à connaître.

Enfin, dans le chapitre 13, **Mise à jour et sauvegardes**, vous verrez comment installer les mises à jour d'iOS, sauvegarder vos données ou effectuer une restauration à partir d'une sauvegarde et, enfin, éventuellement réinitialiser l'iPad en cas de besoin.

Conventions

Ce livre est agrémenté de paragraphes spécifiques fournissant des informations complémentaires :

Note Informations complémentaires en relation avec le sujet traité.

Astuce Solution pour aller plus loin sur le sujet traité.

Définition Explicitation et clarification relatives à un terme technique.

Nouveauté Explications mettant l'accent sur une nouvelle caractéristique importante de l'iPhone 4 ou d'iOS 4.

Bonne lecture !

PARTIE I
À LA DÉCOUVERTE DE L'IPAD

Chapitre 1

Bienvenue dans votre iPad !

Dans ce chapitre

- Prise en main
- Première approche des boutons et contrôles principaux
- Qu'est-ce que l'iPad ?
- Dix utilisations incontournables de l'iPad
- Quelques accessoires utiles
- Peut-on se passer d'iTunes ?
- Télécharger et installer iTunes
- Créer un compte utilisateur iTunes
- Activer l'iPad après le premier démarrage
- Activer et insérer la carte micro-SIM

Faire connaissance avec l'iPad

Avant même de nous plonger dans les secrets de l'iPad, nous vous invitons à faire connaissance rapidement avec ce joli appareil au design minimaliste, et pourtant si complexe.

Observons maintenant l'iPad sous toutes ses coutures et découvrons ensemble les quelques éléments essentiels qui le composent. Nous les approfondirons tout au long des sections qui suivent. Les termes utilisés ici seront ceux repris dans le reste de l'ouvrage.

Note Dans ce chapitre, certaines descriptions et manipulations font référence à la 3G. Elles concernent donc uniquement les propriétaires d'un modèle d'iPad Wi-Fi+3G. Les propriétaires d'un modèle Wi-Fi seulement pourront ignorer les sections correspondantes, en particulier tout ce qui concerne la carte micro-SIM et son activation.

Nous vous présenterons aussi une sélection d'accessoires utiles ou intéressants pour compléter votre iPad.

Vous ferez ensuite connaissance avec un logiciel complémentaire pratiquement incontournable pour tout propriétaire d'une machine Apple, que cela soit un iPod, un iPhone ou un iPad : iTunes.

Si votre iPad est encore dans sa boîte, la dernière section de ce chapitre vous expliquera comment procéder suite au tout premier démarrage, qui requiert quelques actions spécifiques de votre part, comme l'activation ou l'installation de la carte SIM (dans le cas d'un modèle Wi-Fi+3G).

Prise en main

Tenez l'iPad dans l'une de vos mains, ou avec les deux, l'écran face à vous et le (seul) bouton en bas. C'est généralement ainsi que vous le tiendrez, mais pas seulement !

Votre iPad sera également souvent en *mode paysage* (il suffit de le faire pivoter d'un quart de tour sur le côté), ou encore tête en bas. L'iPad gère toutes les orientations et c'est parfois très utile, vous le découvrirez.

Vous pourrez ainsi, par exemple, bénéficier d'un écran plus large pour voir des pages Web, d'un clavier plus spacieux pour saisir vos messages, ou encore d'un écran adapté pour regarder des vidéos.

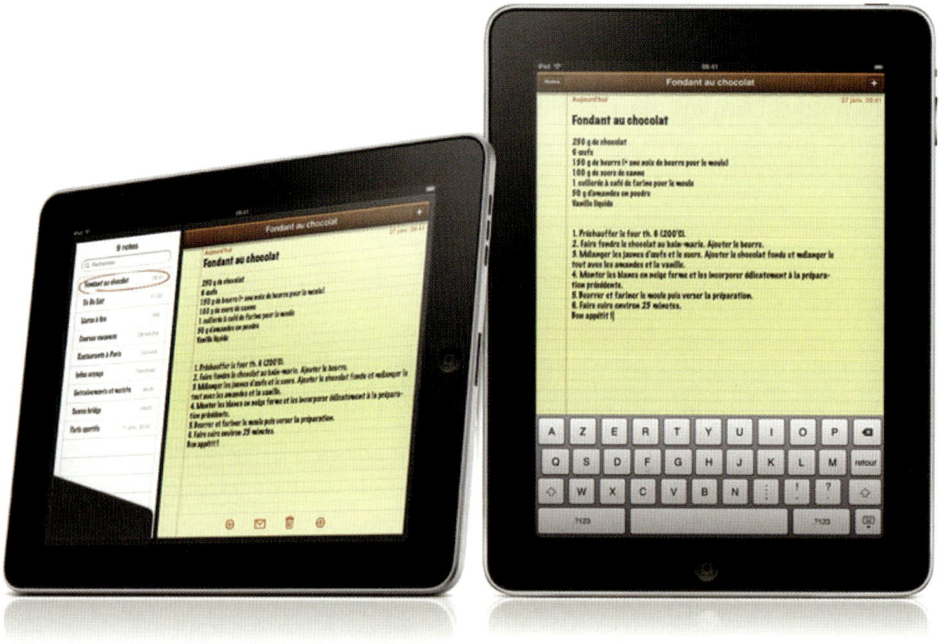

Définition Le capteur de mouvement, ou accéléromètre, permet à l'iPad de détecter automatiquement les changements d'orientation. Ainsi, lorsque vous passez du mode paysage au mode portrait, et inversement, l'écran est immédiatement réorganisé.

Première approche des boutons et contrôles principaux

Voici une présentation rapide des éléments essentiels de votre iPad.

Commencez par observer votre iPad sous toutes ses coutures.

1. Bouton de démarrage/verrouillage
2. Prise pour casque audio
3. Microphone
4. Haut-parleurs
5. Prise pour le câble de connexion à l'ordinateur ou au secteur

Nous allons revenir en détail sur le **bouton de démarrage/verrouillage** d'ici peu. Observez maintenant les côtés de l'iPad. Les boutons de réglage du volume se trouvent sur le côté droit, ainsi qu'un commutateur servant à couper le son rapidement.

Enfin, avec l'iPad face à vous, constatez qu'il y a un seul bouton proche de l'écran : le **bouton Accueil**.

1 Bouton Accueil
2 Commutateur « mode silencieux »
3 Augmenter le volume
4 Diminuer le volume

Nouveauté À l'origine, le commutateur situé sur le côté du boîtier, près des boutons de réglage du volume, servait à verrouiller l'orientation de l'écran. Il était ainsi possible de bloquer l'iPad en mode portrait ou paysage en un clin d'œil, afin que l'écran ne pivote pas involontairement. Cette fonction était fort pratique dans certaines situations car le capteur de mouvement peut être sensible au moindre mouvement (lecture de livres ou de pages Web en position allongée, par exemple).

Elle pouvait néanmoins déstabiliser les (nombreux) propriétaires d'iPad *et* d'iPhone car, sur le smartphone d'Apple, le commutateur situé sur le côté du boitier, près des boutons de réglage du volume, sert à passer en mode silencieux ! Il est vrai que cette fonction est tout à fait pertinente pour un téléphone portable.

Peut-être par souci d'homogénéité des produits Apple, dans la nouvelle version du système d'exploitation de l'iPad, le commutateur de verrouillage de l'orientation devient à son tour un commutateur « silencieux ».

Il faut donc non seulement s'y habituer, mais savoir que le verrouillage de l'orientation se fait désormais suivant une tout autre manipulation : appuyez rapidement deux fois sur le bouton Accueil pour afficher la barre de tâches (encore une nouveauté d'iOS 4, qui aligne les fonctionnalités de l'iPad sur celles de l'iPhone). Faites ensuite glisser la barre vers la droite pour afficher les contrôles de verrouillage.

Et n'oubliez pas que vous pouvez désormais passer en silencieux à tout moment grâce au commutateur situé près des boutons de volume !

Qu'est-ce que l'iPad ?

Avant même de continuer à explorer l'iPad, peut-être vous demandez-vous simplement à quoi cette machine sert et pourquoi elle rencontre un tel succès ?

La réponse est simple : l'iPad est une machine aussi facile d'utilisation que complète pour profiter au mieux du Web, de l'e-mail, de vos photos, de la musique, des vidéos et des livres numériques. Et la liste n'est pas exhaustive, car l'iPad offre aussi des fonctions incomparables pour vous repérer et trouver un itinéraire, gérer votre agenda et vos contacts, prendre des notes.

Mais quelle différence avec un ordinateur dans ce cas ? Encore une fois, la réponse est simple : grâce à son poids plume (environ 700 grammes seulement, ce qui est bien plus léger que la très grande majorité des ordinateurs portables), ses fonctionnalités de géolocalisation, mais surtout à son capteur de mouvement intégré et son écran tactile, c'est en fait une expérience totalement nouvelle que propose l'iPad ! Contrairement à un ordinateur où le clavier et la souris servent à interagir avec ce qui est affiché à l'écran, sur l'iPad, tout se fait du bout du doigt avec une grande simplicité.

L'interface de l'iPad est très intuitive et même un enfant ou une personne totalement inexpérimentée avec un ordinateur peut comprendre son principe en quelques instants. L'iPad réagit non seulement à vos actions sur l'écran tactile du bout des doigts, mais aussi aux mouvements effectués, lorsque vous faites pivoter l'écran ou inclinez sa surface, par exemple.

Enfin, grâce à l'App Store, vous pouvez télécharger des applications correspondant exactement à vos besoins pour compléter, et même démultiplier, les capacités de l'iPad : jeux, divertissements, outils pratiques, guides de voyages ou programmes professionnels, on y trouve à peu près tout ce qu'il est possible d'imaginer ! Les applications ne coûtent généralement pas plus de quelques euros et sont faciles à télécharger, puisqu'il suffit de toucher un seul bouton pour le faire.

Dix utilisations incontournables de l'iPad

Voici dix des usages les plus populaires parmi les utilisateurs d'iPad. Elles deviendront bientôt pour vous aussi des habitudes dont vous ne pourrez plus vous passer au quotidien :

1. **Explorez le Web avec Safari, du bout des doigts**. Touchez un lien pour naviguer de page en page, zoomez, défilez, surfez sur vos sites préférés avec aisance et confort !

2. **Consultez votre messagerie électronique et répondez à vos messages**. L'iPad permet même de gérer facilement tous vos comptes de messagerie en une seule et même boîte de réception.

3. **Donnez une nouvelle dimension à vos photos**. Parcourez vos photos et vos albums, lancez des diaporamas en un clin d'œil, affichez vos photos par lieux sur le planisphère. Visualiser des photos n'a jamais été aussi amusant et agréable.

4 **Utilisez l'iPad comme cadre photo.** Dans la continuité de l'usage précédent, une fonction spéciale permettant d'utiliser l'iPad comme cadre photo numérique est disponible. Touchez simplement le bouton pour lancer l'affichage et… regardez !

5 **Regardez des vidéos sur l'écran haute résolution.** Sa qualité d'affichage, sa taille confortable de 9,7 pouces et son poids plume en font un lecteur vidéo plus que fantastique qui vous accompagnera partout !

6 **Accédez aux millions de vidéos disponibles sur YouTube.** Connecté à Internet, vous pourrez aussi regarder des films, clips et autres vidéos sur le plus célèbre site de partage en ligne, grâce à l'application dédiée de l'iPad.

7 **Écoutez votre musique à tout moment avec l'iPod intégré.** Qui ignore encore que l'iPod a révolutionné le monde de la musique « mobile » ? L'iPad intègre toutes les fonctions de l'iPod et vous permettra d'accéder à votre collection de musique avec style et efficacité !

8 **Téléchargez du contenu sur iTunes**. De la musique, des films, des séries télé, des podcasts et même des livres numériques, vous pourrez tout télécharger en toute légalité directement sur votre iPad grâce à la boutique iTunes d'Apple.

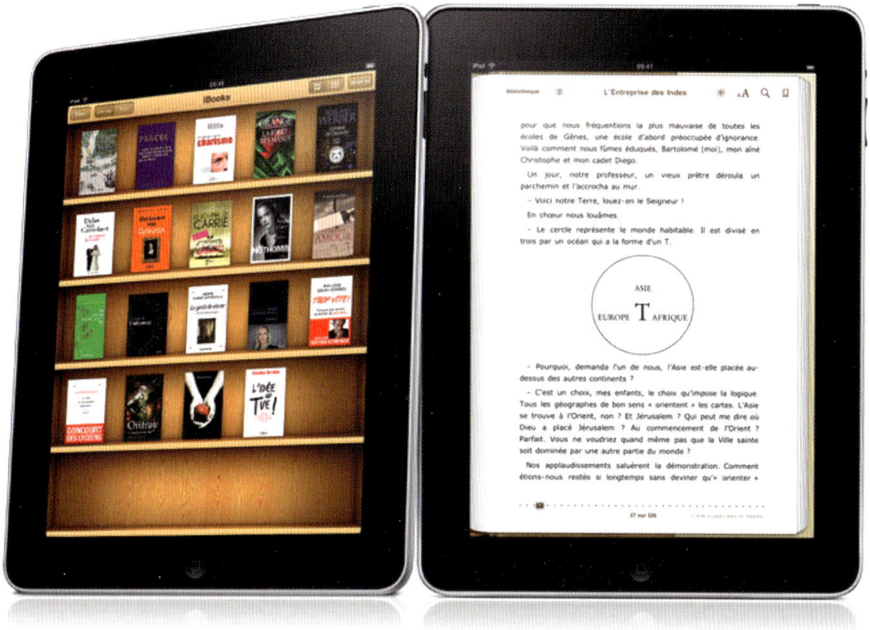

9 **Repérez-vous grâce à l'outil Plans.** La fonction de géolocalisation de l'iPad est très puissante et permet d'afficher des plans, de calculer des itinéraires, mais aussi de trouver les commerçants autour de vous, ou encore de voir des photos panoramiques des rues !

10 **Téléchargez des applications** pour donner de nouvelles fonctionnalités, des plus utiles aux plus inattendues, à votre iPad. Des jeux, bien sûr, mais aussi des outils pratiques ou de travail, des applications ludiques ou très sérieuses, en rapport avec tous les sujets auxquels vous pouvez rêver : de la gastronomie à l'astronomie, de la Bourse à l'art de se maquiller, de la musique au sport, il y en a vraiment pour tous les goûts et tous les besoins !

Comme expliqué précédemment, grâce aux applications, vous pouvez décupler la puissance de votre iPad. Dans cet ouvrage, vous découvrirez ainsi en détail comment mener à bien les quinze projets suivants grâce à votre iPad :

Projet 1. Lire des livres électroniques

Projet 2. Transférer des documents sur l'iPad

Projet 3. Créer vos propres livres électroniques

Projet 4. Créer et gérer votre bibliothèque de livres électroniques

Projet 5. Gérer une liste de choses à faire ou d'invités grâce à l'iPad

Projet 6. Créer et envoyer une invitation pour une fête avec Pages

Projet 7. Gérer le budget de la fête avec Numbers

Projet 8. Faire des achats en ligne avec les applications iPad d'Amazon et eBay

Projet 9. En cuisine avec l'iPad…

Projet 10. Musique ! L'iPad joue au DJ pour vous

Projet 11. Une présentation époustouflante avec l'application Keynote !

Projet 12. Préparer et réserver un voyage

Projet 13. Réveler l'artiste qui est en vous !

Projet 14. Faire jouer à l'iPad le rôle de baby-sitter !

Projet 15. Transformer l'iPad en console de jeux

Vous découvrirez la réalisation de tels projets plus loin dans cet ouvrage, car au préalable, vous devez apprendre à bien utiliser votre iPad, tout simplement !

Quelques accessoires utiles

Il existe toute une série d'accessoires pour compléter votre iPad. En voici une sélection. Ces accessoires sont en vente dans les boutiques Apple ou sur le site Web de la marque, dans la catégorie *Accessoires pour iPad* : `http://store.apple.com/fr/`

Le dock iPad

Élégant sur un bureau, le dock iPad permet de recharger ou de synchroniser votre iPad en le maintenant en position verticale. C'est donc aussi un accessoire pratique pour utiliser l'iPad comme cadre photo. De plus, il offre une sortie audio qui permet de diffuser de la musique sur des enceintes extérieures.

Il existe une variante du dock intégrant un « vrai » clavier. Ce clavier spécial pour iPad peut apporter un certain confort d'utilisation, en particulier à ceux qui préfèrent toujours le contact avec un clavier « physique ».

L'adaptateur photo

Le transfert de photos vers l'iPad n'est pas forcément la manipulation la plus intuitive et conviviale qu'offre Apple ! Heureusement, l'adaptateur photo, vendu séparément, facilitera la vie de ceux qui adorent les diaporamas.

Il permet de transférer en un clin d'œil les photos sur l'iPad, depuis votre appareil photo numérique ou une carte mémoire.

L'étui-support d'Apple

Le superbe et astucieux étui pour iPad proposé par Apple fait double emploi : en plus de protéger avec élégance votre iPad, il fait office de support lorsque vous regardez des photos ou des vidéos !

Le chiffon de nettoyage

Pour terminer, même si l'écran de votre iPad est traité pour minimiser les traces de doigts, si vous l'utilisez intensivement, il vous faudra le nettoyer de temps à autre !

Point d'accessoire officiel à recommander ici : utilisez simplement un chiffon doux, type microfibre (n'oubliez pas d'éteindre ou de verrouiller votre iPad au préalable pour éviter les erreurs de manipulations sur l'écran tactile).

L'écran de l'iPad se nettoie en principe très facilement de par son traitement antitrace. Aussi, n'utilisez pas de produit liquide ou de lingette imprégnée, cela serait inutile, voire dangereux pour votre iPad qui craint l'humidité !

Télécharger et installer iTunes

iTunes est le logiciel compagnon de tous les produits Apple sur votre ordinateur – les propriétaires d'un iPod ou d'un iPhone le savent –, et l'iPad n'échappe pas à la règle !

iTunes sert à transférer du contenu depuis votre ordinateur vers l'iPad (musique, photos, *etc.*), et sert aussi d'outil de sauvegarde et de mise à jour de l'iPad.

Incontournable, vous l'utiliserez très souvent et il est quasiment impossible de faire l'impasse sur son installation. La bonne nouvelle est qu'iTunes est gratuit, facile et rapide à installer, sur PC comme sur Mac.

Peut-on se passer d'iTunes ?

En principe, oui, *vous pouvez* ne jamais utiliser iTunes et ne jamais connecter votre iPad à un ordinateur. Toutefois, ne soyez pas réticent à installer iTunes et créer un compte utilisateur : c'est un logiciel qui vous sera de toute façon indispensable en complément de votre iPad et vous servira à la fois :

- d'outil de sauvegarde pour votre iPad ;
- d'outil de transfert (ou de synchronisation) entre votre ordinateur et votre iPad ;
- de boutique pour acheter des éléments multimédias (musiques, films, séries, *etc.*) ;
- de lecteur de contenu multimédia pour votre ordinateur.

Sans iTunes, vous pouvez toujours utiliser l'essentiel des fonctions de votre iPad, mais impossible de transférer votre musique et vos photos depuis l'ordinateur et, surtout, de sauvegarder le contenu de votre iPad (ce qui est vraiment utile en cas de panne/perte/changement d'iPad) ou de procéder aux mises à jour du système d'exploitation (ce qui permet à votre iPad d'évoluer et de bénéficier de nouvelles fonctionnalités).

Définition **iOS** est le **système d'exploitation** de votre iPad, autrement dit c'est un peu ce qu'est Windows à votre PC ou Mac OS à votre Mac. Le système d'exploitation gère toutes les fonctionnalités intrinsèques de l'iPad et évolue régulièrement. À l'heure où ces lignes sont écrites, c'est iOS 4 qui est en vigueur. Consultez la section « Mettre à jour le système » du dernier chapitre pour plus d'informations à ce sujet.

Enfin, à moins que votre iPad n'ait été activé en magasin au moment de l'achat, vous serez *obligé* d'installer iTunes, car c'est le seul moyen d'activer l'iPad au premier démarrage.

Quant à la création d'un compte utilisateur, elle n'est pas indispensable en théorie, mais vous ne pourrez probablement pas y échapper non plus : même pour télécharger des applications gratuites sur l'App Store, vous devez en posséder un.

Télécharger et installer iTunes

Le téléchargement et l'installation d'iTunes sont à la fois rapides et simples. Bien entendu, le logiciel est gratuit !

Pour télécharger et installer gratuitement la dernière version d'iTunes :

1 Sur votre ordinateur, avec votre navigateur Internet habituel, rendez-vous sur le site d'Apple, rubrique iTunes : `http://www.apple.com/fr/itunes/download/`

2 Sélectionnez la version du logiciel correspondant à votre système (selon votre version de Windows ou Mac), saisissez votre adresse de courriel, puis cliquez sur **Télécharger**.

3 Laissez-vous guider et suivez les étapes simples de l'installation.

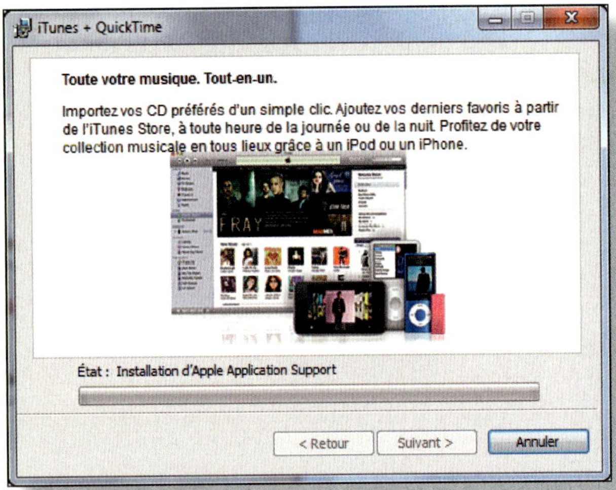

4 À la fin, le programme vous propose de lancer iTunes immédiatement. Cliquez sur **Terminer**.

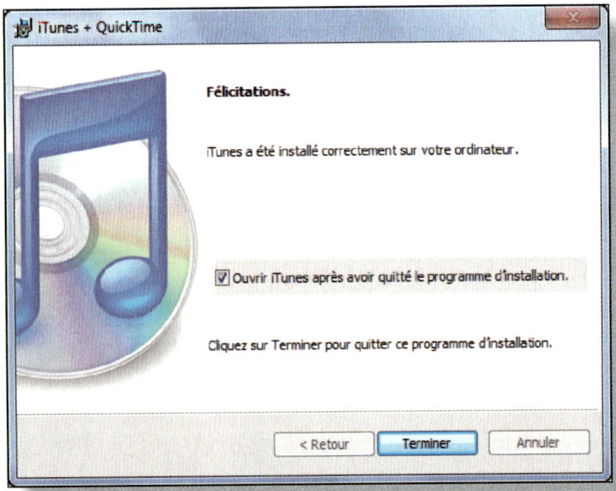

Une fois le contrat de licence accepté par vos soins, iTunes se lance.

Créer un compte utilisateur iTunes

Une fois iTunes installé sur votre ordinateur, l'étape suivante consiste à créer un *compte utilisateur*. iTunes peut fonctionner sans compte utilisateur associé, mais pour bon nombre d'opérations, la création d'un compte est indispensable.

La création d'un compte est elle aussi gratuite et ne vous engage à rien. Tout ce dont vous avez besoin est d'une adresse e-mail et d'une carte bancaire.

Note Attention : pour créer un compte utilisateur iTunes, vous *devez* indiquer un moyen de paiement (numéro de carte bancaire). Les contenus payants téléchargés vous seront immédiatement facturés par ce biais. Bien sûr, si vous n'achetez aucun contenu (applications ou musiques), aucune somme ne sera débitée de votre compte !

Voici comment procéder :

1 Cliquez sur **Ouvrir une session** en haut à droite de la fenêtre iTunes.

2 Cliquez sur **Créer un compte**.

3 Suivez ensuite les étapes de création d'un compte et remplissez les formulaires d'inscription.

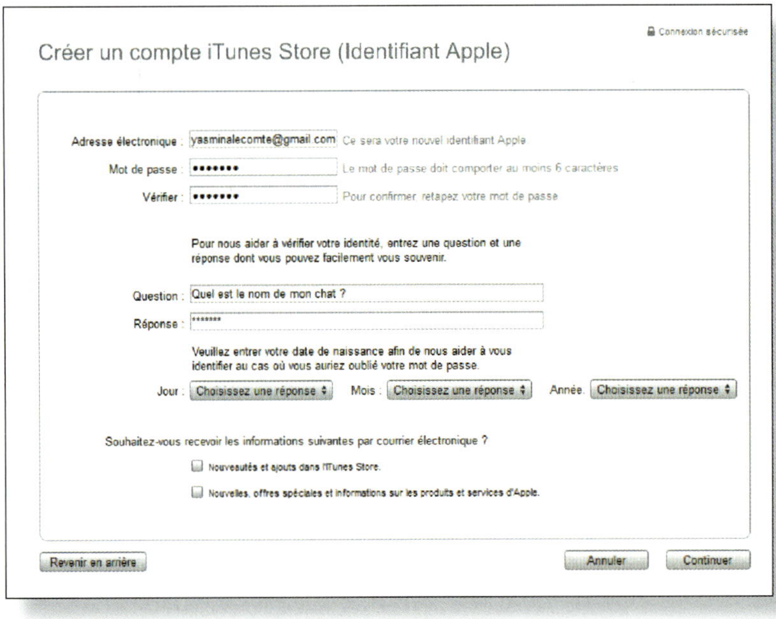

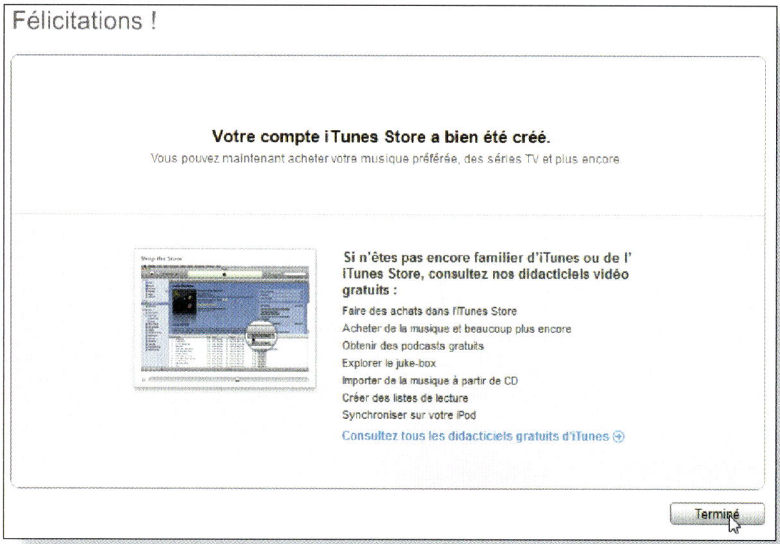

Astuce La saisie de votre mot de passe iTunes vous sera fréquemment demandée, en particulier lorsque vous souhaiterez installer de nouvelles applications. Si vous choisissez un mot de passe trop compliqué à saisir (avec plusieurs caractères spéciaux, par exemple), cela pourra vous exaspérer très rapidement.

Prenez donc soin de trouver un bon compromis entre sécurité (pas trop simple à deviner – n'oubliez pas qu'il permet d'acheter des applications et que votre compte iTunes est directement associé à votre carte bancaire) et facilité de saisie sur le clavier de l'iPad.

Vous avez terminé la création de votre compte ? Vous pouvez désormais utiliser iTunes avec votre iPad. Vous le ferez tout au long de cet ouvrage, à commencer pour activer votre iPad suite au premier démarrage.

Le tout premier démarrage

Pour terminer ce chapitre consacré à la première approche de votre iPad, voici ce qu'il faut savoir lors du tout premier démarrage, juste après avoir sorti votre nouvelle machine de son carton.

Il vous faudra en effet effectuer une manipulation simple pour activer l'iPad, une seule fois.

De plus, si vous disposez d'un iPad Wi-Fi+3G, vous devrez installer et activer aussi la carte micro-SIM fournie par votre opérateur.

Note Si vous avez acheté votre iPad dans une boutique de téléphonie et que le vendeur l'ait déjà mis en service pour vous, vous n'aurez probablement pas besoin de lire cette section.

Activer l'iPad après le premier démarrage

Activer l'iPad, c'est la première chose à faire après l'avoir sorti de sa boîte ! Il est toutefois fort possible que votre iPad ait déjà été activé au moment de l'achat, par le vendeur en magasin, par exemple.

Dans ce cas, l'écran d'accueil s'affiche et vous n'aurez rien à faire. Néanmoins, si, après le démarrage, un message vous invite à connecter l'iPad à iTunes en lieu et place du logo Apple, voici comment faire.

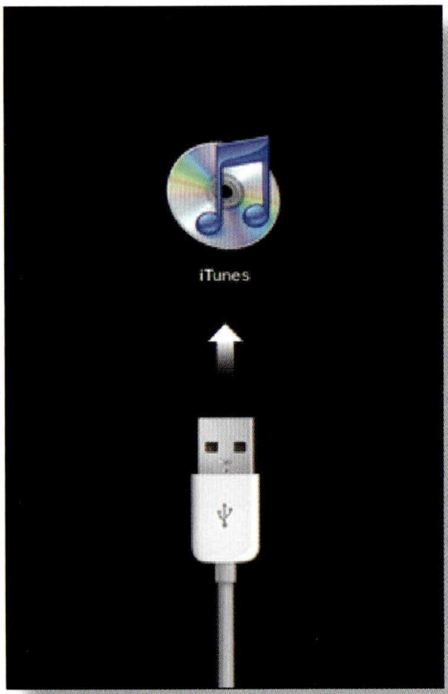

Il vous faut impérativement disposer d'un ordinateur (Mac ou PC) équipé du logiciel iTunes (présenté et installé à la section précédente).

Note Si vous n'avez pas d'ordinateur, il vous reste deux solutions : utiliser l'ordinateur d'un proche ou vous rendre dans la boutique où vous l'avez acheté (un vendeur pourra alors activer votre iPad).

Sachez toutefois qu'un ordinateur est quasiment indispensable pour transférer de la musique, des vidéos ou des photos vers l'iPad, et surtout effectuer vos sauvegardes !

L'activation de l'iPad à proprement parler ne prend alors que quelques secondes : il suffit de connecter l'iPad à l'aide du câble fourni (par le port USB) à l'ordinateur sur lequel vous aurez pris soin de lancer iTunes.

N'oubliez pas de lancer iTunes sur l'ordinateur connecté ! Patientez quelques secondes : c'est fait, l'iPad est activé et prêt à l'emploi. Un message de confirmation s'affiche.

Activer et insérer la carte micro-SIM (modèle Wi-Fi + 3G uniquement)

Vous avez activé votre iPad ? Parfait ! L'étape suivante consiste à installer la carte micro-SIM fournie par votre opérateur de téléphonie, qui vous permettra de passer des appels avec votre iPad.

Encore une fois, il est possible que la micro-SIM correspondant à votre ligne ait été activée et installée par le vendeur au moment de l'achat de votre iPad. Dans ce cas, vous pouvez utiliser votre iPad immédiatement.

Si vous avez choisi le modèle Wi-Fi seulement, votre iPad ne supporte pas la 3G et n'accueille donc aucune carte micro-SIM, bien entendu. Vous n'êtes pas concerné par cette section.

iPad Wi-Fi

iPad Wi-Fi+3G

Astuce Il existe un moyen très simple de savoir si le modèle d'iPad que vous tenez entre les mains est Wi-Fi seulement ou Wi-Fi+3G.

Ces derniers disposent d'un **tiroir SIM** pour permettre l'insertion et le retrait de la carte micro-SIM, bien visible lorsque l'on observe l'iPad de dos, en haut et au centre du boîtier.

Sur l'iPad Wi-Fi, ce tiroir n'est pas visible.

Nouveauté L'iPad accueille une carte SIM d'un nouveau genre, plus petite que les SIM traditionnelles qu'on retrouve en téléphonie mobile : la micro SIM.

Dans le cas contraire, vous devez tout d'abord activer la carte micro SIM (en appelant votre opérateur de téléphonie mobile, la procédure est généralement automatisée) puis l'insérer dans l'iPad.

Activer la carte SIM

Commencez par suivre la procédure d'activation de votre nouvelle carte micro-SIM : il faut généralement vous munir de la carte et appeler un numéro de téléphone mis en place par votre opérateur de téléphonie mobile. En quelques instants, la nouvelle carte SIM est activée, et l'ancienne désactivée.

Définition L'**activation de la carte SIM** est le processus par lequel votre opérateur de téléphonie autorise la carte SIM en question à se connecter au réseau 3G.

Insérer la carte SIM dans l'iPad

Il est temps à présent d'installer la SIM dans l'iPad. C'est très simple et rapide, à condition de trouver l'emplacement du tiroir SIM ! Il se trouve sur le bord gauche de l'iPad quand l'écran est face à vous (et donc sur le bord droit quand vous retournez l'iPad), avec le bouton principal en bas.

1 Si votre iPad est déjà allumé, vous devez l'éteindre. Appuyez longuement sur le bouton d'allumage, situé en haut à droite du boîtier, et ce, jusqu'à l'apparition du curseur **Éteindre** (rouge). Faites glisser le curseur **Éteindre** vers la droite.

Note Pour plus d'informations à ce sujet, consultez la section « Éteindre l'iPad » à la fin du chapitre 2.

2 Utilisez l'outil spécial fourni avec votre iPad pour ouvrir le tiroir SIM. Enfoncez doucement la pointe de l'outil dans l'orifice. Celui-ci va se déloger après un déclic.

Astuce Si vous avez perdu l'outil fourni avec votre iPad ou ne l'avez pas sous la main, vous pouvez toujours utiliser une épingle ou un trombone.

3 Placez la carte SIM dans le tiroir. Avez-vous remarqué la forme particulière de la carte SIM ? Un des coins est coupé. Cela permet tout simplement d'autoriser l'insertion de la carte SIM dans un et un seul sens possible dans le tiroir SIM, de forme identique. Aucune chance ainsi de vous tromper ! Placez la carte SIM en observant le coin coupé.

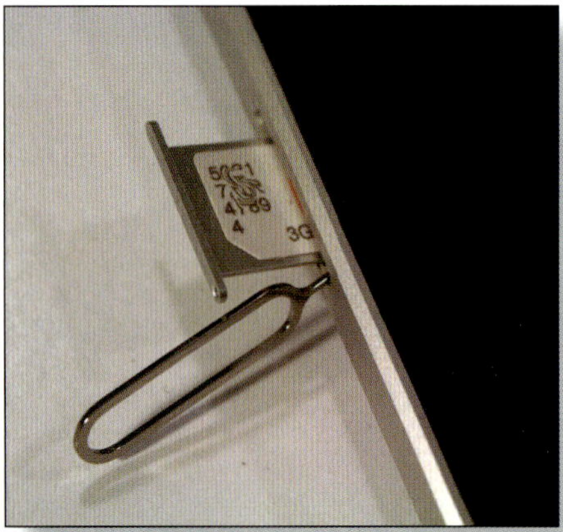

4 Refermez le tiroir en le poussant vers l'intérieur. Un déclic se produit et le tiroir est fermé.

Vous pouvez à présent redémarrer l'iPad et l'utiliser.

Vous n'aurez probablement plus jamais à toucher à votre carte SIM, et encore moins à activer votre iPad : cette procédure ne concerne que le tout premier démarrage.

Note

Le code PIN associé par défaut à votre nouvelle carte SIM est en principe « 0000 ». Changez ce code dès que possible ! Touchez **Réglages**, puis **Données cellulaires** et, enfin, **PIN carte SIM**. Touchez **Modifier le code PIN**. Commencez par saisir le code PIN actuel (0000 par défaut, donc). Saisissez ensuite deux fois de suite le nouveau code de votre choix à quatre chiffres. Touchez **Nouveau PIN** et saisissez les quatre chiffres. Touchez **Confirmez le PIN** et saisissez les quatre mêmes chiffres. Touchez **Enregistrer**.

Astuce

Que vous possédiez un iPad Wi-Fi ou Wi-Fi+3G, vous pouvez aussi protéger l'accès à votre iPad par mot de passe (le mot de passe est différent du code PIN). Consultez le chapitre 12 pour plus d'informations à ce sujet.

Chapitre 2

Premier contact avec l'iPad

Dans ce chapitre

- Allumer l'iPad
- Déverrouiller l'iPad
- Verrouiller l'iPad
- Vérifier l'état de la connexion au réseau Internet
- 3G ou Wi-Fi ?
- Se connecter en Wi-Fi
- Activer le mode Wi-Fi
- Ajuster le volume
- Recharger l'iPad
- Éteindre l'iPad

Quelques manipulations fondamentales

Dans ce deuxième chapitre, découvrons ensemble toutes les manipulations simples, mais incontournables, que vous devez connaître pour bien utiliser votre iPad. Vous les effectuerez par la suite de manière tout à fait spontanée, au quotidien : démarrer l'iPad, déverrouiller l'écran puis éventuellement la carte SIM, vérifier l'état de votre connexion à Internet.

Note Dans ce chapitre, une fois encore, toutes les mentions et manipulations relatives à la 3G concernent uniquement les propriétaires d'un modèle d'iPad Wi-Fi+3G. Les propriétaires d'un modèle Wi-Fi seulement ignoreront donc les sections correspondantes, c'est-à-dire tout ce qui concerne le code PIN et la connexion de l'iPad au réseau 3G.

Démarrer l'iPad

Passons aux choses sérieuses ! Votre iPad est activé, et votre carte SIM aussi (si vous possédez un modèle 3G) ? Il est temps d'allumer votre iPad !

Démarrer l'iPad est un excellent moyen de faire sa connaissance. Il vous faudra en effet l'allumer, le déverrouiller et indiquer votre code PIN. Cela vous permettra de vous familiariser avec le bouton de démarrage, essentiel au quotidien, car il ne permet justement pas que l'allumage de l'iPad. Rassurez-vous, tout cela prend en réalité moins de temps qu'il n'en faut pour le dire. Toutes ces manipulations se font à l'aide des boutons de l'iPad.

Vous apprendrez très vite à faire ces quelques gestes, ainsi que toute une série d'autres tout aussi simples, par la suite : vérifier la présence d'un signal et activer la connexion Wi-Fi ou 3G, verrouiller et déverrouiller l'écran, passer en mode silencieux ou ajuster le volume, recharger et éteindre l'iPad.

Allumer l'iPad

Pour démarrer l'iPad, il suffit de suivre plusieurs étapes simples : allumer l'iPad, déverrouiller l'écran et, enfin, pour les modèles Wi-Fi+3G, indiquer le code PIN de la carte SIM (comme avec un téléphone portable). Commencez par allumer votre iPad :

1 Appuyez longuement sur le bouton de démarrage, situé en haut à droite du boîtier, lorsque vous tenez l'iPad face à vous, bouton principal en bas.

2 Maintenez le bouton enfoncé jusqu'à ce que le logo Apple apparaisse à l'écran.

3 L'iPad démarre.

4 Sur l'écran principal de l'iPad, l'heure apparaît. Si vous possédez un iPad Wi-Fi+3G, un message indique que la carte SIM est verrouillée : tout est normal !

Note Si, au lieu de l'écran de démarrage (donnant l'heure), l'iPad affiche un écran vous invitant à connecter l'iPad à iTunes, c'est que votre iPad n'est pas encore activé ! Vous devez donc suivre la procédure d'activation décrite dans le chapitre 1 de cet ouvrage. Consultez la section « Activer l'iPad après le premier démarrage ».

Déverrouiller l'iPad

Après le démarrage, un message vous indique que la carte SIM est verrouillée : il faut indiquer votre code PIN (iPad Wi-Fi+3G seulement).

Au préalable, vous devez déverrouiller l'iPad lui-même : par défaut, au bout de deux minutes d'inactivité, l'écran tactile se met en veille automatiquement.

Définition Le **verrouillage** ou la **mise en veille** de l'iPad correspondent à un état « inactif » de l'iPad. Il n'est pas éteint, mais l'écran est désactivé (et donc assombri).

L'iPad est verrouillé et l'écran ne répond pas. Cela empêche les actions involontaires, tout en permettant d'économiser la batterie, car l'écran est gourmand en énergie !

Astuce Deux minutes, c'est parfois beaucoup trop court ! Heureusement, la durée avant la mise en veille est modifiable. Pour cela, touchez **Réglages**, **Général** et, enfin, **Verrouillage auto**. Choisissez une durée de 2 à 15 minutes. Vous pouvez aussi choisir l'option **jamais**, afin que l'iPad ne se verrouille jamais automatiquement. Consultez le chapitre 12 pour plus d'informations à ce sujet.

Pour déverrouiller l'iPad, faites glisser à l'aide du doigt le curseur en bas d'écran de gauche à droite, au-dessus du mot **Déverrouiller**.

Si vous possédez un iPad Wi-Fi seulement, celui-ci est désormais prêt à l'emploi. Si vous possédez un iPad Wi-Fi+3G, vous devez saisir le code PIN associé à votre carte SIM :

1 Le cadre **Carte SIM verrouillée** reste affiché. Touchez **Déverrouiller**.

2 Saisissez votre code PIN en appuyant sur les chiffres du clavier. Touchez successivement les chiffres composant votre code PIN. N'hésitez pas à utiliser la touche de retour arrière pour effacer un chiffre incorrect. À chaque appui sur un chiffre, un cercle noir apparaît dans la zone de saisie du code PIN.

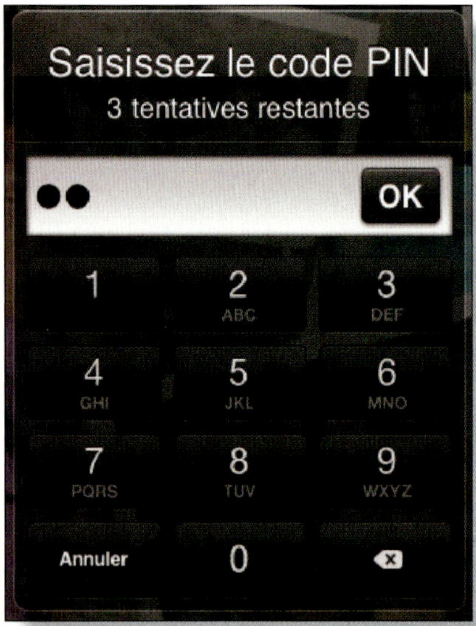

Astuce Vous ne connaissez pas votre code PIN ? Si vous disposez d'une nouvelle carte micro-SIM, le code par défaut est vraisemblablement 0000 ! Dans ce cas, n'oubliez pas de le changer dès que possible. Consultez le chapitre 12 pour plus d'informations à ce sujet.

3 Touchez **OK**.

Votre iPad est déverrouillé et prêt à être utilisé immédiatement. L'écran principal s'affiche, avec sa barre d'état et ses icônes (que nous allons explorer en détail au chapitre suivant).

Note En fait, si vous n'indiquez pas de code PIN, vous pourrez toujours utiliser toutes les fonctions non liées à la 3G.

Verrouiller l'iPad

L'iPad se met en veille tout seul, automatiquement, au bout de deux minutes sans action de votre part (ou de la durée sélectionnée par vos soins dans les réglages, comme expliqué précédemment).

Vous devez toutefois savoir que vous pouvez verrouiller *manuellement* votre iPad à tout moment, c'est-à-dire l'obliger à passer en veille, dès que vous le souhaitez.

Définition Le verrouillage manuel de l'iPad consiste à forcer le passage en veille au moment souhaité. L'iPad devient alors inactif, jusqu'à ce que vous le déverrouilliez à nouveau.

Non seulement c'est utile pour économiser votre batterie, surtout lorsque le niveau de charge est bas (chaque seconde d'activité compte), mais c'est aussi bien pratique lorsque vous glissez votre iPad dans un sac.

Si vous ne verrouillez par l'iPad, vous risquez des erreurs de manipulations plutôt ennuyeuses (lancement d'une application, par exemple), embarrassantes (envoi d'un message involontaire à un contact) ou même carrément fâcheuses (suppression de contacts, de photos ou d'applications !).

Note Ne dramatisons rien, si vous faites régulièrement des sauvegardes de votre iPad avec iTunes, même en cas de suppression involontaire d'éléments, vous pourrez toujours les restaurer par la suite.

Vous prendrez rapidement l'habitude de verrouiller votre iPad dès que vous ne l'utiliserez plus, d'autant que la mise en veille est très rapide, tout autant que le déverrouillage : il suffit d'appuyer une fois sur le bouton de verrouillage (qui est aussi le bouton de démarrage) situé sur le dessus de l'iPad.

N'appuyez pas longuement sur le bouton, car cela permet d'éteindre l'iPad. Si vous le faites par erreur, touchez simplement le bouton **Annuler** en bas d'écran, puis recommencez !

Appuyez simplement une fois sur le bouton de démarrage. L'écran de l'iPad s'assombrit immédiatement et devient inactif : l'iPad est en veille.

Nouveauté Avec iOS 4, vous pouvez passer en veille à tout moment, en laissant l'application lancée en arrière-plan en l'état. Autrement dit, si l'iPad passe en veille, vous n'aurez pas à relancer l'application que vous utilisiez avant le verrouillage.

Vérifier l'état de la connexion à Internet

Après avoir allumé et déverrouillé votre iPad, votre premier réflexe sera probablement de savoir si celui-ci est *connecté*, c'est-à-dire capable d'accéder à Internet (pour surfer sur le Web, consulter vos e-mails, *etc.*).

Si vous possédez un modèle Wi-Fi seulement, il faudra donc impérativement qu'un réseau auquel vous avez l'autorisation de vous connecter soit disponible. Si vous disposez d'un modèle Wi-Fi+3G, vous pourrez aussi utiliser le réseau 3G de votre opérateur, s'il est disponible.

Astuce Bien que la connexion à Internet soit très utile pour vous permettre de profiter au mieux de votre iPad, vous pouvez tout de même exploiter votre machine sans connexion (et donc aussi à l'étranger ou dans un avion, par exemple) : utiliser certaines applications « non connectées », jouer, visualiser des photos, écouter de la musique et regarder vos vidéos, *etc.* Tout ce qui ne fait pas appel à Internet, en somme ! Vous ne pourrez pas surfer sur le Web, consulter vos e-mails ou encore accéder à YouTube, par exemple.

Différents réseaux pour accéder à Internet

Pour accéder à vos mails ou au Web, et à nombre d'autres fonctionnalités de votre iPad utilisant Internet, vous devez être connecté à un réseau Internet (et pour la 3G, disposer d'un forfait donnant accès à ce réseau).

En France, à l'heure actuelle, il existe plusieurs types de réseaux Internet adaptés aux appareils mobiles, dont les plus répandus sont : le Wi-Fi, la 3G, et EDGE (du plus rapide au plus lent).

Définitions Wi-Fi : réseau Internet sans fil.

3G : norme de technologie permettant aux téléphones mobiles d'accéder à Internet et fournie par les opérateurs de téléphonie, dont les ancêtres sont le GPRS et EDGE.

EDGE : norme de technologie permettant aux téléphones mobiles d'accéder à Internet. Ancêtre de la 3G.

3G ou Wi-Fi ?

Si vous possédez un iPad Wi-Fi seulement, la question est réglée puisque celui-ci n'est pas équipé pour la 3G, mais uniquement pour le Wi-Fi.

L'iPad Wi-Fi+3G est quant à lui capable de se connecter au Wi-Fi, mais aussi aux différents types de réseau Internet sans fil existant : 3G et EDGE en particulier.

Ces différents réseaux ne sont pas égaux en termes de qualité et de performance (ni en termes de budget !). Voici un comparatif ; vous verrez que chaque réseau a ses avantages :

- Le Wi-Fi, c'est l'idéal, car le réseau est très rapide. Mais il n'est pas toujours disponible ! De plus, vous devez activer le Wi-Fi et faire explicitement le choix de vous connecter à un réseau donné, puis éventuellement saisir le mot de passe associé (consultez les pages qui suivent pour plus d'informations à ce sujet).

- La 3G, incluse dans les forfaits « iPad » des opérateurs de téléphonie, est très largement répandue. C'est la même que celle utilisée par les ordinateurs portables équipés d'une clé 3G et, surtout, par les fameux smartphones, dont l'iPhone. Néanmoins, la 3G est moins rapide que le Wi-Fi, et ne vous permettra pas, par exemple, d'installer des applications très volumineuses. La 3G reste suffisamment rapide tout de même pour accéder à de nombreuses fonctionnalités : consulter vos e-mails, surfer sur le Web et même regarder des vidéos sur YouTube. Notez aussi que si votre réseau Wi-Fi connaît des défaillances ou des ralentissements de temps à autre, la 3G sera bien pratique en relais !
- À défaut, si votre iPad ne trouve ni Wi-Fi, ni 3G, il pourra peut-être se connecter en EDGE. C'est un réseau très lent, à utiliser en dépannage, pour accéder à votre messagerie, par exemple. Le chargement de pages Web contenant beaucoup d'images ou, encore pire, de vidéos ou d'applications est à proscrire !

À quel réseau l'iPad est-il connecté ?

L'icône qui s'affiche dans la barre d'état vous indique le réseau auquel vous êtes connecté :

 Wi-Fi

3G

En général, votre iPad se connectera automatiquement et choisira le réseau le plus rapide disponible : d'abord le Wi-Fi (si l'option correspondante est activée).

Si le Wi-Fi est désactivé ou si aucun réseau Wi-Fi n'est reconnu, l'iPad se connecte à la 3G, ou, à défaut, à un réseau EDGE (à condition bien sûr que vous utilisiez un modèle Wi-Fi+3G et disposiez de l'abonnement correspondant).

Si aucun de ces réseaux n'est disponible, aucune des fonctions nécessitant un accès à Internet de l'iPad n'est utilisable (consultation des courriels, accès au Web, *etc.*).

Si vous êtes connecté à un réseau et que celui-ci devienne indisponible (coupure de la connexion, signal trop faible...), l'iPad tentera de se connecter à un autre réseau immédiatement.

Note À l'étranger, la connexion à Internet par la 3G peut coûter très cher ! Pour éviter les mauvaises surprises, pensez à désactiver toutes les fonctions Internet de l'iPad *via* le mode Avion : touchez **Réglages**, puis le curseur **Mode Avion**. Consultez le chapitre 12 pour plus d'informations à ce sujet.

Se connecter en Wi-Fi

Si vous possédez un iPad Wi-Fi + 3G, le forfait 3G fourni par votre opérateur de téléphonie est bien pratique, voire indispensable, pour utiliser votre iPad dans la rue, les transports en commun, en voiture, *etc.*

Néanmoins, à la maison, si vous possédez une *box* Internet, comme la grande majorité des Français à l'heure actuelle, vous avez tout intérêt à passer en Wi-Fi ! Non seulement la connexion sera *beaucoup* plus rapide, mais si votre forfait 3G est limité en volume de données, vous l'économiserez sensiblement !

Si vous possédez un modèle Wi-Fi seulement, c'est encore plus évident car la connexion à un réseau Wi-Fi est le seul moyen d'accéder à Internet avec votre iPad.

Par ailleurs, vous devez savoir comment vous connecter en un clin d'œil au Wi-Fi, car s'il est bien plus rapide que la connexion au réseau 3G ou EDGE, il a aussi l'avantage d'être parfois disponible gratuitement, dans de nombreux lieux publics, en France comme à l'étranger.

Vous devez commencer par activer le mode Wi-Fi dans les réglages. Vous devez ensuite sélectionner un réseau parmi ceux détectés autour de vous et, si le réseau est sécurisé, saisir le mot de passe.

Activer le mode Wi-Fi

Inactif par défaut, le mode Wi-Fi est une option des réglages. Pour activer le mode Wi-Fi :

1 Touchez **Réglages**.

2 Touchez **Wi-Fi**.

3 Touchez le curseur **Wi-Fi**.

4 Dès que vous activez le mode Wi-Fi, une liste des réseaux Wi-Fi s'affiche.

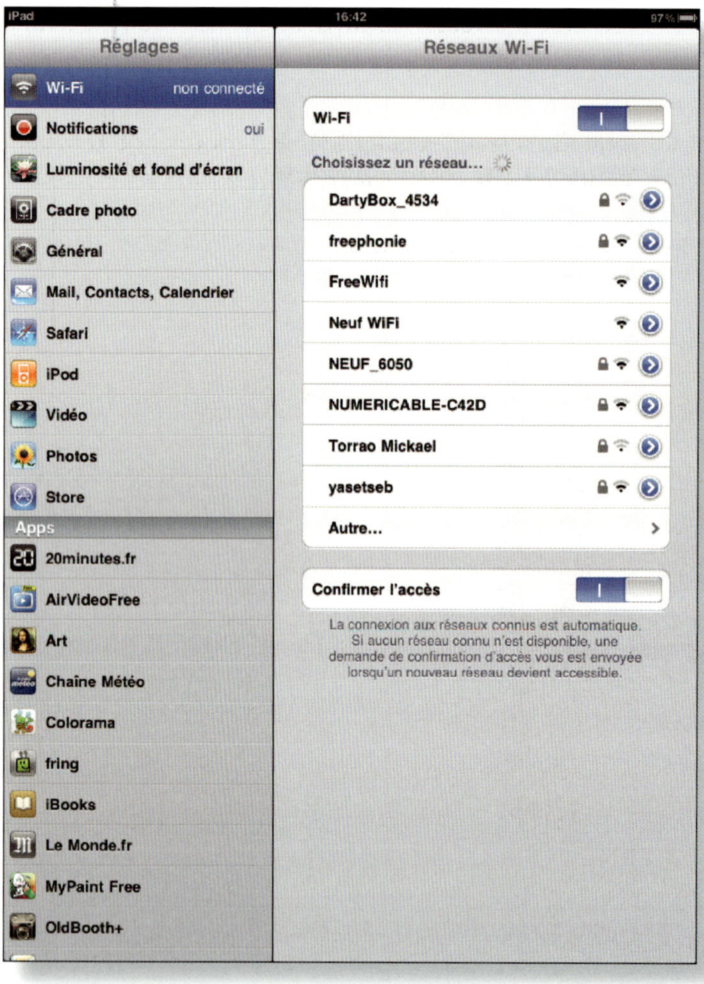

Se connecter à un réseau

Lorsque le mode Wi-Fi est activé, la liste des réseaux Wi-Fi disponibles autour de vous s'affiche. Il peut y en avoir plus ou moins selon l'endroit où vous vous situez ! Il peut même n'y en avoir… aucun.

Définition Les réseaux Wi-Fi disponibles sont tous les réseaux sans fil à proximité dont le signal est assez fort pour être capté par le récepteur de votre iPad. Ils peuvent donc changer lorsque vous vous déplacez, même de quelques mètres !

Pour rejoindre un réseau :

1 Touchez le nom d'un réseau.

Astuce Le nom de votre réseau est celui que vous avez choisi au moment du paramétrage de votre box Internet. Si vous ne le connaissez pas, consultez votre fournisseur d'accès à Internet.

Dans les lieux publics, le nom du réseau évoque généralement celui de l'enseigne qui vous accueille, du type *bibliothèquewifi, mcdonalds01, starbucks* ou *mairie*, par exemple.

2 Saisissez éventuellement le mot de passe demandé.

3 Touchez **Rejoindre**.

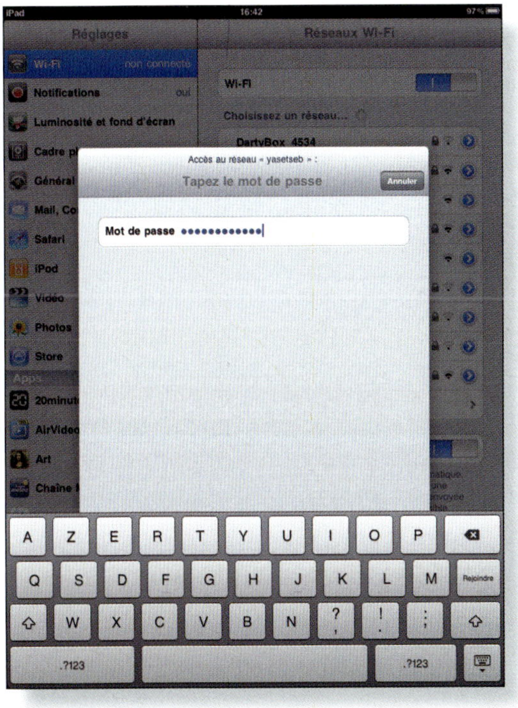

4 Si le mot de passe est correct, la connexion s'effectue et une coche apparaît en vis-à-vis du nom du réseau. L'icône Wi-Fi doit aussi apparaître dans la barre d'état. Le nombre d'arcs dépend de la puissance du signal reçu.

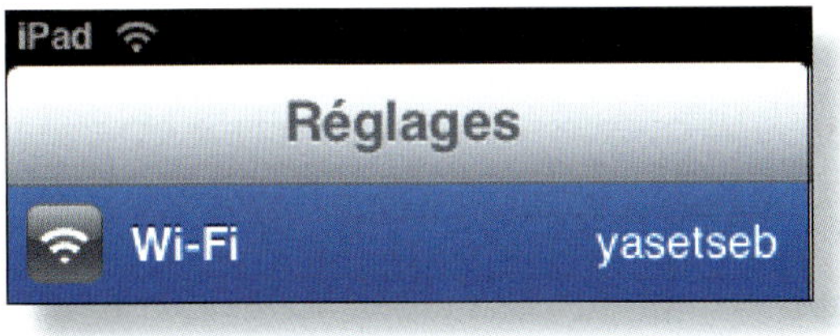

Note Après vous être connecté à un réseau Wi-Fi, celui-ci est « connu » par l'iPad et il s'y reconnectera automatiquement.

Autrement dit, vous n'aurez à saisir qu'une seule fois le mot de passe associé à votre box Internet ou tout réseau auquel vous avez l'habitude d'accéder.

De plus, s'il y a plusieurs réseaux Wi-Fi autour de vous, l'iPad se connectera automatiquement à ce réseau que vous avez coutume d'utiliser, en priorité.

5 Avant de quitter les réglages, activez l'option **Confirmer l'accès** afin que l'iPad vous avertisse de la présence d'un réseau accessible (lorsque aucun de vos réseaux connus n'est disponible).

Vous pouvez désormais quitter les réglages : appuyez sur le bouton **Accueil**.

Lorsque l'iPad est connecté à un réseau Wi-Fi, l'icône apparaît dans la barre d'état en haut d'écran. Le nombre d'arcs indique la puissance du signal.

Note Parfois, il suffit de se déplacer un peu ou d'ouvrir une porte pour améliorer sensiblement la puissance du signal reçu ! En général, chez vous, avec votre box, vous bénéficierez de la meilleure connexion possible.

Attention, parfois, l'iPad semble connecté à un réseau, mais il ne peut en réalité accéder à Internet. C'est le cas avec certains réseaux protégés ou défaillants, par exemple. Parfois aussi, vous pourrez accéder à un réseau sans mot de passe, mais une fenêtre de connexion apparaîtra pour vous demander vos identifiants.

C'est souvent le cas avec les réseaux Wi-Fi payants, disponibles par exemple dans les hôtels ou les aéroports. Pour faire le test, c'est simple : lancez Safari et tentez d'afficher une page Web. Consultez le chapitre 4, consacré à Safari, pour plus d'informations à ce sujet.

Tant que l'option Wi-Fi sera activée dans les réglages, l'iPad tentera en priorité de se connecter à un réseau Wi-Fi, et la connexion se fera automatiquement si un des réseaux connus est disponible. Si aucun réseau connu n'est disponible, l'iPad affichera la liste des réseaux Wi-Fi à proximité. Vous pourrez alors en choisir un.

Astuce Les réseaux Wi-Fi publics gratuits sont nombreux autour de vous ! Des mairies, bibliothèques, cafés et restaurants proposent souvent ce type d'accès.

Si aucun réseau Wi-Fi n'est disponible, l'iPad (modèle Wi-Fi+3G) recherchera une connexion au réseau 3G, voire EDGE.

Désactiver le Wi-Fi

Si vous évoluez dans un environnement où vous n'avez accès à aucun réseau Wi-Fi de votre connaissance, il est préférable de désactiver le Wi-Fi, car l'iPad vous demandera régulièrement de choisir un réseau autour de vous (à chaque action nécessitant une connexion à Internet).

Retournez simplement dans les réglages et désactivez l'option Wi-Fi. Réactivez-la lorsque vous revenez dans une zone où des réseaux connus sont disponibles (chez vous, par exemple).

Ajuster le volume

Utilisez les boutons situés juste à côté du commutateur pour ajuster le volume de la sonnerie.

Ces boutons servent aussi à régler le volume de lecture pour la musique et les vidéos, ainsi que l'intensité des applications produisant du son.

Pour couper rapidement le son de l'iPad, vous pouvez passer en mode silencieux.

Basculez le commutateur situé sur le côté gauche de l'iPad.

Basculez à nouveau le commutateur pour réactiver les sons.

1 Boutons de réglage du volume 2 Commutateur silencieux

Nouveauté Si vous faites partie des utilisateurs de la première heure de l'iPad, vous avez peut-être été surpris lors de la dernière mise à jour du système d'exploitation. En effet, depuis iOS 4, ce commutateur sert en effet à « couper le son » rapidement, alors qu'il servait avant à verrouiller l'orientation de l'écran !

D'un autre côté, si vous possédez aussi un iPhone, cela vous semblera plus cohérent, car le commutateur situé près des boutons de volume a logiquement pour fonction le passage en mode silencieux sur le smartphone d'Apple.

Comme sur l'iPhone, le verrouillage de l'orientation sur iPad se fait par quelques manipulations rapides à l'aide du bouton Accueil et sur l'écran d'accueil. Consultez la section « L'écran d'accueil » du chapitre qui suit pour plus d'informations à ce sujet.

Recharger l'iPad

Plusieurs solutions s'offrent à vous lorsqu'il s'agit de recharger votre iPad.

Tout d'abord, quand devez-vous le faire ? Probablement tous les deux ou trois jours si vous utilisez votre iPad de manière intensive, en particulier si vous utilisez beaucoup la 3G ou le Bluetooth, gourmands en énergie !

Le niveau de la batterie apparaît dans la barre d'état de l'iPad, tout en haut à droite de l'écran. Lorsqu'il passe dans le rouge (moins de 20 % de charge restante), il est grand temps de recharger votre iPad ! Les messages d'alertes vous le rappelleront régulièrement à ce stade.

Note Quelles est l'autonomie de l'iPad ? D'après Apple, la batterie de l'iPad permet jusqu'à 10 heures d'autonomie pour naviguer sur Internet en Wi-Fi, visionner des vidéos ou écouter de la musique et jusqu'à 9 heures de navigation sur le Web avec un réseau de données 3G.

Ces chiffres sont théoriques mais l'iPad dispose, il est vrai, d'une excellente autonomie. La batterie durera même un peu plus si vous ne l'utilisez « que » pour lire des livres électroniques avec iBooks ou d'autres activités hors connexion.

Pour recharger votre iPad, utilisez le câble de connexion fourni.

Vous pouvez brancher l'iPad sur votre ordinateur avec le câble USB. Vous pouvez aussi le brancher directement sur le courant avec la prise électrique, avec ce même câble, en utilisant le petit connecteur fourni avec votre iPad.

Le choix du câble USB relié en permanence à l'ordinateur est pertinent, car vous pourrez ainsi connecter votre iPad à iTunes pour effectuer des transferts de données et surtout des sauvegardes automatiques.

Cela a un autre avantage certain : en voyage, fini les problèmes d'adaptateur secteur, car les ports USB d'ordinateurs sont très répandus et universels ! Il vous suffira donc de trouver un ordinateur pourvu de ports USB pour pouvoir recharger votre iPad.

Pour vous affranchir des fils, vous pouvez aussi acquérir une station d'accueil spécialement conçue pour l'iPad (il existe de nombreux modèles), qui fera office de chargeur. Consultez la section « Quelques accessoires utiles » du chapitre 1 pour plus d'informations à ce sujet.

Note Attention : certains ports USB ne sont pas assez puissants pour recharger l'iPad. Dans ce cas, le message « Aucune recharge en cours » apparaît dans la barre d'état.

Malheureusement, vous n'aurez dans ce cas que deux solutions : utiliser un ordinateur dont les ports USB sont assez puissants (c'est le cas des Mac, généralement) ou brancher votre iPad sur le courant, directement, grâce à la prise secteur.

Éteindre l'iPad

Même si vous utilisez votre iPad jour et nuit, il vous faudra bien l'éteindre de temps en temps ! La procédure implique successivement un appui long sur un bouton (le bouton de démarrage) et une manipulation sur l'écran tactile (faire glisser un curseur) : cela a donc peu de chances de se produire par hasard.

Note Si vous retrouvez votre iPad éteint sans raison – cela peut arriver –, ne vous inquiétez pas, redémarrez-le normalement : tant que la pomme d'Apple apparaît au démarrage, il n'y a pas de problème ! L'iPad peut aussi bien sûr s'éteindre lorsque la batterie est vide. Dans ce cas, branchez-le à l'aide du chargeur et patientez un peu : vous ne pourrez pas le démarrer immédiatement, il faudra attendre que le niveau de charge remonte un minimum.

Astuce Certains irréductibles n'éteignent jamais leur iPad. Il est vrai que rien ne les y oblige ! D'ailleurs, même à bord d'un avion, il est possible de garder l'iPad allumé grâce au mode avion, qui coupe tout signal émis ou reçu par l'iPad ! Consultez le chapitre 12 pour plus d'informations à ce sujet.

Pour éteindre votre iPad, appuyez longuement sur le bouton de démarrage, sans relâcher, jusqu'à l'apparition du curseur rouge.

Si vous faites un appui court, l'iPad passe en veille : vous devez le déverrouiller et recommencer !

Faites alors glisser le curseur **Éteindre** vers la droite (touchez **Annuler** pour laisser l'iPad allumé). L'iPad s'éteint.

Astuce Si l'iPad semble bloqué ou peine à redémarrer, forcez l'extinction en suivant la procédure ci-dessus, puis connectez-le à votre ordinateur, sur lequel vous aurez pris soin de lancer iTunes. Essayez ensuite de redémarrer l'iPad. La pomme devrait apparaître !

Note C'est aussi la procédure à suivre lorsque vous souhaitez redémarrer l'iPad : éteignez-le, puis, après quelques secondes, allumez-le.

Chapitre 3

Contrôler l'iPad et ses applications

Dans ce chapitre

- Découvrir le bouton Accueil
- Toucher, zoomer, glisser, défiler, feuilleter
- Passer en mode paysage
- L'écran d'accueil
- Organiser les icônes
- Effectuer une recherche
- Verrouillage et luminosité de l'écran
- Tout sur le clavier
- Copier et coller
- Qu'est-ce qu'une application ?
- Repérer les applications de base
- Passer d'une application à l'autre
- Partager, utiliser, imprimer : le bouton Action !

Au doigt et à l'œil !

Dans ce chapitre, vous apprendrez tout ce qu'il faut savoir pour que votre iPad vous obéisse au doigt et à l'œil. Vous pourrez d'ailleurs constater que l'expression « au doigt et à l'œil » est parfaitement appropriée à l'iPad ! Si Apple et l'iPad ont révolutionné le monde des nouvelles technologies, c'est justement grâce à leur approche totalement nouvelle, fondée essentiellement sur le toucher. L'écran de votre iPad, qui offre une qualité d'affichage hors du commun (voilà pour l'œil), est 100 % tactile, et même « multitactile » : vous pouvez (vous devez !) utiliser le toucher pour le contrôler.

Les touches disgracieuses, les boutons énervants, les souris poussiéreuses et les écrans complètement passifs sont de l'histoire ancienne avec l'iPad : vous trouverez d'ailleurs bientôt cela parfaitement naturel et indispensable !

L'écran d'accueil, c'est tout simplement l'écran qui s'affiche au démarrage de votre iPad une fois déverrouillé. Vous pouvez y voir, en outre, des icônes, ces images carrées avec un texte affiché en dessous. Ce sont les icônes des applications. L'écran d'accueil affiche toutefois de nombreux autres éléments et informations essentielles sur votre iPad et fait office de centre de contrôle principal. Nous allons explorer l'écran d'accueil en détail au cours de ce chapitre.

Nous aborderons aussi un autre élément fondamental de l'iPad, quelque peu inhabituel pour ceux qui n'ont jamais utilisé de tablette ou de smartphone à écran tactile : le clavier. Ce clavier est fondamentalement semblable à celui d'un ordinateur, pour saisir du texte ou des chiffres, sauf qu'il n'a pas de touches physiques : comme le reste des contrôles de l'iPad, le clavier est tactile !

Découvrir le bouton Accueil

Peut-être avez-vous remarqué le (seul) bouton situé sur la face avant de votre iPad : c'est le **bouton principal** ou **bouton Accueil**.

Comme son nom l'indique, il a la faculté de vous faire revenir à l'écran d'accueil de votre iPad, à tout moment.

Ce bouton, vous vous en servirez tout le temps : il sert principalement à quitter toute activité en cours pour revenir à l'écran d'accueil, que vous explorerez en détail plus loin dans ce chapitre.

En réalité, ce bouton, tout en étant d'un usage simplissime, a plus d'une utilité !

Le bouton Accueil a plusieurs fonctions, elles seront développées dans les sections qui suivent. En fait, tout dépend du contexte : le bouton Accueil se comporte différemment si l'iPad est en veille ou actif, si vous êtes en train d'utiliser une application ou déjà sur l'écran d'accueil. Il réagit également à la manière dont vous appuyez dessus : appui normal ou double appui rapide, par exemple.

Les trois fonctions principales du bouton Accueil sont néanmoins simples à comprendre : la réactivation de l'iPad en veille, le retour à l'écran d'accueil et l'accès à la recherche dans l'iPad.

Nouveauté Le bouton Accueil donne en réalité accès à d'autres fonctions plus subtiles et souvent méconnues : l'accès à une autre application (grâce au multitâche), l'accès aux contrôles de l'iPod lorsque vous écoutez de la musique et le verrouillage de l'orientation (très pratique et pourtant ignoré de nombreux utilisateurs). Ce sont d'ailleurs des nouveautés d'iOS 4.

Réactiver l'iPad passé en mode veille

C'est la fonction la plus simple du bouton Accueil, vous l'avez déjà rencontrée précédemment. Elle consiste à « réveiller » l'iPad lorsque c'est nécessaire.

Appuyez simplement, une fois, sur le bouton Accueil. L'écran de veille de l'iPad apparaît. Il vous faut alors déverrouiller l'écran en faisant glisser votre doigt sur Déverrouiller.

Note En fait, lorsque l'iPad est en veille, vous pouvez appuyer sur n'importe quel bouton : le bouton Accueil, mais aussi, si vous préférez, le bouton de démarrage. C'est une question de choix personnel, d'habitude ou de réflexe !

Quitter l'application en cours et revenir à l'écran d'accueil

Lorsque l'iPad est actif, si vous êtes par exemple en train d'utiliser une application, appuyer sur le bouton Accueil aura un effet radical : vous quitterez l'application en cours et reviendrez à l'écran d'accueil. Cela fonctionne d'ailleurs aussi lorsqu'un programme est bloqué en cours d'utilisation.

Par ailleurs, si vous êtes sur une page d'icônes différente de la première page, que cela soit la deuxième ou la dernière, appuyer sur le bouton Accueil vous fera immédiatement revenir à la première page.

Astuce Si l'iPad semble bloqué, appuyez longuement (au moins 6 secondes) sur le bouton Accueil. Cela devrait en principe vous sortir de la majorité des mauvais pas ! Vous perdrez néanmoins peut-être le travail en cours (le message que vous étiez en train d'écrire, par exemple).

Note Sur l'iPad, il n'y a généralement pas de bouton « fermer » ou « terminer » : le bouton Accueil est parfois, et même souvent, le seul moyen de quitter un écran.

Accéder à la recherche

Si vous êtes déjà sur la première page d'icônes de l'iPad et appuyez sur le bouton Accueil, vous accédez à la recherche (ce sujet sera développé plus loin dans ce chapitre, à la section « Effectuer une recherche »).

Autrement dit, quoi que vous fassiez, si vous appuyez deux fois de suite, *lentement*, sur le bouton Accueil, vous accéderez à la recherche !

Note Il existe d'autres manières d'accéder à la recherche. Vous les découvrirez à la section « Effectuer une recherche » de ce chapitre.

Accéder à une autre application

L'iPad est *multitâche* et peut donc faire plusieurs choses à la fois.

Définition Multitâche désigne la capacité de l'iPad à exécuter plusieurs applications à la fois : consulter vos messages en écoutant de la musique à l'arrière-plan, par exemple, ou encore recevoir un appel et accéder à votre carnet d'adresses, mais aussi des choses bien plus complexes. Vous pouvez par exemple interrompre un jeu en cours de partie pour afficher une page Web, ou encore utiliser la fonction de guidage de Plans et la mettre en pause pour envoyer un e-mail, *etc.*

Nouveauté À l'origine, l'iPad était multitâche, mais de manière limitée. Il était par exemple possible d'utiliser l'iPod en fond, et de consulter ses e-mails ou le Web en même temps. Mais si la musique que vous souhaitiez écouter venait d'une autre application que l'iPod (comme Spotify ou une application pour écouter la radio), c'était tout simplement impossible. Ouf ! Voici donc une amélioration très nette du confort d'utilisation de l'iPad apportée par iOS 4.

Lorsque vous utilisez une application, appuyez rapidement deux fois sur le bouton Accueil pour en lancer une autre (consultez la section « Les applications » à la fin de ce chapitre pour plus d'informations à ce sujet).

Accéder aux commandes de l'iPod et au verrouillage de l'orientation

Appuyez rapidement deux fois de suite sur le bouton Accueil, et faites glisser votre doigt vers la droite dans la zone en bas d'écran : les contrôles de l'iPod et le bouton de verrouillage apparaissent.

Ces commandes spéciales vous permettent de contrôler rapidement la musique lue par l'iPod (voir chapitre 9) et de bloquer l'orientation de l'écran de l'iPad (consultez la section « Ajuster le verrouillage et la luminosité de l'écran » plus loin dans ce chapitre).

Leur accès rapide est stratégique : vous aurez besoin de ces commandes occasionnellement (pour le verrouillage de l'orientation) ou très souvent (si vous utilisez beaucoup la fonction iPod de votre iPad pour écouter de la musique), mais dans tous les cas, vous voudrez y accéder rapidement. Lorsque vous en aurez l'habitude, vous verrez donc qu'un double appui rapide sur le bouton Accueil suivi d'un défilement vers la droite du bout du doigt ne prend que quelques secondes !

Faire connaissance avec l'écran tactile

Si l'iPad n'a qu'un seul bouton en façade, c'est qu'il se passe des choses ailleurs ! Vous l'avez deviné, c'est sur l'écran de l'iPad que tout a lieu.

Cela peut ne pas sauter aux yeux, mais l'écran de votre iPad est une véritable prouesse technologique.

Il offre tout d'abord une excellente résolution (l'iPad bénéficie d'une nette avance sur ses concurrents dans le monde de la tablette tactile ou de lecture). La qualité d'affichage est exceptionnelle.

Mais surtout, l'écran de l'iPad est tactile. C'est tout simplement, comme son nom l'indique, un écran que l'on peut contrôler par le toucher ! En fait, l'écran de l'iPad est même *multitactile*. Autrement dit, vous pouvez le toucher à plusieurs endroits à la fois.

Très intuitive, cette approche demande simplement un peu de logique, et un peu de patience lorsque l'on débute avec l'iPad.

Les manipulations à connaître sont les suivantes :

- **Toucher** : pour lancer une application, sélectionner une option, enfoncer un bouton ou une touche de clavier.

- **Pincer** ou **écarter** : pour effectuer un zoom.
- **Faire glisser** ou **défiler** : pour se déplacer dans un écran.

Les sections qui suivent détaillent toutes ces manipulations, à l'aide de l'application Plans.

Toucher

Si vous avez démarré votre iPad et saisi votre code PIN, comme expliqué au chapitre précédent, vous avez déjà fait connaissance avec une des manipulations fondamentales de l'écran tactile, la plus simple : le toucher !

Il s'agit simplement de toucher la surface de l'écran du bout du doigt. On utilise généralement l'index, mais selon les usages, vous apprendrez à employer vos pouces, et même tous les doigts de vos deux mains si vous êtes vraiment un as du clavier !

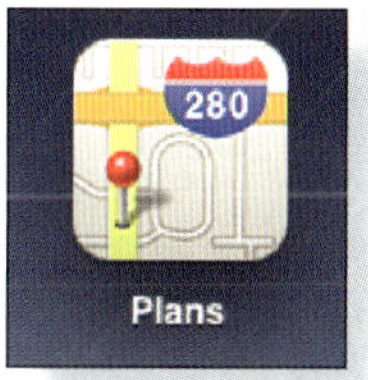

Sur l'écran d'accueil de votre iPad, touchez l'icône **Plans**. L'icône est mise en surbrillance quelques instants puis l'application Plans s'ouvre.

Note

L'iPad est ainsi fait que les zones actives sont suffisamment espacées les unes des autres pour que vous atteigniez votre cible avec facilité, même si vos doigts ne sont pas les plus fins du monde, même si vous avez les ongles longs, *etc.*

Certains usages demandent un peu plus d'expérience (comme l'utilisation du clavier), mais vous deviendrez rapidement un habitué.

Vous venez de faire connaissance avec la première manipulation importante sur un iPad : **toucher**.

Si vous êtes un habitué des ordinateurs et de la souris, c'est l'équivalent d'un clic. On emploie aussi les termes « appuyer », « tapoter », ou « faire un tap », comme dans « faire un clic ».

Zoomer

L'écran de l'iPad offre une profondeur exceptionnelle, grâce à sa résolution élevée. Cela signifie que vous pourrez agrandir une zone de l'écran pour en voir le détail.

Vu la taille de l'écran (qui reste grand pour une tablette tactile, mais ne permet pas les mêmes usages qu'un écran d'ordinateur), c'est primordial !

Voici comment **zoomer** sur une partie de l'image : à l'aide du pouce et de l'index simultanément, touchez l'écran et écartez les doigts. Vous agrandissez la partie d'écran située entre vos deux doigts !

Recommencez pour zoomer encore plus en avant.

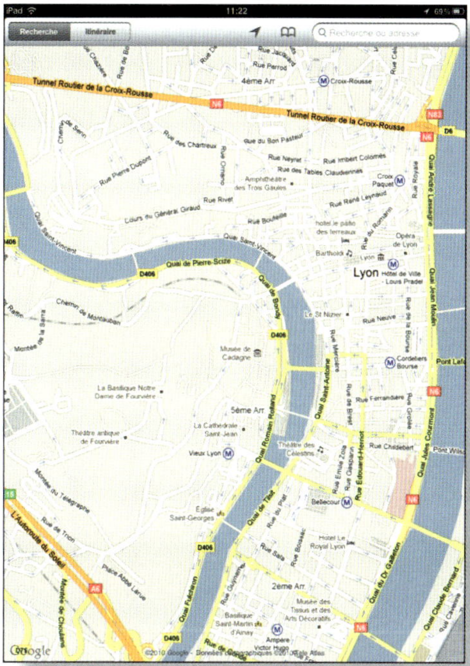

À l'inverse, si vous rapprochez les doigts sans relâcher, comme si vous « pinciez » la surface, vous « zoomez » en arrière. Vous l'avez compris : écarter et rapprocher les doigts (ou pincer) permet de contrôler le zoom. Exercez-vous à zoomer en avant et en arrière : ce geste deviendra vite très naturel !

Note Le zoom est aussi une illustration parfaite des capacités multitactiles de l'écran de l'iPad : avez-vous noté que vous avez touché l'écran *en deux points* différents pour contrôler le zoom ?

Astuce Dans cet exemple précis où vous visualisez une photo, ou lorsque vous visualisez des pages Web, vous pouvez toucher deux fois l'écran rapidement pour effectuer un zoom avant, puis deux fois à nouveau pour réaliser un zoom arrière.

Glisser, défiler, feuilleter

Continuons à explorer la carte. Touchez la surface de l'écran et faites glisser dans une direction : la carte se déplace sous vos doigts !

C'est ce qui s'appelle **faire glisser**.

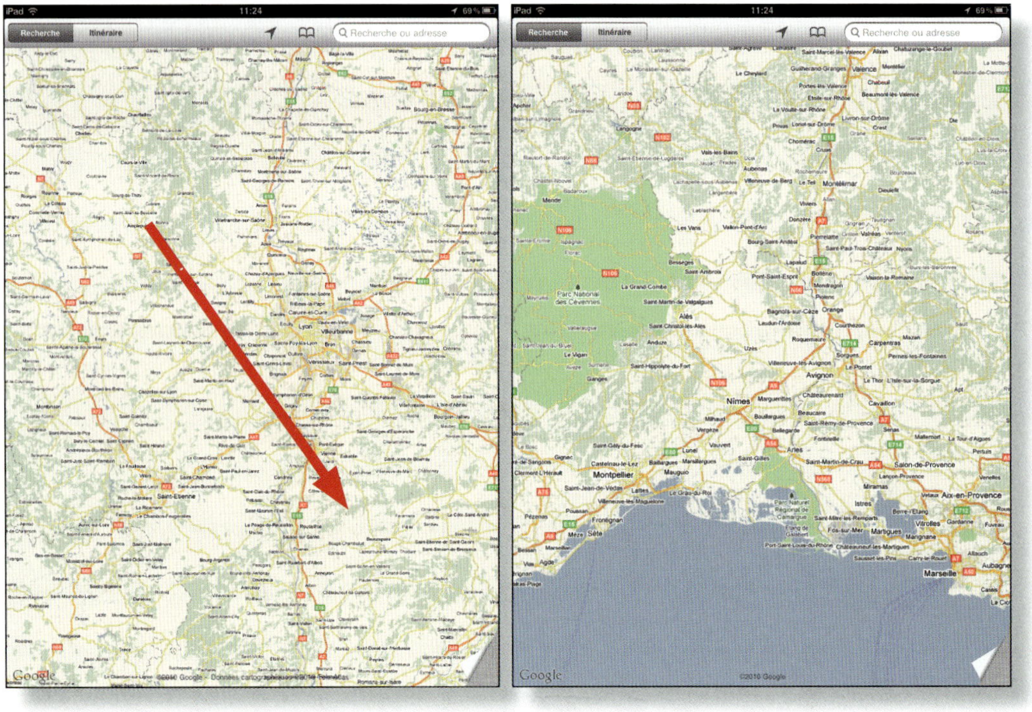

Astuce Dans un livre affiché avec iBooks, par exemple (pour plus d'informations à ce sujet, consultez le chapitre 12), c'est aussi cette technique qui vous permettra de passer de page en page, comme si vous feuilletiez un « vrai » livre : faites glisser vers la gauche ou vers la droite pour tourner la page.

Il existe une variante de cette manipulation. Posez votre doigt n'importe où sur la carte et faites glisser en relâchant le doigt en fin de course. La carte se déplace encore plus rapidement, selon la vitesse donnée au mouvement par votre doigt.

C'est ce qui s'appelle **feuilleter**. Vous pouvez attendre que le défilement s'arrête ou toucher n'importe quel endroit de l'écran pour l'arrêter immédiatement.

Passer en mode paysage

Vous avez probablement l'habitude de tenir votre iPad en mode portrait, c'est-à-dire avec le bouton Accueil en bas. Il est temps de sortir de la routine, car l'iPad permet bien plus que cela !

Certaines applications (la majorité des applications de base) permettent en effet d'utiliser l'écran « dans tous les sens ». Lorsque vous faites pivoter l'écran en mode paysage ou même « tête en bas », le capteur de mouvement le détecte et l'affichage s'adapte automatiquement à la nouvelle orientation de l'écran ! Ce mode est particulièrement pratique pour visualiser des photos prises en mode paysage (elles occupent ainsi la totalité de l'écran).

Pour expérimenter cette fonctionnalité unique, continuons avec Plans.

Faites pivoter l'iPad : la carte s'adapte et s'affiche désormais avec une largeur plus importante. C'est le mode paysage !

Vous pouvez faire pivoter l'écran autant que vous le souhaitez et dans tous les sens : il s'adaptera immédiatement.

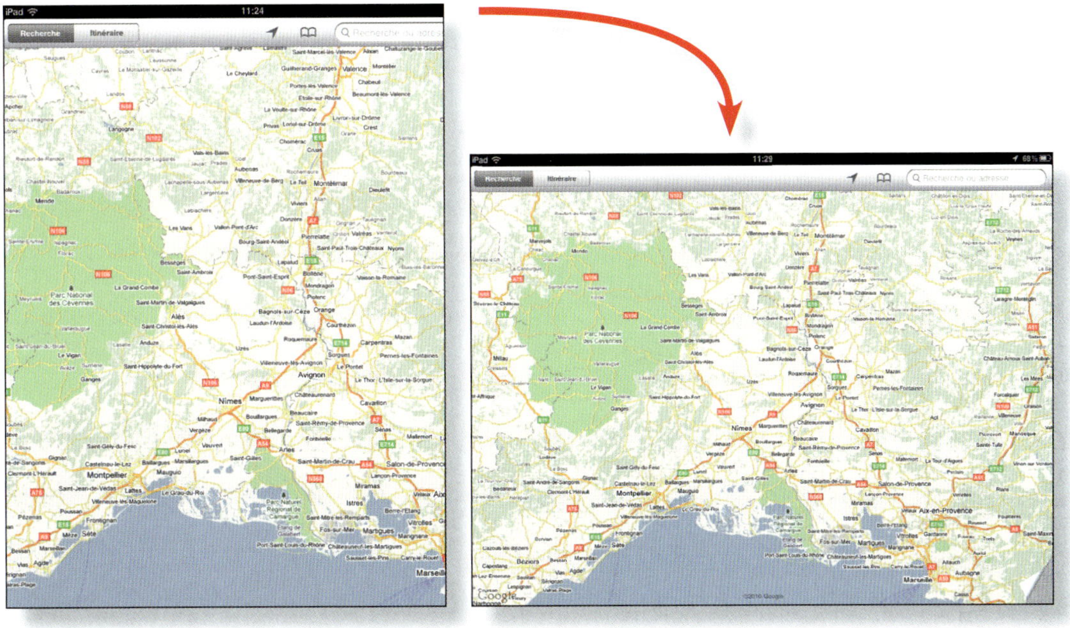

Note Si vous faites pivoter l'écran trop rapidement, l'iPad ne détectera pas forcément le changement d'orientation. Observez les boutons de contrôle pour le vérifier : ils suivent le mouvement et se réorientent pour toujours être « dans le bon sens » lorsque vous les observez. Dans ce cas, revenez en position initiale et recommencez, plus lentement !

La manipulation fonctionne aussi sur l'écran d'accueil lui-même (ce qui n'est pas le cas sur un iPhone, par exemple, où les icônes ne sont pas réorganisées lorsque vous faites pivoter l'écran en mode paysage).

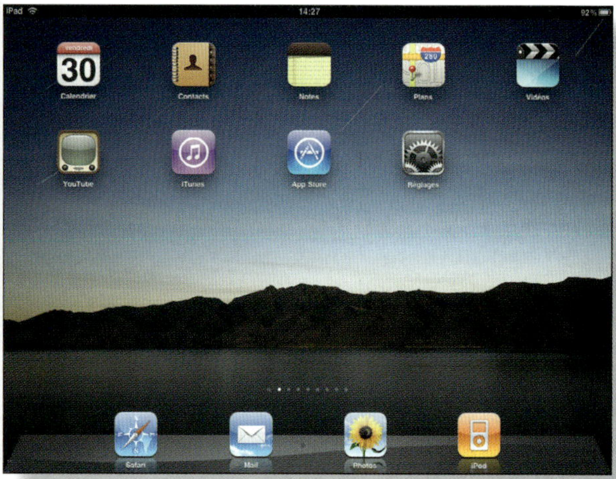

Par ailleurs, le mode paysage est particulièrement intéressant pour les photos prises en mode paysage et les vidéos : elles occupent ainsi la totalité de l'écran.

L'écran d'accueil

L'écran d'accueil est l'écran qui s'affiche au démarrage de l'iPad, immédiatement après le déverrouillage de l'appareil (voir chapitre 1). Il se compose de quatre zones importantes :

- La zone des icônes qui remplit presque tout l'écran : elle contient des icônes ou des groupes d'icônes.
- En bas, une partie grisée contenant aussi des icônes, qui semblent comme « posées » sur une étagère : il s'agit du dock de lancement rapide.
- Juste au-dessus, une loupe et une rangée de points (un blanc et plusieurs gris).
- Tout en haut, la barre d'état, où s'affichent plusieurs informations sur l'iPad.

Note En réalité, on pourrait dire qu'il y a une cinquième zone importante sur l'écran d'accueil : le fond d'écran, c'est-à-dire l'image qui s'affiche derrière tous les éléments listés ci-dessus. Cette zone est « passive » mais peut être personnalisée : vous pouvez choisir l'image qui s'y affiche. Ce point sera abordé dans le chapitre 8, à la section « Exploiter vos photos ».

La barre d'état

Commençons notre exploration de l'écran d'accueil par une zone que vous connaissez déjà, puisque nous l'avons découverte au chapitre précédent : la barre d'état.

Située tout en haut de l'écran, elle reste visible presque en toutes circonstances, et c'est d'ailleurs le seul élément de l'écran d'accueil qui est aussi affiché lorsque l'iPad est verrouillé.

Remarquez une différence importante entre la barre d'état de l'écran verrouillé et celle de l'écran déverrouillé : au centre, lorsque l'iPad est verrouillé, elle affiche une icône en forme de cadenas. Lorsque l'iPad est déverrouillé, c'est l'heure qui apparaît en lieu et place de cette icône.

Vous l'avez compris : la barre d'état sert à fournir des informations pertinentes selon l'état de l'iPad à un moment précis, ou le contexte d'utilisation.

Les informations et les icônes affichées dans la barre d'état modifient donc régulièrement, selon ce que vous faites, l'état de l'iPad et ses interactions avec le monde extérieur. Vous avez par exemple vu au chapitre précédent qu'une zone de la barre d'état est consacrée à la connexion au réseau Internet.

De gauche à droite, voyons maintenant les informations qui s'affichent dans la barre d'état.

1 Zone de connexion au réseau Internet

2 Zone d'activité

3 Zone centrale

4 Zone de notification

5 Zone de niveau de la batterie

La zone de connexion au réseau Internet

Juste à côté du mot iPad apparaît une icône qui indique le réseau utilisé pour la connexion à Internet, ainsi que la puissance du signal (pour le Wi-Fi).

Tout dépend à la fois des réseaux activés et de leur disponibilité à proximité de l'iPad : Wi-Fi, 3G, EDGE ou aucun. Si aucun réseau n'est disponible, cette zone reste vide.

Si le mode avion est activé (voir chapitre 12), l'indicateur s'affiche en lieu et place du mot iPad et de l'icône réseau.

La zone d'activité

Entre l'icône de connexion au réseau Internet et l'heure au centre de la barre d'état, la zone d'activité sert à vous indiquer qu'une opération est en cours sur l'iPad et qu'il faut patienter quelques instants.

Elle affiche toujours la même icône, , ou reste vide lorsque l'iPad n'est pas en attente de la fin d'une opération.

Cette zone est utile, car elle vous montre que l'iPad n'est pas bloqué, mais simplement en attente, réalisant un traitement ou une action qui prend du temps (à cause de la connexion à Internet ou d'un calcul, par exemple). Vous la verrez au cours de l'affichage d'un plan ou d'une page Web, par exemple, ou pendant que l'iPad récupère vos courriels, charge une vidéo, *etc.*

La zone centrale

Déjà rencontrée auparavant, la zone centrale de la barre d'état affiche toujours l'heure (sauf quand l'iPad est verrouillé, comme expliqué précédemment).

Pour régler l'heure de l'iPad, touchez **Réglages** puis **Général**, **Date et heure** et, enfin, **Régler la date et l'heure**. Consultez le chapitre 12 pour plus d'informations à ce sujet.

La zone de notification

À droite de l'heure, se trouve la zone la plus changeante de la barre d'état. Elle permet en effet d'afficher diverses icônes, selon l'activité en cours de l'iPad : lecture de musique, verrouillage de l'orientation, utilisation du GPS ou du Bluetooth, par exemple.

Voici les icônes que vous pourrez y trouver :

- **Verrouillage** : l'orientation (mode portrait ou paysage) de l'iPad est verrouillée. Consultez la section « Ajuster le verrouillage et la luminosité de l'écran » plus loin dans ce chapitre pour plus d'informations à ce sujet.
- **Bluetooth** : Bluetooth est activé. Lorsqu'un appareil est connecté, elle est bleue ou blanche. Sinon (aucun appareil connecté), l'icône est grisée.
- **Lecture** : un morceau de musique est à l'écoute avec l'iPod. Consultez le chapitre 9 pour plus d'informations à ce sujet.
- **Géolocalisation active** : le mode de localisation géographique est activé et en cours d'utilisation. C'est en particulier le cas lorsque vous utilisez l'application Plans, mais aussi certaines autres applications qui vous localisent géographiquement (ViaMichelin, guides de voyages, *etc.*).

La zone de niveau de la batterie

À l'extrémité droite de la barre d'état se trouve une zone réservée au niveau de la batterie.

Il est vrai que c'est une information primordiale pour tous les utilisateurs intensifs, car la batterie se décharge assez rapidement. Cette zone sert donc à vous alerter lorsqu'il est temps de recharger votre iPad. Consultez la section « Recharger votre iPad » du chapitre 1 pour plus d'informations à ce sujet.

Lorsque l'iPad est en charge, un éclair s'affiche en surimpression sur l'indicateur. L'icône change à nouveau lorsque l'iPad est rechargé à 100 %.

La zone des icônes

Au milieu de l'écran se trouve la zone des icônes : elle offre de la place pour vingt icônes.

Note Les icônes situées au bas de l'écran (au nombre de quatre par défaut et de six au maximum) bénéficient quant à elles d'un traitement un peu à part : cette zone s'appelle le *dock de lancement rapide* et fait l'objet de la section qui suit.

Les icônes

Une icône est tout simplement un bouton carré, dont le nom figure juste en dessous. Le concept d'icône est fondamental sur l'iPad et chacune d'entre elles donne accès à une application spécifique.

Il existe trois types d'icônes sur l'iPad :

- Les icônes « fondamentales » et présentes sur tout iPad dès le premier démarrage. Ce sont les icônes des applications de base de l'iPad : **Photos**, **Mail**, **Safari**, **Plans**, **iPod**, **Calendrier**, *etc.*
- Les autres icônes sont celles des applications installées par chaque utilisateur. La principale différence est qu'il est impossible de supprimer les icônes fondamentales (mais toutes les icônes peuvent être regroupées ou déplacées, quel que soit leur type). Consultez le chapitre qui suit pour plus d'informations au sujet des applications.
- Les icônes symbolisant un groupe, composé lui-même d'icônes d'applications. Un groupe occupe la place d'une seule icône et peut contenir jusqu'à vingt icônes de tous types.

- Il existe en fait un dernier type d'icônes, permettant l'accès direct à une page Web et pouvant être créée lorsque vous visitez un site à l'aide de Safari. Consultez le chapitre 4 pour plus d'informations à ce sujet.

L'ensemble des icônes qui apparaissent sur l'écran ne constitue en fait que la première page d'une série pouvant aller jusqu'à onze ! Les pages se rempliront lorsque vous installerez de nouvelles applications (consultez la section « Les applications » plus loin dans ce chapitre).

Cette zone défile donc horizontalement pour vous permettre d'accéder à d'autres pages d'icônes. Vous pouvez tester le défilement : touchez la zone des icônes et faites glisser vers la gauche. La deuxième page d'icônes apparaît.

Les groupes

En dehors des icônes, il existe un autre type d'élément ayant sa place sur l'écran d'accueil : le groupe d'icônes.

Un groupe rassemble tout simplement plusieurs applications en occupant la place d'une seule icône.

Nouveauté Les groupes sont une nouveauté d'iOS 4. Ils sont très pratiques lorsque vous téléchargez beaucoup d'applications, pour les organiser par thèmes et ainsi pouvoir en télécharger encore plus qu'auparavant, puisque chaque groupe peut contenir jusqu'à vingt icônes (la version précédente d'iOS permettait d'installer environ 200 applications sans les groupes ; cela peut paraître beaucoup, mais ce nombre est vite atteint). Le fait de pouvoir classer les icônes par thèmes est aussi vraiment utile pour les maniaques de l'organisation !

Il est possible de créer autant de groupes que vous le souhaitez. Vous pouvez aussi renommer et réorganiser à volonté les groupes. Consultez la section « Organiser les icônes » de ce chapitre pour plus d'informations à ce sujet.

Pour voir le contenu du groupe, il suffit de le toucher. Vous accédez alors aux applications contenues dans le groupe. Pour revenir à l'écran principal, touchez à nouveau l'icône du groupe.

Astuce Pensez aussi aux groupes pour gagner de la place sur l'écran en associant les applications dont vous vous servez rarement en un groupe que vous placerez sur la dernière page d'icônes. Vous pouvez d'ailleurs y inclure certaines applications de base (impossibles à supprimer). N'oubliez pas d'utiliser la recherche pour accéder rapidement à une application par son nom. Consultez la section « Effectuer une recherche » plus loin dans ce chapitre pour plus d'informations à ce sujet.

Vous pouvez organiser cette zone comme bon vous semble : déplacer des icônes dans une page ou d'une page à l'autre, les regrouper à volonté, supprimer les icônes de certaines applications (sauf des applications de base). Consultez la section « Organiser les icônes » pour plus d'informations à ce sujet.

Le dock de lancement rapide

Le dock de lancement rapide est la partie grisée en bas d'écran. Elle peut accueillir jusqu'à quatre icônes.

Par défaut, le dock contient des applications dont vous vous servirez a priori souvent : **Safari** (qui permet d'accéder au Web), **Mail**, **Photos** et **iPod** (pour écouter de la musique et regarder des vidéos).

Il y a une bonne raison à cela : les applications situées dans cette zone sont accessibles sur toutes les pages d'icônes. Cela signifie que vous pouvez accumuler des pages et des pages d'icônes, ces quatre applications seront toujours visibles et accessibles rapidement.

Vous pouvez personnaliser cette zone et décider d'y placer jusqu'à six applications de votre choix (il y en a quatre par défaut). Consultez la section « Organiser les icônes » de ce chapitre pour plus d'informations à ce sujet.

La loupe et les points d'accès aux pages

Remarquez enfin, tout en bas de cette zone centrale, l'icône **Loupe** et la rangée de points (un point blanc et plusieurs points gris).

L'icône **Loupe** sert à accéder à la recherche. Nous allons en reparler immédiatement, dans la section qui suit.

La rangée de points permet de naviguer dans les pages d'icônes. Pour passer d'une page à une autre, vous pouvez faire glisser horizontalement, comme expliqué précédemment, mais vous pouvez aussi toucher cette rangée de points en bas de l'écran.

Si vous touchez l'écran à gauche du point actif (blanc), vous défilerez vers la page précédente, et si vous touchez à droite de ce point, vous défilerez vers la page suivante.

Note En réalité, le concept de « points » peut troubler, dans le sens où le but n'est pas de toucher un point spécifique (cette zone est tout de même très petite !) pour accéder à une page en particulier.

Le seul effet de cette rangée de points est de permettre d'aller à la page suivante ou à la page précédente : il est impossible de passer directement de la première page à la dernière en touchant le point correspondant.

En revanche, n'oubliez pas que depuis n'importe quelle page, pour revenir sur la première page de l'écran d'accueil, il suffit d'appuyer sur le bouton Accueil.

Organiser les icônes

L'écran d'accueil est entièrement personnalisable : vous pouvez en effet agencer les icônes selon vos souhaits, y compris dans le dock du bas de l'écran. Vous pouvez créer des groupes pour organiser vos icônes par thèmes.

Organiser vos icônes, en particulier le dock de lancement rapide et la première page, vous fera gagner un temps précieux : vous accéderez ainsi facilement aux applications que vous utilisez le plus souvent.

Agencer les icônes et créer des groupes

Pour organiser vos icônes :

1 Touchez n'importe quelle icône sur l'écran d'accueil.

2 Maintenez le doigt appuyé quelques secondes. Les icônes « frémissent » ? Vous pouvez alors les déplacer !

3 Réorganisez les icônes en les faisant glisser.

4 Vous pouvez placer votre application préférée dans le dock de lancement rapide pour un accès direct. Faites simplement glisser l'icône souhaitée depuis la zone centrale vers le dock. Vous pouvez placer six icônes en tout dans cette zone.

5 Si vous faites glisser vers la droite au niveau de la dernière page, vous créerez une nouvelle page. Vous pouvez ainsi créer jusqu'à onze pages. Attention à ne pas faire glisser une icône sur une autre icône, vous créeriez un groupe ! Tant que vous ne relâchez pas le doigt de l'écran, vous pouvez déplacer l'icône en mouvement. Relâchez-la pour qu'elle occupe son nouvel emplacement.

6 Si vous souhaitez justement créer un groupe, faites simplement glisser une icône sur une autre. Un cadre vous indique la création du groupe et les icônes en faisant partie s'affichent en miniature à l'intérieur.

7 Pour renommer le groupe d'icônes, touchez la zone affichant le nom et saisissez le nouveau nom.

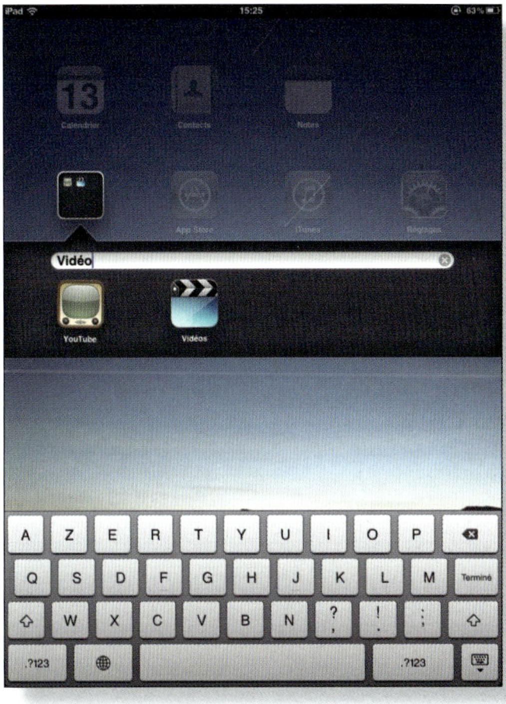

Note Le concept de groupe d'icône est très pratique, surtout lorsque vous possédez de très nombreuses applications, mais peut aussi devenir relativement pesant lorsqu'il s'agit de réorganiser vos icônes du bout du doigt.

Vous vous apercevrez vite que déplacer une icône vers un emplacement vide n'est pas toujours aisé, et que la création de groupes « contre votre plein gré » est fréquente !

Notez que vous pouvez toujours utiliser iTunes pour organiser vos icônes sur votre ordinateur.

8 Vous pouvez faire glisser des icônes dans un groupe existant pour le compléter ou déplacer un groupe entier vers un nouvel emplacement. N'oubliez pas : vous créez autant de groupes que vous le souhaitez ! Vous pouvez placer jusqu'à vingt icônes dans chaque groupe.

Astuce Pour extraire des applications d'un groupe, affichez son contenu puis maintenez le doigt appuyé sur une des icônes jusqu'à ce qu'elles frémissent. Faites alors glisser les icônes hors du groupe vers la zone principale des icônes. Pour dissocier un groupe, faites sortir toutes les applications du groupe une par une jusqu'à l'avant-dernière.

9 Lorsque vous avez terminé, appuyez sur le bouton Accueil. La nouvelle configuration est automatiquement enregistrée.

Vous pouvez recommencer aussi souvent que souhaité !

Comment organiser les icônes de manière pertinente ?

Certains utilisateurs d'iPad ne classent pas leurs icônes et s'en contentent parfaitement. Ils doivent toutefois parfois chercher longuement une application, oublient certaines d'entre elles pourtant très utiles, car elles ne sont pas assez visibles, *etc.*

Note Cette remarque est bien sûr valable uniquement à partir du moment où vous installez de nouvelles applications, car il y a peu de chances de désordre incontrôlé avec la dizaine d'applications « de base » uniquement !

D'autres en revanche gagnent un temps précieux, grâce à une organisation consciencieuse.

Chacun fera comme bon lui semble, mais voici un point de vue tout à fait personnel de l'auteur sur la question :

1 Dans le dock de lancement rapide, je laisse les applications de base essentielles, telles que Safari, bien sûr, Mail, iPod et Photos. Puisqu'il y a six places dans cette zone, autant en profiter. J'ai donc ajouté Plans, que j'utilise souvent, ainsi que l'application préférée de mon fils, car il est souvent impatient de jouer avec ! J'accède ainsi très vite à ces applications.

2 Sur la première page, je place les icônes des applications que j'utilise très souvent, (App Store, Réglages, par exemple) certes, mais surtout auxquelles j'ai besoin d'accéder rapidement, où que je sois et quoi que je fasse. C'est le cas de Evernote pour prendre des notes rapidement, Shazam (que j'utilise lorsque je veux que mon iPad reconnaisse une musique, il faut donc parfois être très rapide), de certains jeux, et ainsi de suite. J'y place aussi celles que j'ai besoin d'avoir sous les yeux en permanence, comme une liste de choses à faire ou de courses ainsi que Calendrier (qui affiche la date du jour dans son icône, ultra-pratique). Je sais que j'accéderai toujours rapidement à la première page d'icônes : il suffit d'appuyer sur le bouton Accueil, une ou deux fois selon le contexte, mais c'est toujours rapide.

3 Sur la deuxième page, je place les icônes dont je me sers souvent, mais dont l'usage me permet tout de même d'avoir le temps d'y accéder. En clair : les petits jeux que j'adore, comme Angry Birds ; les applications pratiques comme eBay, Allociné, Pages Jaunes, *etc.* Je sais que j'accéderai à cette page en deux ou trois manipulations au maximum : retour à l'écran d'accueil, puis défilement sur le côté.

4 Sur le reste des pages, je crée des groupes d'applications. Ce sont des applications que j'utilise moins souvent, mais dont j'ai besoin. Je les classe par thèmes : jeux, applications de divertissement, utilitaires divers, outils pour la photo, *etc.* Je connais la plupart d'entre elles par leur nom et je peux donc utiliser la recherche si j'ai besoin d'y accéder rapidement.

5 Sur la toute dernière page, j'ai créé un groupe d'applications que je n'utilise quasiment jamais, mais que je ne peux pas effacer (applications de base) ou ne souhaite pas supprimer (parce qu'elles m'ont coûté cher et que je me dis qu'un jour, peut-être, elles me serviront, par exemple). Toutes placées dans le même groupe, elles occupent peu de place et ne me gênent pas.

Bien sûr, avec le temps, mes applications préférées changent et je réorganise tout cela régulièrement ! Je fais souvent « le ménage » pour effacer celles dont je ne me sers pas.

Note Lorsque vous restaurez l'iPad après une sauvegarde ou après un changement d'appareil, la configuration des icônes (position, groupes, *etc.*) n'est pas conservée ! Les icônes sont classées dans l'ordre alphabétique. C'est vraiment très dommage, il faut tout recommencer. Prenez votre mal en patience, et utilisez plutôt votre ordinateur, comme expliqué dans le chapitre 10.

Effectuer une recherche

La recherche est un outil très pratique permettant de chercher tout et n'importe quoi dans votre tablette, mais aussi sur le Web, avec Google ou Wikipédia.

La recherche permet d'ouvrir directement et rapidement toutes sortes d'éléments : une application cachée au fin fond d'un groupe situé sur la dernière page d'icônes, une chanson dont vous avez oublié le titre en fonction de son interprète, une note ou un message en fonction d'un mot contenu, un contact selon son adresse, *etc.* Indispensable !

Définition Le nom officiel de la fonction de recherche dans l'iPad est « Recherche Spotlight ». La **recherche** permet en effet de trouver un élément dans votre iPad : elle prend en compte le contenu des messages électroniques, les éléments du calendrier, les titres et artistes de l'iPod, les notes et les contacts. Vous pouvez même choisir le type d'éléments pris en compte (consultez la note à la fin de cette section).

Pour accéder à la recherche, vous disposez de plusieurs techniques :

- Lorsque l'écran d'accueil est affiché, faites glisser vers la gauche.
- Lorsque l'écran d'accueil est affiché, appuyez sur le bouton Accueil.
- Touchez l'icône **Loupe** juste au-dessus du dock de lancement rapide.

Note

En fait, pour vous souvenir de la technique, envisagez la page de recherche comme une page spéciale située à gauche de la première page d'icônes (ce qui est d'ailleurs le cas). Comme le bouton Accueil permet de revenir sur la première page d'icônes, si vous appuyez sur le bouton Accueil alors que vous y êtes déjà, il faut bien qu'il se passe quelque chose : vous accédez donc à la recherche !

Choisissez la méthode qui vous convient le mieux selon les situations. Quelle que soit la technique d'accès à la recherche, l'écran **Rechercher** apparaît.

Pour effectuer une recherche dans l'iPad :

1. Saisissez les premières lettres du terme à trouver.
2. Les résultats contenant les caractères saisis s'affichent au fur et à mesure, classés par types (contacts, applications, iPod, messages).

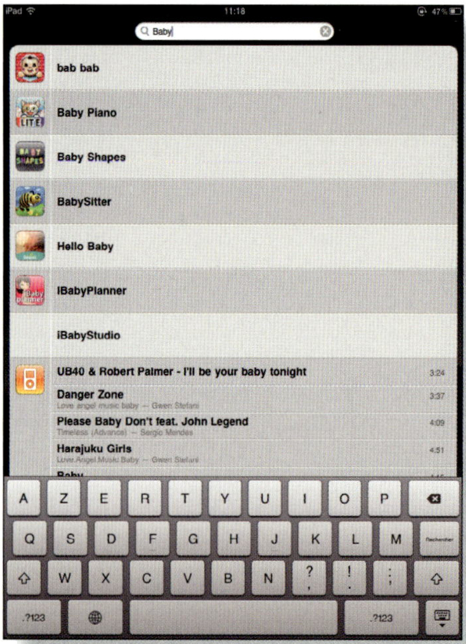

3 Touchez l'élément recherché.

4 L'application correspondante (Contacts, Mail ou Notes, par exemple) se lance et affiche l'élément.

5 Que vous ayez trouvé ou non un élément correspondant à la recherche, vous pouvez aussi toucher l'un des deux éléments en bas d'écran pour lancer une recherche sur le mot saisi.

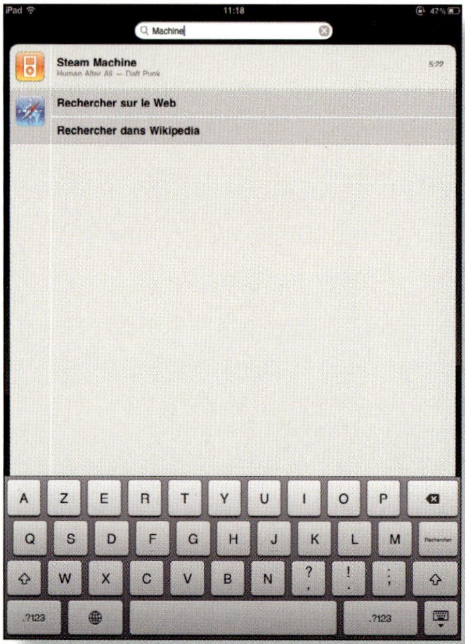

6 Touchez **Rechercher sur le Web** pour effectuer une recherche du terme saisi avec Google. La page de résultats de la requête Google portant sur le terme choisi s'affiche alors dans Safari. Vous pouvez toucher un des résultats pour afficher la page Web correspondante.

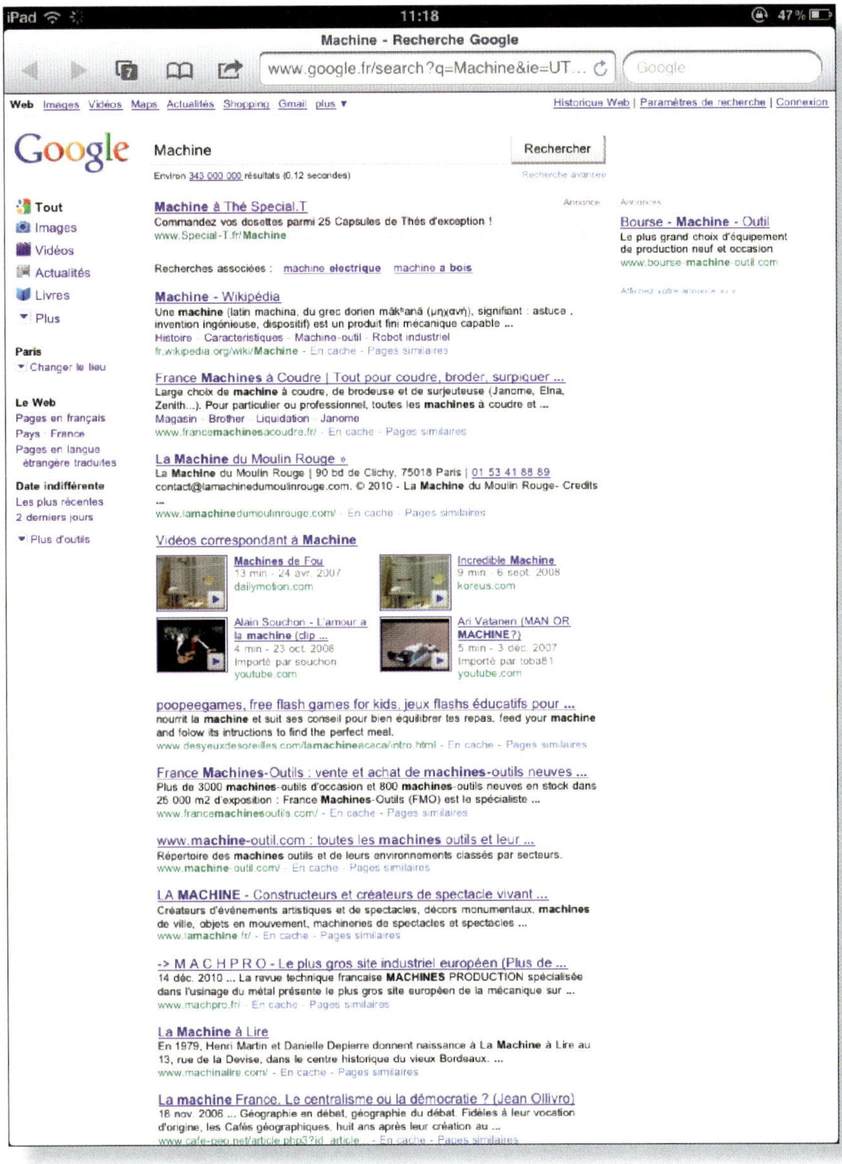

7 Touchez **Rechercher dans Wikipédia** pour effectuer une recherche du terme saisi sur Wikipédia, l'encyclopédie collaborative sur le Web. La page Wikipédia correspondant au résultat le plus pertinent concernant votre recherche apparaît.

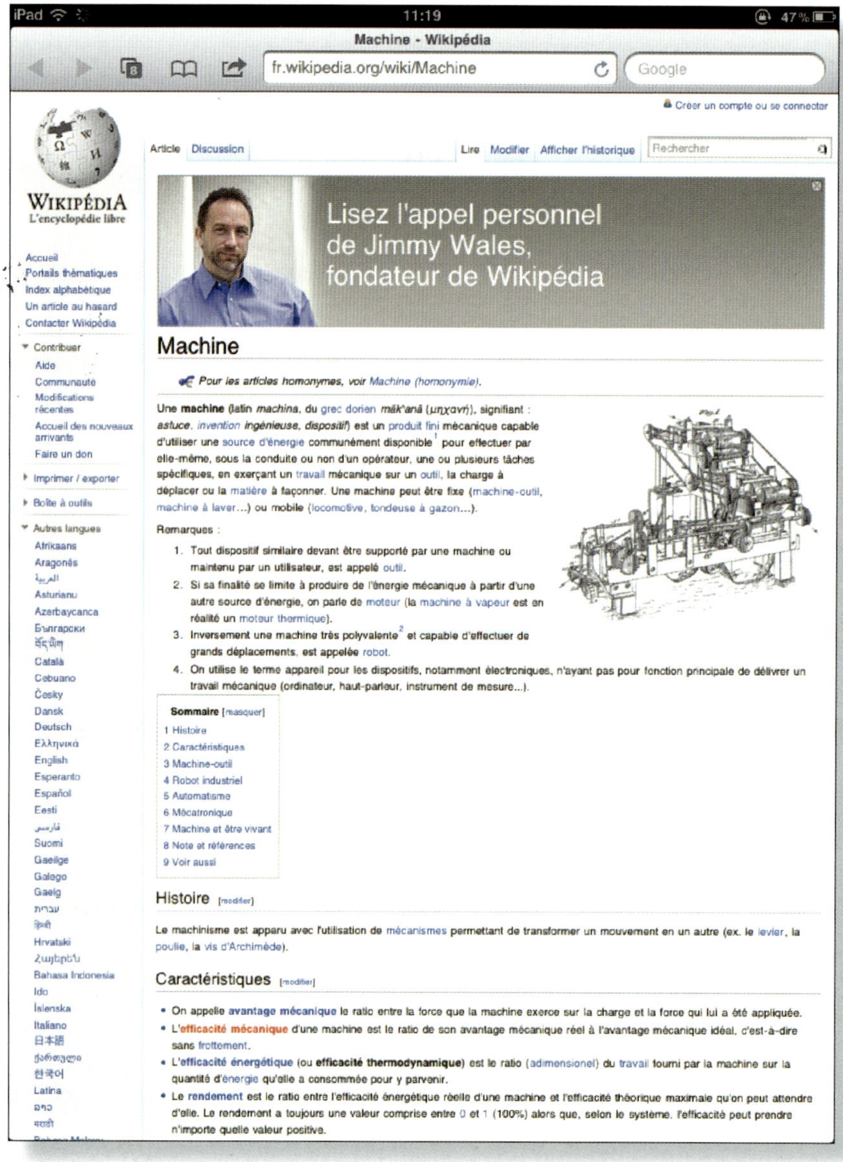

Note Pour restreindre la recherche à un ou plusieurs types d'éléments donnés (si, par exemple, vous souhaitez afficher uniquement les résultats parmi les applications, notes et contacts, mais ne pas prendre en compte les messages ou les éléments du calendrier), rendez-vous dans les **Réglages**. Touchez **Général** puis **Recherche Spotlight**.

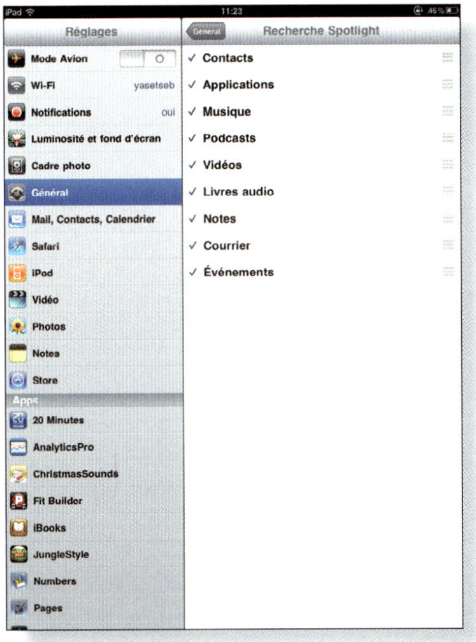

Ajuster le verrouillage et la luminosité de l'écran

Même s'il est bien pratique que l'iPad détecte automatiquement les changements d'orientation, dans certains cas, vous pouvez vous en passer, voire souhaiter que cela n'arrive pas !

C'est le cas par exemple lorsque vous-même n'avez pas une orientation bien définie (allongé, par exemple) ou changez régulièrement de position (passage de debout à assis) : l'iPad peut alors détecter un changement d'orientation et pivoter à sa guise, sans que cela ne soit désiré.

Dans ce cas heureusement, il existe une solution : le verrouillage manuel de l'orientation.

Vous pouvez aussi ajuster la luminosité de l'écran de votre iPad pour adapter son intensité à l'éclairage ambiant.

Définition Le verrouillage manuel de l'orientation consiste à bloquer l'orientation de l'écran de l'iPad dans un sens : portrait ou paysage. Dès lors, et jusqu'au déverrouillage de l'orientation, vous pouvez faire pivoter l'iPad dans tous les sens, l'écran gardera l'orientation choisie au moment du verrouillage.

Pour verrouiller l'orientation de l'écran de l'iPad, à tout moment :

1 Appuyez rapidement deux fois sur le bouton Accueil.

2 La barre du multitâche apparaît (voir « Découvrir le bouton Accueil » plus haut dans ce chapitre pour plus d'informations à ce sujet).

3 Faites glisser de gauche à droite dans la zone en bas d'écran pour afficher les commandes spéciales.

4 Touchez le bouton **Verrouillage de l'orientation**. Un message vous indique l'orientation choisie et verrouillée.

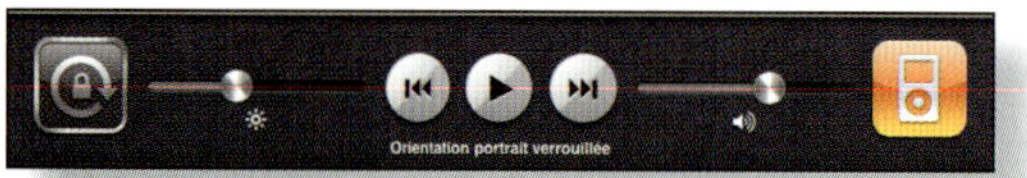

Note C'est aussi à cet endroit que vous pouvez modifier rapidement la luminosité de l'écran. Faites glisser le curseur de luminosité, situé à droite du bouton de verrouillage de l'orientation, afin de modifier l'intensité d'affichage de l'écran.

5 Appuyez sur le bouton Accueil pour reprendre votre activité sur l'iPad. Notez que l'icône de verrouillage de l'orientation apparaît dans la barre d'état.

6 Vous pouvez alors faire pivoter l'iPad : l'écran ne change pas d'orientation.

7 Pour déverrouiller l'orientation, procédez de la même manière que pour le verrouillage : appuyez rapidement deux fois sur le bouton Accueil, faites glisser vers la droite, touchez le bouton **Verrouillage de l'orientation**. Un message vous indique que l'orientation est déverrouillée. Appuyez sur le bouton Accueil pour revenir à l'écran d'accueil de l'iPad : l'icône de verrouillage de l'orientation a disparu de la barre d'état.

Nouveauté Le verrouillage de l'orientation est bien caché et beaucoup de nouveaux utilisateurs ignorent même son existence !

Les tout premiers utilisateurs quant à eux savent qu'il existe mais peuvent désormais avoir perdu sa trace à cause du changement de manipulation introduit par iOS 4 d'Apple : auparavant, il suffisait d'actionner le commutateur situé près des boutons de volume pour verrouiller l'orientation. Désormais, ce commutateur sert à passer en mode silencieux, comme sur un iPhone.

Tout sur le clavier

Poursuivons ce chapitre par un élément spécial qui apparaîtra régulièrement sur l'écran d'accueil, dès que vous devrez saisir du texte : le clavier.

Cela doit désormais sembler très clair pour vous : l'iPad n'ayant pas de boutons, donc pas de touches de clavier ou chiffrées, vous devrez donc utiliser l'écran tactile pour toute saisie de texte.

Cela confère au clavier de l'iPad un avantage majeur par rapport au clavier traditionnel : en plus de s'afficher uniquement lorsque vous en avez besoin, et de disparaître lorsqu'il n'est plus utile, le clavier de l'iPad s'adapte au contexte dans lequel vous l'utilisez.

L'iPad sait si vous devez saisir des chiffres ou des lettres, et même mieux : il sait si vous allez avoir besoin des caractères spéciaux employés lorsque vous saisissez un e-mail (caractère @ peut-être), ou une adresse Web (caractère / et touche spéciale .com). Ainsi, le clavier est différent selon les situations, pour optimiser la saisie et vous faire gagner du temps !

Le clavier de l'iPad est en résumé très complet et intelligent. Il s'agit désormais d'apprendre à s'en servir !

Saisir du texte à l'aide du clavier

Saisir du texte sur le clavier ? Rien de plus facile ! Il suffit en effet de toucher du bout du doigt la touche portant le caractère à saisir.

À vous de décider la manière de faire et tous les styles sont permis : du bout de l'index en tenant l'iPad dans l'autre main, avec les pouces de chaque côté et l'iPad dans les deux mains, avec les dix doigts lorsque l'iPad est à plat sur une table, *etc.* Le choix peut aussi dépendre du contexte : que vous soyez debout dans les transports en commun ou tranquillement assis dans votre canapé, allongé au bord d'une piscine ou en pleine réunion de travail avec l'iPad posé devant vous, cela change tout !

Orientation et clLe fait de tenir l'iPad en mode portrait ou en mode paysage change aussi beaucoup les choses, puisque la zone de préhension n'a pas du tout la même taille, et le clavier non plus !

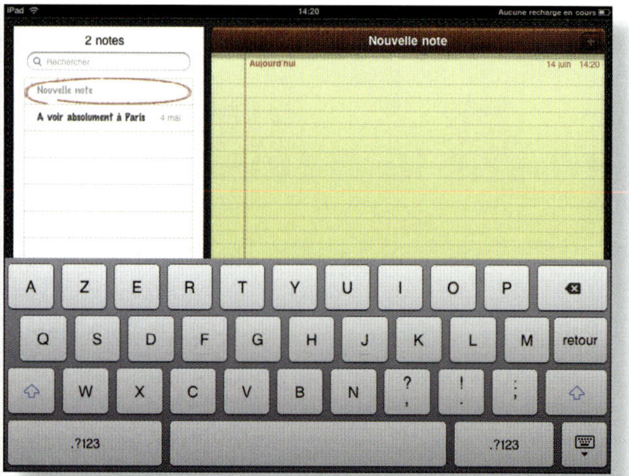

Le mode paysage est très pratique dès qu'il s'agit de saisir du texte, on l'oublie souvent. Néanmoins, lorsque le clavier occupe plus de place en largeur, il est aussi plus envahissant, masquant une bonne partie de l'écran. Dans certains cas, cela n'est pas très avantageux comme lorsque vous écrivez un long message, par exemple, ou si devez saisir des données dans un formulaire de page Web tout en regardant la page Web en question. Enfin, n'oubliez pas non plus que vous pouvez changer d'orientation à volonté, même en cours de saisie !

Quoi qu'il en soit, le clavier de l'iPad est relativement facile à appréhender et avec un peu d'entraînement, vous devriez vous en sortir aussi bien que sur un ordinateur !

Touches importantes et caractères spéciaux

Le clavier de l'iPad ressemble beaucoup à celui d'un ordinateur. Néanmoins, la place limitée à l'écran fait que seules les touches essentielles sont accessibles directement. Pour saisir des caractères spéciaux ou des signes de ponctuation moins usuels, vous devrez passer par une touche intermédiaire, qui affiche un clavier secondaire ; de même pour les chiffres.

Comme sur un clavier d'ordinateur, les touches sont présentées selon le mode AZERTY et non par ordre alphabétique. Sur l'iPad, il y a aussi des touches spéciales pour vous permettre de gagner du temps : une touche .com, par exemple, apparaît lorsque vous naviguez sur Internet, pour vous permettre de saisir les quatre caractères qui composent souvent la fin d'une adresse de site Web en une seule opération. Vous découvrirez aussi bientôt que la touche .com elle-même permet de saisir d'autres extensions de sites Web en un clin d'œil : .fr, .org, *etc.* D'ailleurs, nombre de touches cachent plusieurs caractères ou variantes : il suffit de toucher longuement le caractère en question pour les afficher. C'est ainsi que vous pourrez saisir les caractères accentués et bon nombre de caractères spéciaux (signes $, £, *etc.*).

Voici quelques manipulations importantes à retenir :

- Pour saisir une majuscule, touchez le bouton ⇧.
- Effacez le dernier caractère saisi en touchant le bouton ⌫.
- Effectuez un retour à la ligne en touchant le bouton retour.
- Pour masquer le clavier à tout moment, touchez .

Nouveauté Pour saisir du texte dans une langue étrangère, vous pouvez accéder aux claviers internationaux rapidement, sans opérer toute une série de réglages ! Touchez simplement . Par défaut, les claviers suivants sont activés : allemand, italien, espagnol, anglais. Rendez-vous dans les réglages, touchez **Général** puis **Clavier** et, enfin, **Claviers internationaux** pour désactiver les claviers que vous n'utilisez pas ou en ajouter d'autres, du chinois traditionnel au russe, en passant par bien d'autres options.

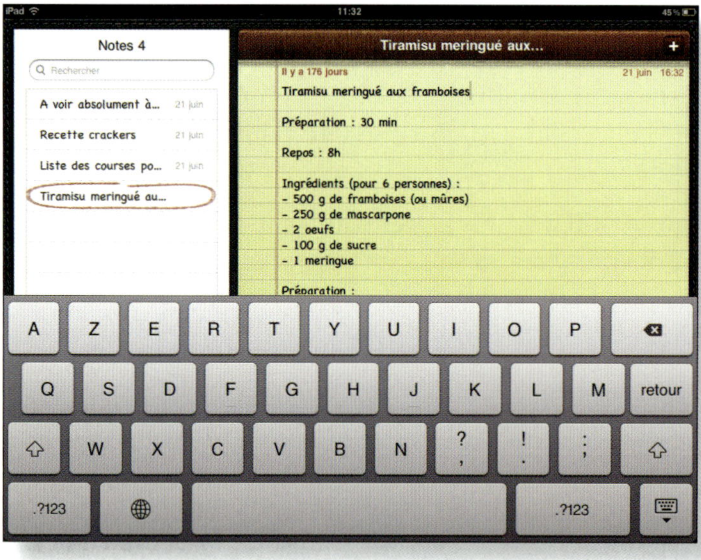

- Pour accéder aux caractères spéciaux et aux chiffres, touchez le bouton **.?123**, d'un côté ou de l'autre de la barre d'espace.
- Touchez le bouton **ABC** pour revenir aux lettres.

- D'autres caractères spéciaux se cachent encore derrière la touche **#+=**.

- Touchez longuement un caractère pour afficher ses variantes : caractère accentué ou symboles de la même famille.

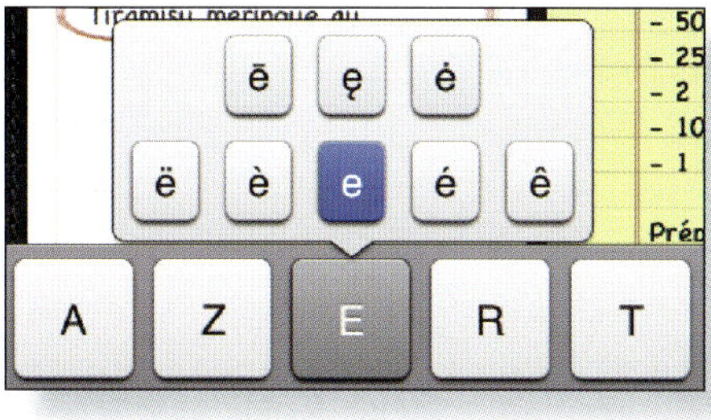

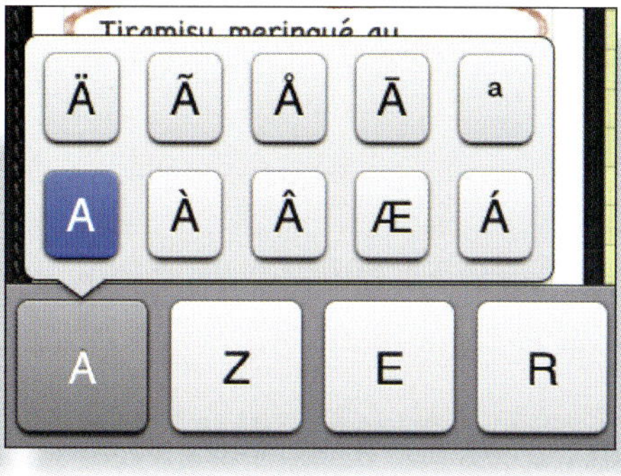

Utiliser la loupe !

Pour modifier le texte déjà saisi :

1 Touchez longuement le texte, sans relâcher, pour activer la loupe.

2 Faites glisser la loupe pour placer le curseur à l'endroit précis que vous souhaitez éditer.

Vous pouvez alors saisir du texte ou effacer des caractères.

Touchez l'endroit où vous souhaitez reprendre la saisie avant de continuer.

Copier et coller

La technique du copier-coller est incontournable. Elle permet de copier du texte et des images d'une application vers une autre.

Concrètement, cela veut dire que vous pouvez copier une image depuis une page Web dans un courriel, copier une carte depuis l'application Plans pour la coller dans un MMS, copier un numéro de téléphone depuis un SMS vers une fiche contact, et ainsi de suite !

Commencez par sélectionner le texte ou l'image à copier :

1 Touchez le curseur d'insertion. Les boutons de sélection apparaissent. Touchez Sélectionner pour sélectionner le mot adjacent ou Tout sélectionner pour sélectionner tout le texte.

Astuce Lorsque vous saisissez du texte, touchez l'écran deux fois de suite pour sélectionner un mot, trois fois pour sélectionner un paragraphe.

2 La sélection s'affiche en surbrillance. Vous pouvez la modifier en faisant glisser les curseurs symbolisés par des points bleus. Une bulle affiche la zone en détail pour vous aider à effectuer une sélection précise.

3 Une fois la sélection définie, touchez **Copier**.

4 Vous pouvez dès lors coller le texte autant de fois que vous le souhaiterez. En attendant, touchez la zone d'édition pour continuer la saisie normalement.

5 Lorsque vous souhaitez coller le texte, touchez le curseur d'insertion. Touchez le bouton **Coller**, et le tour est joué !

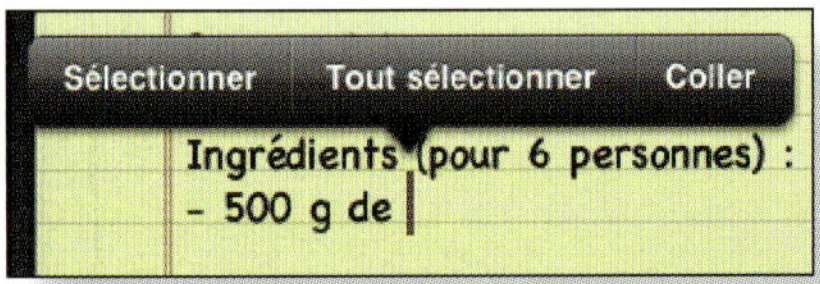

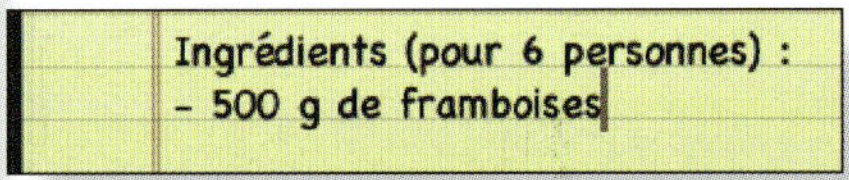

Astuce En cas d'erreur, secouez l'iPad et touchez le bouton **Annuler *action*** pour annuler la dernière action. Touchez **Annuler** pour… annuler l'annulation !

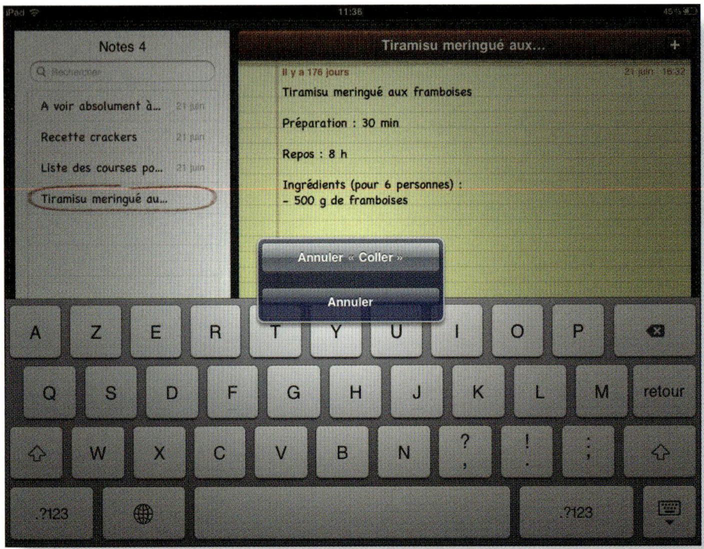

Utiliser les suggestions et les corrections

Le dictionnaire peut aussi vous aider à taper encore plus vite : lorsque vous saisissez le début d'un mot reconnu, une bulle suggère le mot complet.

Pour accepter la suggestion et compléter le mot, touchez la barre d'espace. Le mot est automatiquement inséré.

Touchez la bulle pour refuser la suggestion.

Vous pouvez ensuite toucher longuement le mot pour voir d'autres propositions.

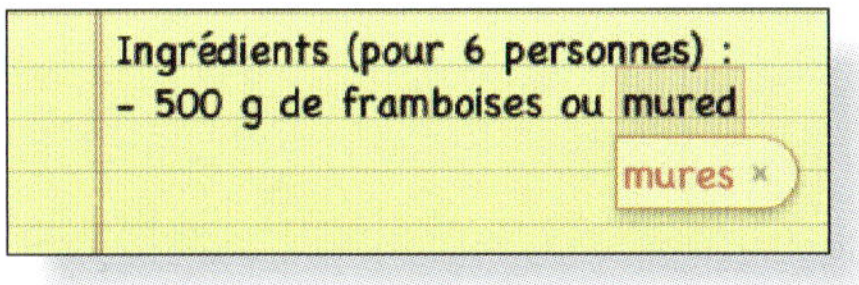

Le correcteur de texte insère automatiquement une majuscule en début de phrase. Il repère aussi les fautes d'orthographe usuelles : les mots mal orthographiés sont soulignés en pointillés rouges.

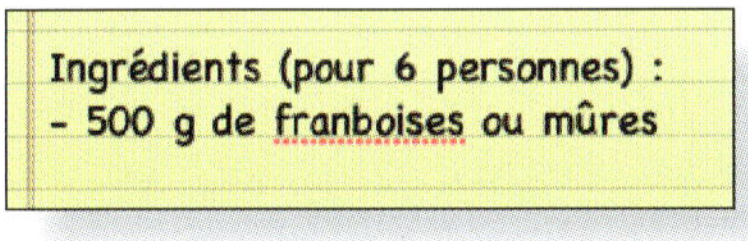

Le dictionnaire vous propose une correction si vous touchez le mot concerné. Touchez le mot souligné, puis **Remplacer** pour voir des suggestions de correction.

Touchez ensuite le mot à utiliser comme remplacement du mot mal orthographié.

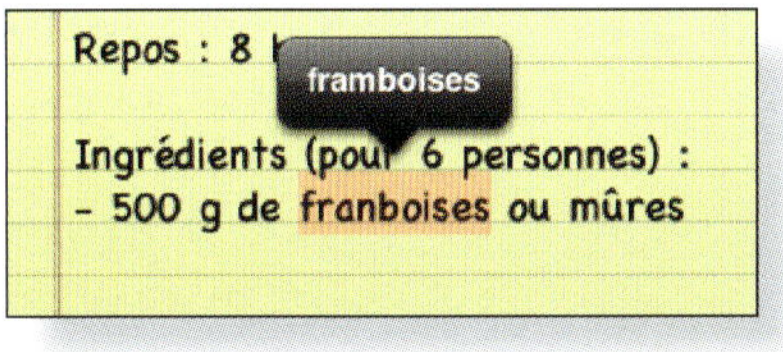

Note Les corrections automatiques peuvent vite devenir agaçantes, surtout si vous écrivez dans plusieurs langues. Notez que vous pouvez les désactiver en touchant **Réglages** puis **Généraux** et **Clavier**.

Les applications

La dernière partie de ce chapitre est consacrée à la présentation d'un concept essentiel : les applications. Ce sont les petits et grands programmes qui donnent accès à toutes les fonctionnalités de l'iPad. Safari, par exemple, est l'application qui permet de consulter des pages Web, Mail est l'application dédiée aux courriels, *etc.* Il existe toute une série d'applications « de base », installées sur l'iPad par défaut, mais vous pouvez surtout en installer de nouvelles, c'est d'ailleurs ce qui fait la richesse et la force de l'iPad ! Découvrons ensemble le monde merveilleux des applications !

Qu'est-ce qu'une application ?

Vous avez déjà fait connaissance avec les concepts d'icône et d'application au cours des sections précédentes. Chaque icône située sur l'écran d'accueil de l'iPad donne accès à une *application* (voir « La zone des icônes » précédemment dans ce chapitre).

En fait, dans l'iPad, tout n'est qu'application : Mail est l'application qui sert à... consulter et écrire des courriels, bien sûr, Safari est le nom de l'application qui sert à accéder au Web, mais même les réglages de l'iPad se font par le biais d'une « application », la bien-nommée Réglages.

C'est d'ailleurs souvent aussi simple que cela : le nom de l'icône et de l'application donne une idée plutôt claire et précise de leur rôle. YouTube, Note, Photos : voici quelques exemples d'applications qui portent bien leur nom.

Il existe deux types d'applications sur l'iPad : les applications dites « de base » et les autres applications, installées à votre demande.

Les applications de base

Les applications de base sont les applications installées sur tous les iPad, par défaut, et correspondant aux fonctions essentielles de votre tablette. Elles sont au nombre de treize.

Les applications de base sont présentes dès le premier démarrage de votre iPad et ne peuvent être supprimées (même si vous ne les utilisez jamais !). Il est toutefois possible de les agencer comme bon vous semble à l'écran.

Les autres applications

Les autres applications, ce sont toutes celles que vous pouvez ajouter à votre iPad. Pour cela, vous devez vous rendre sur l'App Store, littéralement la « boutique d'applications ».

Il suffit de toucher l'icône **App Store** sur l'écran d'accueil. Vous devez aussi posséder un compte utilisateur iTunes, ce qui doit en principe être le cas car il est indispensable pour activer votre iPad (consultez le chapitre 1 pour plus d'informations à ce sujet).

Sur l'App Store, trouverez des milliers d'applications dans tous les genres, pour tous les goûts, et aussi pour tous les budgets ! Certaines sont complètement gratuites. Il suffit de télécharger une application pour pouvoir l'utiliser sur votre iPad. Ces applications sont donc facultatives et différentes pour chaque utilisateur d'iPad.

Notez que ces applications ne sont pas forcément créées par Apple : n'importe quel développeur ou société peut proposer ses applications au monde entier *via* l'App Store.

Enfin, contrairement aux applications de base, vous pouvez supprimer à tout moment ces autres applications de votre iPad.

Nous reviendrons en détail sur la manière de chercher et d'installer de nouvelles applications au cours de la troisième partie de cet ouvrage.

Repérer les applications de base

Sur l'écran de votre iPad se trouvent une douzaine d'applications. Elles sont fondamentales et donnent accès à toutes les fonctions essentielles de votre iPad.

Ce sont les icônes des *applications de base*. Vous les utiliserez au quotidien pour la plupart, ou peut-être jamais pour certaines d'entre elles. Toutes seront détaillées dans la suite de cet ouvrage.

Présentation rapide des applications de base

Voici une présentation rapide des applications de base de l'iPad :

- **App Store** : pour accéder à l'App Store et télécharger des applications iPad (chapitre 10).
- **Calendrier** : pour gérer votre agenda (chapitre 5).
- **Contact** : pour gérer votre carnet d'adresses (chapitre 5).
- **iPod** : pour écouter votre musique et voir vos vidéos (chapitre 9).

iTunes Store : pour accéder à l'iTunes Store et télécharger du contenu numérique (chapitre 9).

Mail : pour consulter votre messagerie électronique et échanger des courriels (chapitre 5).

Notes : pour prendre des notes écrites (chapitre 6).

Photos : pour visualiser vos bibliothèques de photos et vidéos (chapitre 8).

Plans : pour afficher des plans et calculer des itinéraires (chapitre 7).

Réglages : pour ajuster les options de l'iPad. Différents réglages seront présentés tout au long de l'ouvrage.

Safari : pour surfer sur le Web (chapitre 5).

Vidéos : pour lire vos vidéos (chapitre 9).

YouTube : pour accéder à YouTube et voir des vidéos en ligne (chapitre 9).

Astuce Il est impossible de supprimer les icônes des applications de base, mais vous pouvez toujours les déplacer. Conservez ainsi uniquement celles dont vous vous servez souvent sur les premières pages. Autre idée : créez un groupe avec toutes les applications dont vous vous servez peu souvent, il occupera la place d'une seule icône à l'écran.

Passer d'une application à une autre

Lorsque vous utilisez une application, à tout moment, vous pouvez en lancer une autre et garder ce que vous faisiez (prendre une photo, consulter une page Web, lire vos e-mails) à l'arrière-plan. C'est ce qui s'appelle le *multitâche*.

Note Ce thème a déjà été abordé au cours de la présentation du bouton Accueil plus haut dans ce chapitre.

Nouveauté Cela paraît naturel sur un ordinateur, mais c'est en fait une grande nouveauté sur l'iPad, depuis le passage à iOS4 !

Jusqu'alors, l'iPad était en fait multitâche, mais de manière très limitée : seule la lecture de la musique avec l'iPod était possible en parallèle à l'utilisation d'une autre application.

Sur l'iPad, le multitâche est géré grâce au bouton Accueil, comme cela a été expliqué précédemment.

En appuyant rapidement deux fois sur le bouton Accueil lorsque vous êtes déjà dans une application, vous pourrez accéder aux autres applications utilisables en parallèle, ainsi qu'aux contrôles de l'iPod.

Faites le test :

1 Lancez une application au choix, comme YouTube dans l'exemple illustré.

2 Appuyez rapidement deux fois de suite sur le bouton Accueil. La barre des tâches apparaît en bas d'écran. Touchez l'icône d'une application pour la lancer.

3 Pour revenir à l'application initiale ou en lancer une autre, recommencez : appuyez rapidement deux fois de suite sur le bouton Accueil et touchez une icône d'application.

Pour éventuellement quitter toutes les applications en cours et revenir à l'écran d'accueil, appuyez sur le bouton Accueil (une fois seulement).

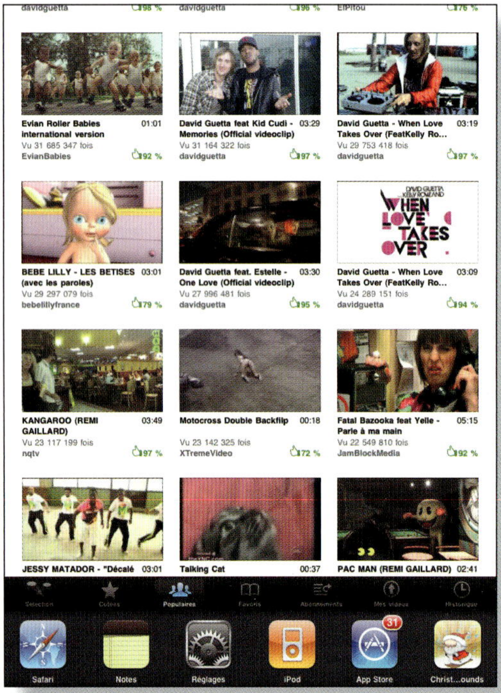

Partager, utiliser, imprimer : le bouton Action !

Il existe sur l'iPad un bouton spécial que vous retrouverez régulièrement, d'une application à l'autre : on pourrait l'appeler le bouton Action. Ses fonctions sont généralement multiples et s'affichent lorsque vous le touchez. Elles sont différentes selon les applications et le contexte mais ont toujours la même substance : vous permettre d'agir sur l'élément concerné, c'est-à-dire le partager, l'imprimer, le copier, *etc.*

Dans Safari, par exemple, il permet de créer un signet, une icône sur l'écran pour accéder à une page Web rapidement, d'envoyer l'adresse de la page affichée par e-mail ou encore d'imprimer la page active.

Dans Mail, vous pourrez l'utiliser pour répondre à un message ou le transférer, ou encore l'imprimer.

Dans Photos, le bouton Action a encore plus de fonctions : il sert également à envoyer la photo par courrier, à l'attribuer à un contact ou à la placer en fond d'écran, à l'imprimer ou encore à la copier.

Dans tous les cas, si vous vous demandez comment « agir » sur un ou plusieurs éléments d'une application, pensez à utiliser ce bouton !

Imprimer avec l'iPad

Si vous avez la chance de disposer d'une imprimante compatible avec la fonction **AirPrint** de l'iPad, vous pourrez imprimer des pages Web, photos ou messages directement depuis l'application concernée, grâce au bouton **Imprimer**, généralement accessible *via* le bouton Action présenté à la section précédente.

Définition **AirPrint** est le nom de la fonction commune à tous les appareils Apple (iPhone, ordinateurs et iPad, bien entendu), permettant d'imprimer à distance. Il faut impérativement disposer d'une imprimante sans fil compatible avec AirPrint.

Sur l'iPad, AirPrint fonctionne avec Safari, Mail, Photos, iWork, les PDF dans iBooks et d'autres applications tierces intégrant une fonctionnalité d'impression, comme Pages, Keynote ou encore Numbers.

Touchez **Imprimer** puis **Sélection** dans la zone Imprimante. L'iPad localise alors la ou les imprimantes compatibles AirPrint de votre réseau et s'y connecte automatiquement. Il ne vous restera plus qu'à indiquer le nombre de copies de l'élément souhaité, puis toucher **Imprimer** pour lancer l'impression.

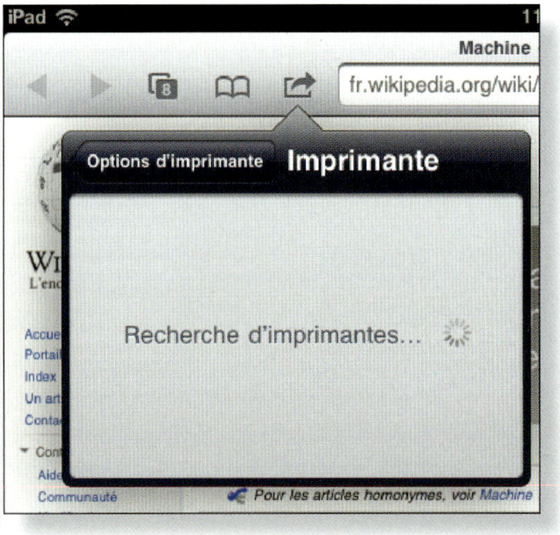

Nouveauté L'impression avec l'iPad est intégrée au système depuis la version 4.2 d'iOS, grâce à l'outil AirPrint.

Hélas, bien que très pratique, elle n'est à l'heure actuelle compatible qu'avec un nombre (très) limité d'imprimantes Wi-Fi : nous vous invitons à consulter la page iPad – AirPrint pour vérifier si votre imprimante fait partie de la liste de ces modèles :

`http://www.apple.com/fr/ipad/features/airprint.html`

Dans le cas contraire, bon nombre de constructeurs ont développé des applications iPad spécifiques à leurs modèles pour permettre aux utilisateurs d'iPad d'imprimer des documents et photos à distance.

PARTIE II BIEN UTILISER L'IPAD ET LES APPLICATIONS DE BASE

Chapitre 4

Safari

Dans ce chapitre

- Découvrir Safari
- Afficher une page Web
- Effectuer une recherche avec Google
- Ouvrir une nouvelle fenêtre
- Ajouter une page Web aux signets
- Afficher un signet
- Utiliser l'historique
- Super astuces de navigation

Le Web sur l'iPad

Sur l'iPad, l'affichage de pages Web se fait avec l'application Safari. Relativement simplifié par rapport à un navigateur « classique » (sur ordinateur), Safari est agréable et aisé à utiliser.

L'iPad a néanmoins un « défaut » : il ne prend pas en charge la technologie Flash, utilisée pour le graphisme de certains sites Web. Certains sites y ont recours pour illustrer une petite partie de leurs pages, vous ne verrez donc pas la partie en question s'afficher sur votre iPad. D'autres sites emploient Flash pour l'intégralité de leur contenu. Ces sites seront tout simplement impossibles à consulter avec Safari. En dehors de ce point, vous accéderez au Web dans toute sa splendeur.

Astuce Même si le Web est accessible en intégralité *via* Safari, certains usages ne sont pas très pratiques : la consultation des pages jaunes, par exemple, ou encore la réservation d'une place de cinéma, le suivi d'enchères sur eBay, *etc*. Heureusement, il existe des applications qui se chargent très bien de cela, avec une interface particulièrement adaptée à l'iPad ! Vous les découvrirez tout au long de cet ouvrage.

Découvrir Safari

L'accès au Web sur l'iPad se fait *via* Safari, un navigateur simple et efficace.

Définition **Safari** est le nom du navigateur Web de l'iPad. Safari est à l'iPad ce qu'est Internet Explorer ou Firefox à un ordinateur de bureau, tout simplement. Notez que Safari existe d'ailleurs aussi sur PC !

Note Vous devez bien sûr être connecté à Internet (consultez la section « Vérifier l'état de la connexion à Internet » du chapitre 2 pour plus d'informations à ce sujet).

L'icône **Safari** se trouve par défaut dans le dock de lancement rapide.

Afficher une page Web

Pour afficher une page Web :

1 Touchez l'icône **Safari**.

2 Touchez la barre d'adresses (si elle n'est pas visible, touchez la barre d'état en haut de l'écran).

3 Saisissez l'adresse du site Web à afficher. Les adresses des sites visités commençant par les mêmes lettres s'affichent. Vous pouvez toucher l'une de ces adresses. Si la zone de saisie contient déjà du texte, pour effacer son contenu, touchez ⊗.

4 Touchez **Accéder**.

5 Patientez pendant le chargement de la page. L'icône dans la barre d'état vous signale qu'il faut patienter. La barre d'adresses vous indique la progression du chargement en bleu.

1. Page suivante
2. Page précédente
3. Autres pages
4. Signets et historique
5. Ajouter aux signets

Note Consultez les sections suivantes, « Ouvrir une nouvelle fenêtre » et « Utiliser les signets et l'historique », pour plus d'informations au sujet de ces boutons et fonctions.

Astuce Le mode paysage est souvent mieux adapté à l'affichage des pages Web. Faites pivoter l'iPad : la page Web occupe alors toute la largeur de l'écran pour un plus grand confort de lecture.

6. Touchez l'élément sur lequel vous souhaitez désormais agir. Ici, par exemple, touchez la zone **Adresse électronique** pour saisir votre identifiant Facebook.
7. Remarquez la manière dont Safari réagit : non seulement la zone touchée est agrandie, mais de plus, comme c'est un champ de saisie, un clavier apparaît automatiquement pour vous permettre d'y entrer des données.

8 Vous pouvez saisir votre identifiant. N'oubliez pas que la touche **@** se trouve dans le clavier secondaire : il faut toucher le bouton **ABC** pour l'afficher.

9 Touchez alors **Suivant** sur le clavier : le champ suivant est automatiquement activé et vous pouvez y saisir votre mot de passe. Remarquez cette fois que lorsque vous saisissez un caractère, il s'affiche quelques instants puis est remplacé par un point : c'est tout à fait normal car il s'agit d'un mot de passe.

10 Encore une fois, Safari fait bien son travail et reconnaît que vous remplissez un formulaire. Le bouton **Accéder** du clavier vous permettra de gagner du temps et de valider votre saisie, mais vous auriez aussi pu toucher le bouton **Connexion**, cela revient au même.

11 Lorsque vous touchez **Accéder**, Safari vous propose d'enregistrer ce mot de passe : c'est utile, à condition que vous ne partagiez pas votre iPad avec beaucoup de monde. Touchez **Oui** ou, si vous ne le souhaitez pas, **Jamais pour ce site Web**. Vous pouvez aussi prendre votre décision plus tard, et toucher alors **Pas maintenant**.

Astuce Safari est capable de mémoriser les identifiants et mots de passe saisis pour remplir automatiquement les champs concernés lors des visites ultérieures. Rendez-vous dans les réglages de Safari (touchez **Réglages** puis **Safari**) et touchez **Auto-remplissage**. Vérifiez que l'option **Noms, mots de passe** est bien activée. Pour supprimer toutes les informations de remplissage automatique, touchez **Tout effacer**.

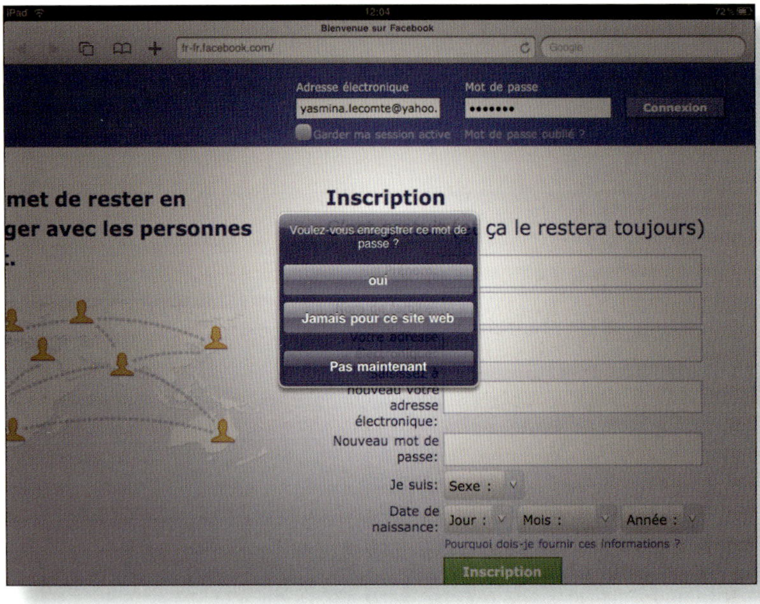

La page suivante se charge. Ici, c'est en principe votre profil Facebook.

Comme vous le feriez sur un ordinateur avec la souris, vous pouvez naviguer dans Facebook, écrire sur le mur d'un ami, afficher des photos, *etc.* Il suffit de toucher les éléments concernés du bout du doigt au lieu de cliquer !

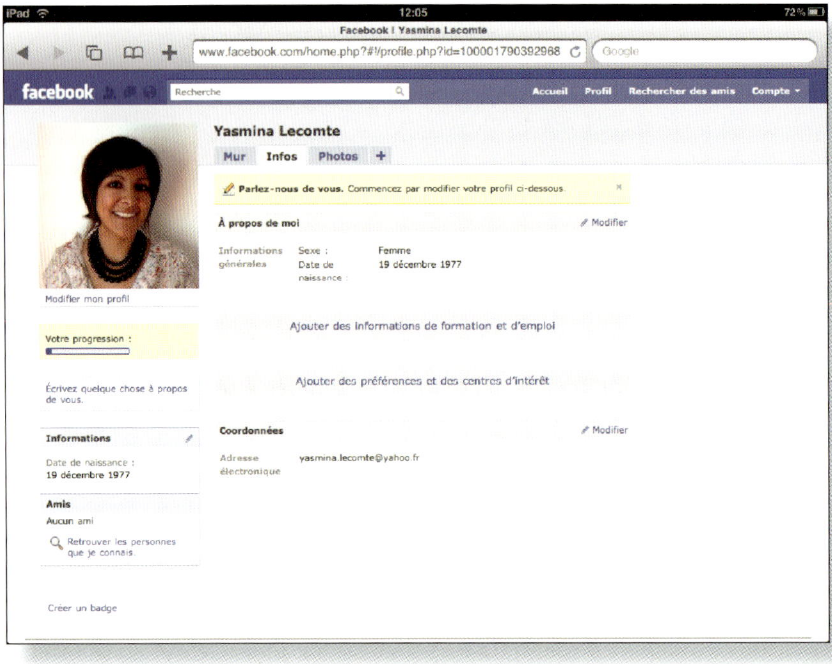

Effectuer une recherche avec Google

Une autre manière d'afficher un site Web est de passer par la recherche Google :

1 Touchez la zone **Google** tout en haut de la page, à droite de la barre d'adresses.

2 Saisissez les mots clés correspondant à votre recherche.

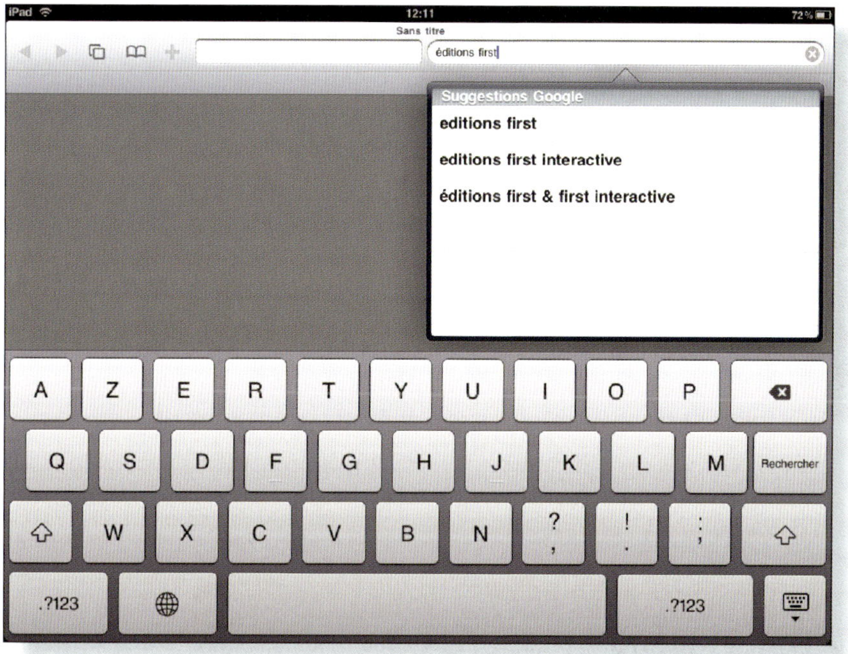

3 Touchez **Google** pour lancer la recherche.

Note Vous pouvez changer de moteur de recherche par défaut. Pour cela, depuis l'écran d'accueil, touchez **Réglages**, puis **Safari** et, enfin, **Moteur de recherche**, et choisissez **Yahoo!** ou **Bing**.

Astuce Cette méthode peut aussi être pratique pour gagner du temps, lorsque vous ne connaissez pas l'adresse exacte d'un site ou que celle-ci est compliquée à saisir.

4 La page de résultats de la recherche Google s'affiche.

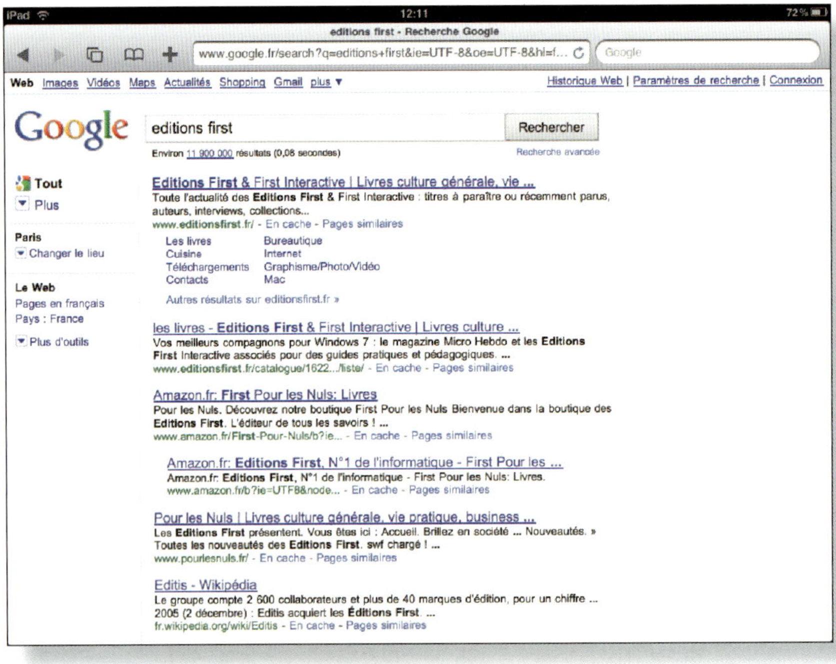

5 Touchez un résultat (souligné en bleu) pour afficher le site correspondant.

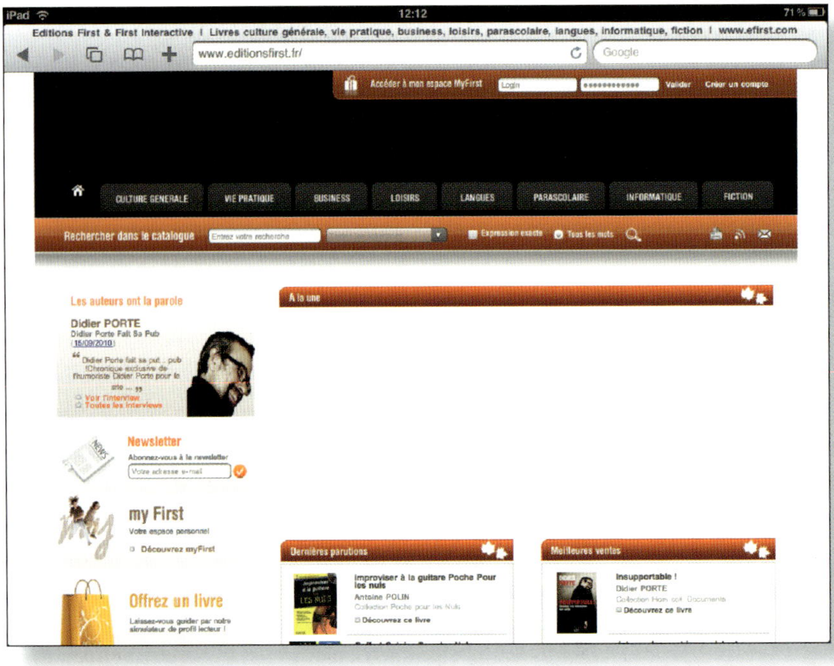

Astuce Petit rappel : pour lancer encore plus vite une recherche sur le Web, vous pouvez aussi utiliser la **Recherche Spotlight** présentée au chapitre 3, car celle-ci permet d'effectuer une recherche non seulement dans l'iPad, mais aussi sur le Web ou Wikipédia.

Ouvrir une nouvelle fenêtre

Pour ne pas perdre la page en cours et afficher un autre site, vous pouvez ouvrir une nouvelle fenêtre et jusqu'à huit pages simultanément. Pour cela :

1 Touchez .

2 Touchez **Nouvelle page**. Une nouvelle fenêtre s'ouvre : vous pouvez y saisir une adresse de page Web ou une recherche Google.

3 Touchez à nouveau pour afficher une autre fenêtre parmi celles ouvertes. Défilez vers la gauche ou vers la droite pour afficher les autres pages.

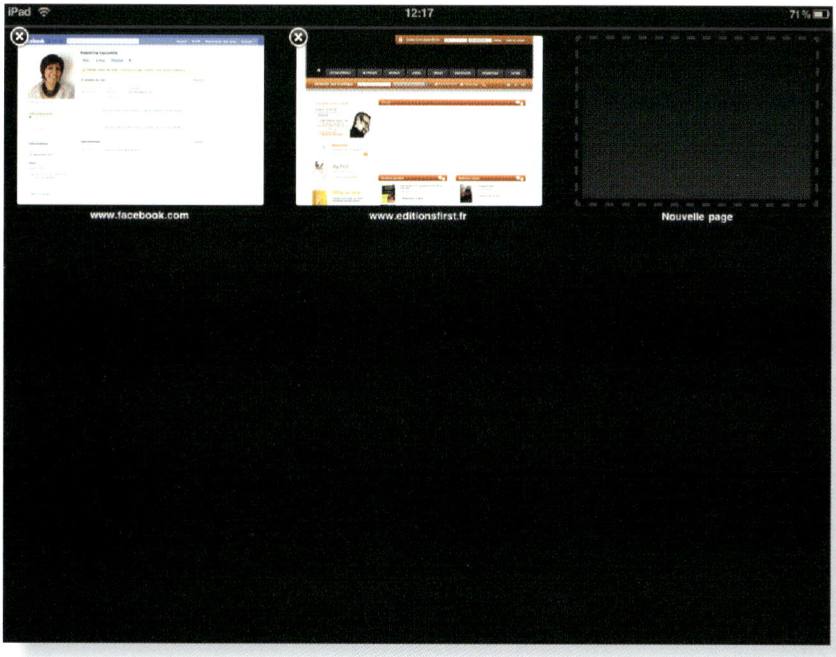

Utiliser les signets et l'historique

Si vous êtes un habitué du Web, vous savez déjà ce que sont les signets, mais peut-être les connaissez-vous sous le nom de « favoris » ou de « marque-pages ». Dans Safari, vos sites préférés sont appelés « signets ».

Ajouter une page Web aux signets

Pensez à créer un signet pour les pages Web que vous visitez régulièrement. Cela vous épargnera d'avoir à saisir leur adresse complète à chaque fois !

Pour ajouter une page Web aux signets :

1 Affichez la page dans Safari et touchez +. Touchez ensuite **Ajouter un signet**.

Note Deux autres options figurent dans le menu + :

- Touchez **Envoyer cette adresse URL** pour créer un message de courrier électronique, dans **Mail**, contenant un lien vers la page Web.
- Touchez **Ajouter à l'écran d'accueil** pour créer une icône sur l'écran d'accueil qui, en un seul geste, ouvrira **Safari** et vous mènera directement vers la page Web choisie.

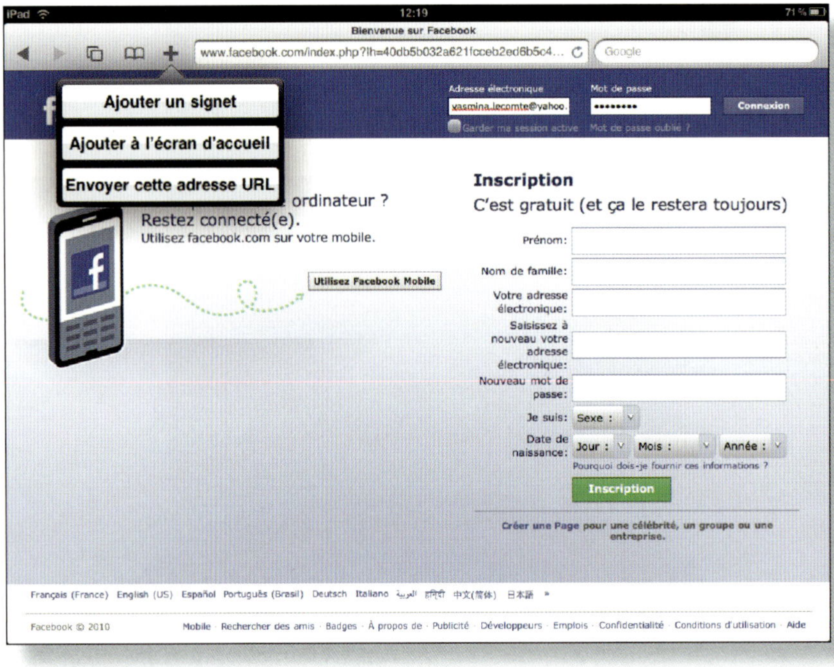

2 Dans la fenêtre **Nouv. signet**, touchez éventuellement la première ligne pour modifier le titre du signet. Touchez **Signets** pour choisir un sous-dossier.

3 Touchez **Enregistrer** pour sauvegarder le signet.

Afficher un signet

Dès qu'une page Web est enregistrée dans les signets, il suffit d'une simple manipulation pour y accéder rapidement dans Safari :

1 Dans n'importe quelle fenêtre Safari, touchez 📖.

2 Localisez le signet sous le nom que vous avez choisi.

3 Touchez le signet. La page s'ouvre immédiatement dans Safari, remplaçant la page déjà affichée.

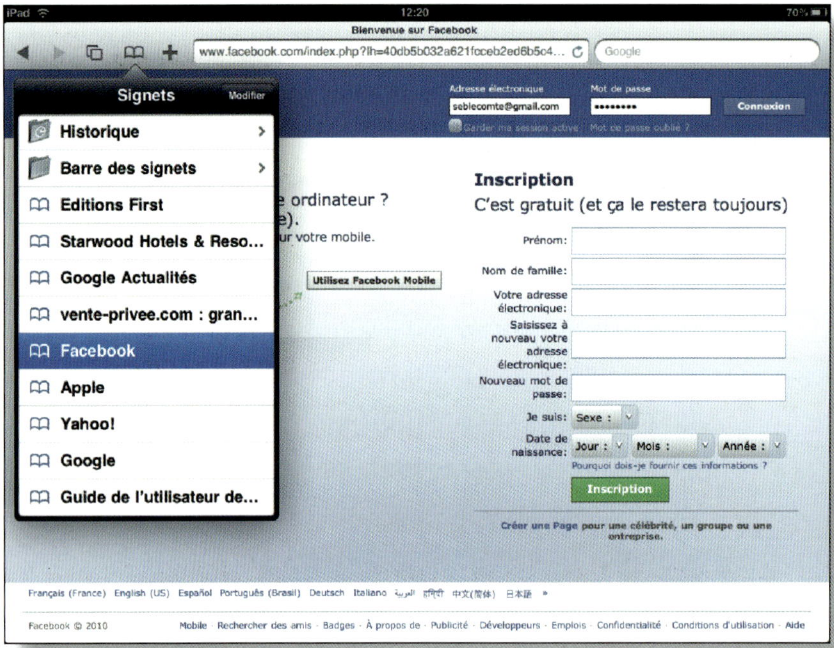

Utiliser l'historique

Le bouton permet aussi d'afficher l'historique des pages récemment visitées. Touchez un site dans la liste **Historique** pour l'afficher à nouveau.

Astuce L'historique est très pratique si vous visitez régulièrement les mêmes sites et vous épargne de tous les ajouter à vos signets.

Note Pour effacer l'historique, affichez-le, puis touchez **Effacer** en bas d'écran.

Super astuces de navigation

Vous savez désormais afficher une page Web. Peut-être avez-vous constaté que l'affichage par défaut d'un site Web ne facilite pas sa lecture. Voici donc, pour terminer ce chapitre, quelques techniques de navigation astucieuses.

Revenir en haut de la page

Une astuce très pratique lorsque vous parcourez de longues pages Web : touchez la barre d'état de l'iPad pour revenir instantanément en haut d'écran.

Cela permet aussi d'afficher la barre d'adresses et le champ de recherche de Google immédiatement.

Passer en mode paysage

Déjà évoqué plusieurs fois, le mode paysage est idéal pour la lecture de pages Web : faites simplement pivoter votre iPad d'un quart de tour pour l'activer. La page Web s'affiche alors avec plus d'espace en largeur.

La lecture s'effectue généralement de haut en bas et les écrans d'ordinateurs sont eux plus larges que hauts. Les sites Web sont donc conçus en conséquence. En passant en mode paysage, vous noterez une sensible amélioration de votre confort de lecture. La saisie de texte sur le clavier sera aussi plus facile, le clavier étant alors plus spacieux.

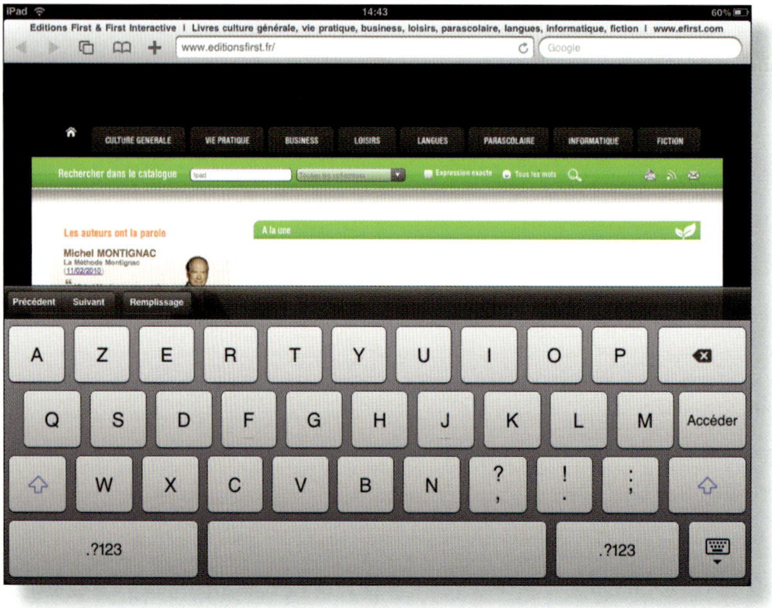

Zoomer et défiler dans la page

Passer en mode paysage ne sera pas suffisant pour afficher la totalité de certains sites : vous devez aussi savoir comment zoomer et défiler dans la page.

Ces techniques ne seront pas nouvelles pour vous si vous avez suivi les chapitres précédents : zoomer et défiler dans une page Web, c'est exactement la même chose que zoomer et défiler sur l'écran de l'iPad. Consultez le premier chapitre pour plus d'informations à ce sujet.

Voici tout de même un bref rappel et quelques astuces complémentaires, spécifiques à Safari :

- Pour zoomer en arrière ou en avant, vous pouvez utiliser la technique habituelle consistant à rapprocher deux doigts sur la surface de l'écran comme si vous le pinciez.
- Pour adapter la taille d'un bloc de texte à la largeur de l'écran, touchez deux fois rapidement ce bloc. Touchez à nouveau l'écran deux fois de suite pour effectuer un zoom arrière.
- Pour défiler dans le bloc ou dans la page, faites glisser votre doigt vers le haut, le bas ou sur les côtés.

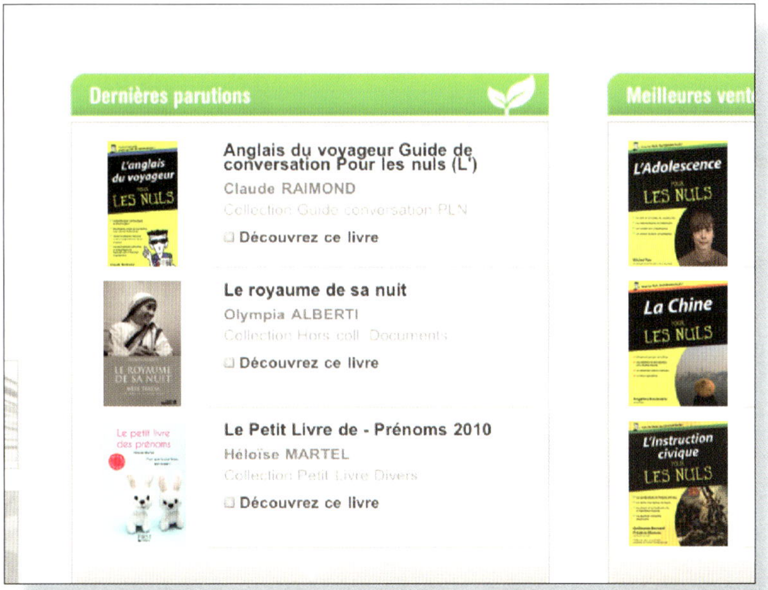

Identifier les liens

Pour naviguer de page en page, à l'intérieur d'un site Web ou vers d'autres sites, il suffit d'utiliser un lien. Et pour suivre un lien, touchez-le, tout simplement.

Certains sont faciles à identifier, car ils sont soulignés. Dans le cas de liens non soulignés, de boutons ou d'images, touchez longuement l'élément. Si un lien est associé, l'adresse apparaît dans une fenêtre. Touchez **Ouvrir** pour accéder à la page associée.

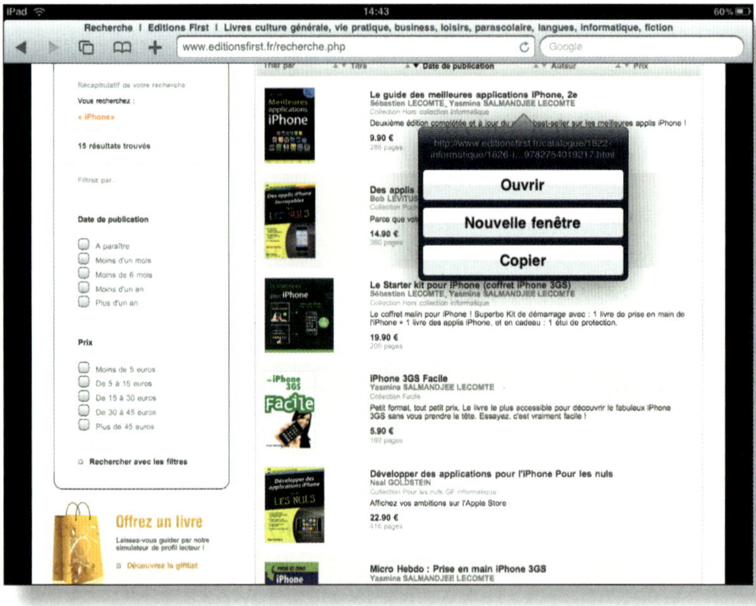

Astuce Une image au sein d'une page Web vous plaît ? Vous pouvez l'enregistrer dans votre bibliothèque. Touchez longuement l'image, puis sélectionnez **Enregistrer l'image**. L'image est sauvegardée dans votre bibliothèque de photos.

Lorsque vous naviguez de page en page, touchez ◀ et ▶ pour atteindre respectivement la page précédente et la page suivante.

Note Notez que l'iPad reconnaît automatiquement certains éléments au sein des pages Web et en fait des liens, ce qui est très pratique :

- Les séries de chiffres deviennent des liens pour ajouter un numéro de téléphone à un contact.
- Les coordonnées géographiques deviennent des liens pour afficher une carte dans Plans.

- Les adresses de messagerie deviennent des liens pour créer un message prérempli avec l'adresse du destinataire, dans Mail.

Lorsque vous touchez un lien spécial, vous quittez Safari pour l'application correspondante. Pour revenir à la page en cours, vous devez relancer Safari.

Interrompre le chargement et recharger la page

Lorsqu'une page Web est en cours de chargement, l'icône d'activité s'affiche dans la barre d'état et la partie en bleu dans la barre d'adresses indique la progression.

Note Consultez la section « La zone d'activité » du chapitre 3 pour plus d'informations au sujet de l'icône d'activité.

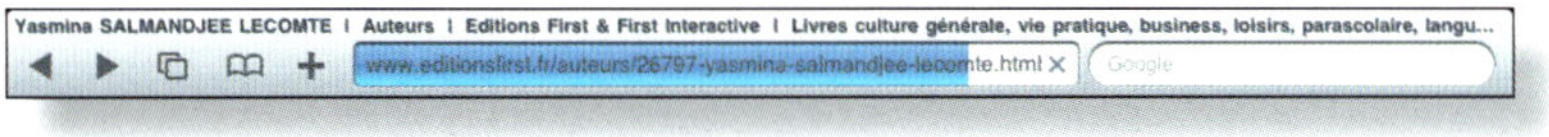

Vous pouvez interrompre le chargement d'une page Web à tout moment en touchant ×.

À l'inverse, pour rafraîchir une page, touchez ↻.

Chapitre 5

Mail et Contacts

Dans ce chapitre

- Découvrir et paramétrer Mail
- Configurer un compte de messagerie manuellement
- Résoudre les problèmes de configuration de Mail grâce à une redirection de messagerie
- Afficher la boîte de réception
- Le volet d'aperçu et de lecture
- Répondre à un message reçu
- Envoyer un message
- Créer un contact rapidement
- Pièces jointes et liens dans les messages
- Organiser et supprimer les messages
- Effectuer une recherche dans les messages

Une approche différente du courriel avec Mail

Vous avez découvert au chapitre précédent comment l'iPad propose une toute nouvelle manière de surfer sur Internet. Mais ce n'est pas uniquement la navigation sur le Web que réinvente l'iPad !

Les courriels sont en effet très faciles à consulter et à envoyer grâce à l'iPad. La gestion des courriels se fait *via* Mail. Très simple à utiliser, Mail permet de consulter autant de comptes de messagerie que vous le souhaitez. Si vous disposez de plusieurs comptes de messagerie, Mail est vraiment très pratique car vous n'aurez pas à vous connecter puis à vous déconnecter à chaque consultation. L'icône **Mail** se trouve par défaut en haut, dans le dock de lancement rapide.

Vous découvrirez aussi dans ce chapitre deux applications complémentaires à Mail : **Contacts** (qui fait office de carnet d'adresses) et **Calendrier** (pour gérer votre agenda).

Découvrir et paramétrer Mail

Avant de pouvoir utiliser Mail, vous devez effectuer un rapide paramétrage qui permettra à votre iPad de se connecter à votre messagerie et de récupérer vos courriels. Les réglages sont préconfigurés pour les principaux prestataires de messagerie et cela ne vous prendra que quelques instants si vous utilisez l'un d'eux.

Dans le cas contraire, vous devrez paramétrer manuellement le compte de messagerie. Si cela ne fonctionnait pas (c'est possible), il existe heureusement des solutions ! Vous les découvrirez à la fin de cette section.

Configurer un compte Microsoft Exchange, Mobile Me, Gmail, Yahoo! ou AOL

Si vous utilisez l'un des principaux prestataires de messagerie (Microsoft Exchange, Mobile Me, Gmail, Yahoo! ou AOL), la configuration de Mail est très rapide :

1 Touchez **Réglages** sur l'écran d'accueil, puis **Mails, Contacts, Calendrier**. Si aucun compte n'est configuré sur votre iPad, vous pouvez aussi lancer Mail et cet écran de paramétrage s'affichera directement.

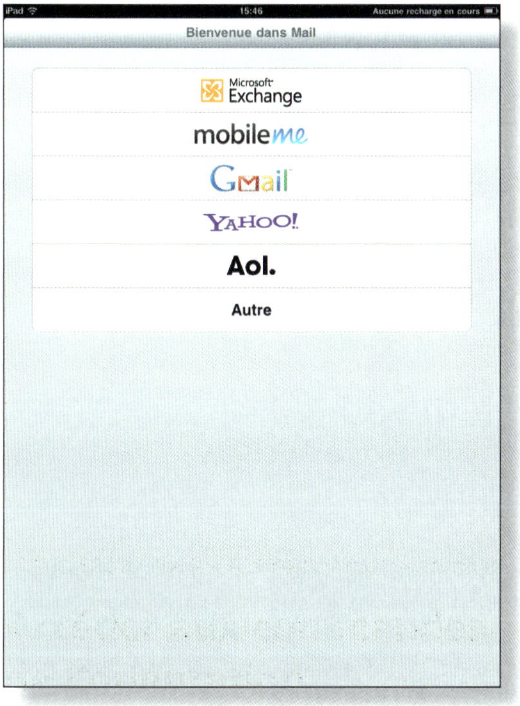

2 Touchez **Ajouter un compte**.

3 Pour les principaux prestataires de messagerie, les réglages ont déjà été configurés : Microsoft Exchange, Mobile Me, Gmail, Yahoo! et AOL. Touchez le nom de votre prestataire.

Note Si vous utilisez la messagerie MSN, Hotmail ou Windows Live, ou si votre prestataire ne figure pas dans cette liste, vous devez suivre la procédure manuelle d'ajout de compte, décrite à la section suivante.

4 Saisissez les informations relatives à votre compte de messagerie : votre nom, l'adresse et le mot de passe. Dans **Nom**, saisissez votre nom complet, tel que vous souhaitez qu'il apparaisse lorsque vous envoyez des courriels.

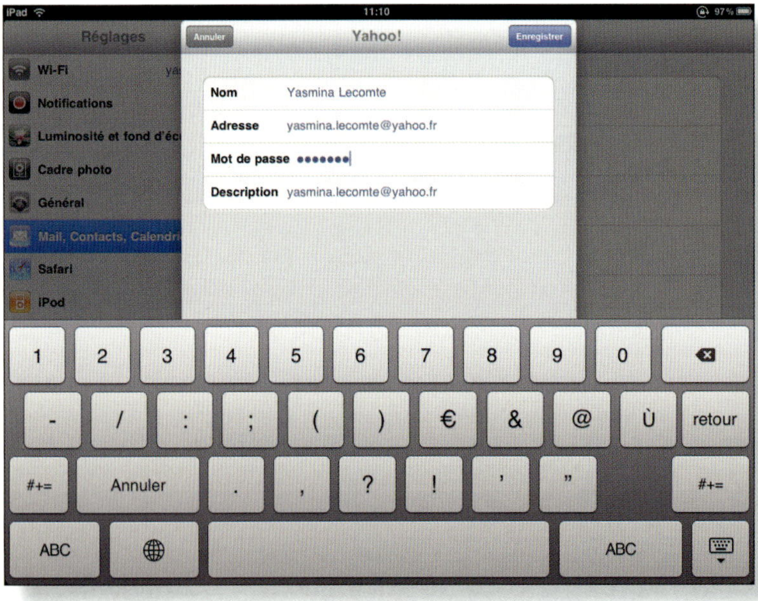

Astuce Dans **Description**, choisissez l'intitulé de votre compte, pour le repérer facilement parmi tous vos autres comptes sur votre iPad. Si vous possédez de nombreux comptes de messagerie, il est judicieux d'y copier-coller l'adresse de messagerie elle-même.

5 Touchez **Enregistrer**.

6 Si vous avez plusieurs comptes de messagerie, réitérez cette procédure d'ajout de compte pour chacun d'eux.

Configurer un compte de messagerie manuellement

Si votre messagerie ne figure pas dans la liste des principaux prestataires dont les réglages ont déjà été configurés, vous devez paramétrer votre compte Mail manuellement.

Munissez-vous de la documentation fournie par votre prestataire de messagerie : noms des serveurs POP et SMTP.

Astuce En cas de difficulté à créer votre compte de messagerie, n'oubliez pas que vous pouvez vous procurer gratuitement une adresse Gmail ou Yahoo! La création de votre compte sur votre iPad sera alors très simple. Vous pouvez ensuite paramétrer une redirection de votre ancienne adresse de messagerie vers la nouvelle. Cette manipulation sera expliquée dans la section suivante de ce chapitre.

1 Touchez **Réglages** sur l'écran d'accueil, puis **Mails, Contacts, Calendrier**, et **Ajouter un compte**.

2 Touchez **Autre**.

4 Remplissez le formulaire de création de compte Mail : nom, adresse et description.

5 Touchez **Suivant**. L'iPad tente de récupérer les informations relatives aux serveurs de messagerie associés à votre compte ; s'il n'y parvient pas (prestataire inconnu), vous devez les saisir manuellement dans l'écran qui suit. Consultez votre prestataire (son aide en ligne, par exemple) pour trouver les informations demandées.

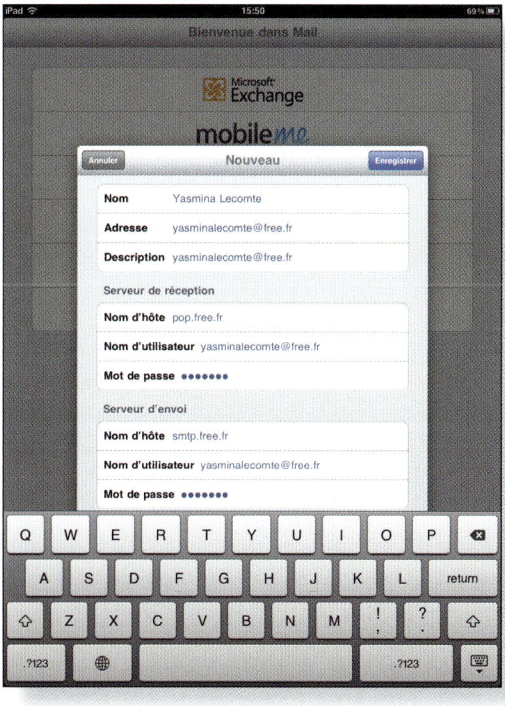

6 Touchez **Enregistrer**.

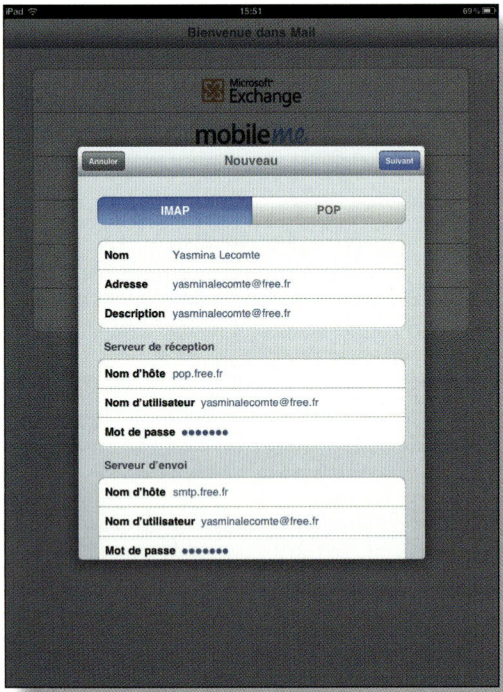

Note Si vous utilisez le service de messagerie de votre fournisseur d'accès (FAI), une connexion à partir d'un autre point d'accès Internet peut ne pas fonctionner. Chaque FAI possède ses propres règles. Aussi, il n'est pas toujours facile de configurer Mail pour ce type d'adresse. D'où la section qui suit.

Résoudre les problèmes de configuration de Mail grâce à une redirection de messagerie

Comme évoqué précédemment, il n'est pas toujours facile, ni même possible de consulter certaines messageries sur l'iPad. Heureusement, il existe une astuce pour contourner ce problème !

Elle consiste à rediriger tous les messages depuis l'adresse posant problème avec l'iPad vers une autre messagerie qui, elle, n'en posera aucun, comme une adresse Gmail, par exemple.

Commencez par créer une adresse gratuitement sur `www.gmail.com`, à moins que vous n'en possédiez déjà une. Vous pouvez aussi en créer une nouvelle spécialement pour cet usage.

Rendez-vous ensuite dans la section **Paramètres** de votre interface de contrôle Gmail. Dans l'onglet **Comptes et importation**, dans la zone **Vérifier les messages avec le protocole POP3**, cliquez sur **Ajouter un compte de messagerie POP3**.

Renseignez les données demandées : adresse de messagerie et noms des serveurs de courrier. Vous allez désormais recevoir les messages destinés à cette adresse sur votre compte Gmail. Vous pouvez rediriger plusieurs adresses sur une unique boîte de réception Gmail si vous le souhaitez.

Il ne vous reste plus qu'à ajouter le compte Gmail dans la configuration pour Mail de votre iPad, ce qui ne devrait poser aucun souci.

Le tour est joué !

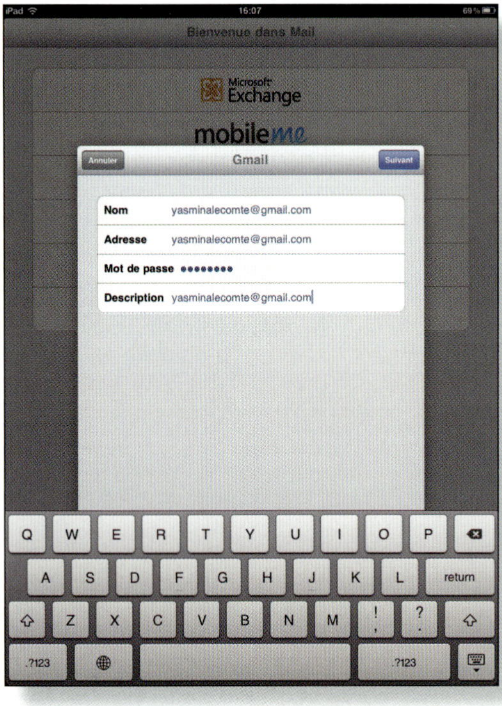

Afficher la boîte de réception

Vous pouvez désormais consulter vos courriels.

Touchez l'icône **Mail**. Une pastille rouge indique le nombre de courriels non lus.

Astuce Les messages dans Mail sont beaucoup plus agréables à consulter en mode paysage, car le volet d'aperçu ne recouvre pas les messages. Faites pivoter l'iPad pour un plus grand confort. La suite de ce chapitre montre Mail en mode paysage.

Organisation de la fenêtre Mail

L'accueil de Mail est organisé en deux parties : la liste des boîtes de réception d'un côté, le volet d'aperçu et de lecture de l'autre.

Les boîtes de réception

Dans la partie gauche de Mail, touchez **Toutes les boîtes** pour voir en une seule fois tous les nouveaux courriels de toutes vos boîtes confondues, ou touchez le nom d'une boîte de réception spécifique pour voir uniquement les courriels reçus à cette adresse

Touchez le nom d'un compte dans la partie inférieure de l'écran pour accéder à *l'intégralité du compte*, c'est-à-dire la boîte de réception, mais aussi les courriels envoyés, les brouillons, les courriels supprimés.

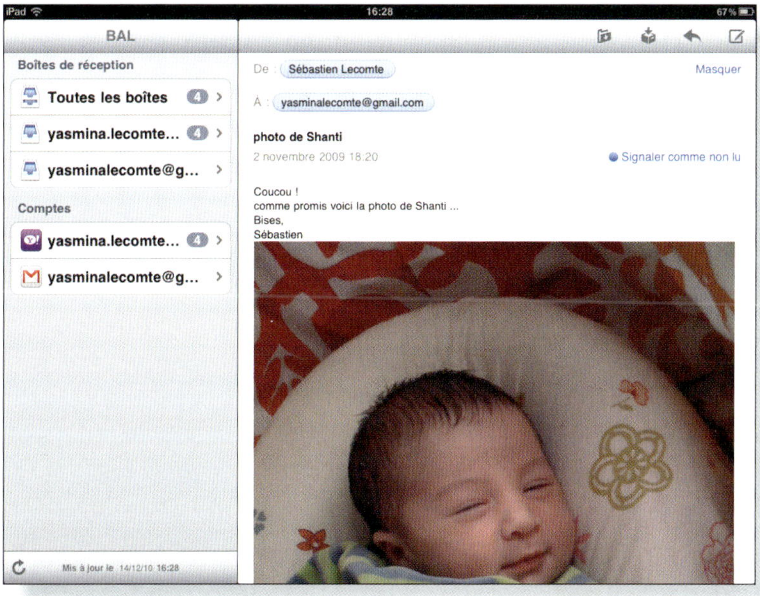

Nouveauté Cette nouvelle organisation de Mail a été introduite dans iOS 4. Elle est utile pour consulter vos nouveaux courriels en un minimum de manipulations, surtout lorsque vous jonglez avec de nombreuses adresses. Vous n'aurez en effet que rarement besoin d'accéder aux messages envoyés ou aux brouillons, les nouveaux messages étant ce qui vous intéressera probablement le plus. Bien sûr, si vous n'avez qu'un seul compte de messagerie, c'est encore plus simple !

Astuce Vous pouvez désactiver un ou plusieurs des comptes de messagerie configurés sur votre iPad à tout moment. Touchez **Réglages**, puis **Mails, Contacts, Calendrier** et, enfin, le nom du compte. Touchez le curseur **Courrier** pour désactiver la réception des messages dans Mail.

Pour effacer le compte définitivement, touchez **Supprimer le compte** en bas d'écran. Cela ne supprime pas votre adresse de messagerie, bien entendu, mais la rend simplement inaccessible depuis l'iPad. Pour réceptionner les messages à nouveau, vous devrez recréer le compte dans les réglages de Mail.

Touchez **Toutes les boîtes**. La liste de tous les nouveaux courriels s'affiche dans la partie droite de la fenêtre, tous comptes confondus, classés par ordre chronologique (les plus récents d'abord). Si vous préférez accéder à vos boîtes de réception individuellement, c'est bien sûr possible.

Le volet d'aperçu etLa partie gauche de la fenêtre est un volet d'aperçu rapide. Pour chaque courriel reçu, au-dessous de l'expéditeur et de l'heure ou de la date de réception, l'objet du courriel apparaît, suivi d'un aperçu de quelques lignes.

Pour afficher le contenu d'un message, touchez-le.

L'essentiel des contrôles de Mail est concentré dans la partie supérieure de la fenêtre.

Note Vous pouvez modifier les réglages pour l'aperçu des courriels dans Mail : touchez **Réglages**, puis **Mails, Contacts, Calendrier** et ajustez les options de la section **Mail** en bas d'écran : nombre de courriels affichés, nombre de lignes d'aperçu et taille des caractères.

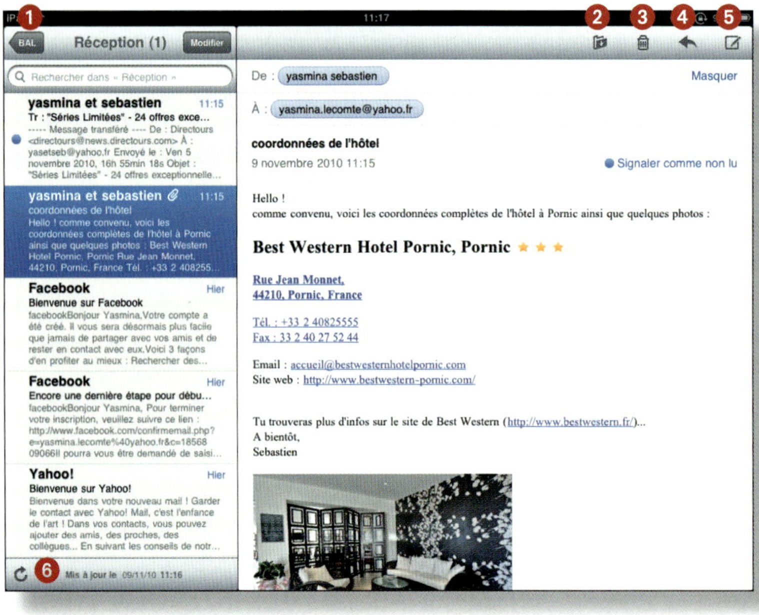

1. **Revenir aux dossiers de votre boîte aux lettres**
2. **Déplacer le message**
3. **Supprimer le message**
4. **Répondre ou transférer le message**
5. **Créer un nouveau message**
6. **Relever manuellement le courrier**

Lorsque le courriel contient une ou plusieurs pièces jointes, celles-ci apparaissent en fin de message. L'iPad reconnaît et affiche de nombreux formats de fichiers (consultez le glossaire en fin d'ouvrage pour plus d'informations à ce sujet). Touchez une pièce jointe pour la télécharger.

Répondre à un message reçu

La manière la plus simple d'envoyer un message est de répondre à un message reçu :

1 Affichez le message dans Mail.

2 Touchez le bouton **Répondre** dans la barre d'outils.

3 Touchez l'option **Répondre** du menu. Remarquez aussi l'option **Transférer**, qui permet de faire suivre un message. Vous devrez alors indiquer l'adresse du destinataire du message transféré. Si le message contient des pièces jointes, une troisième option dans le menu permet de les enregistrer.

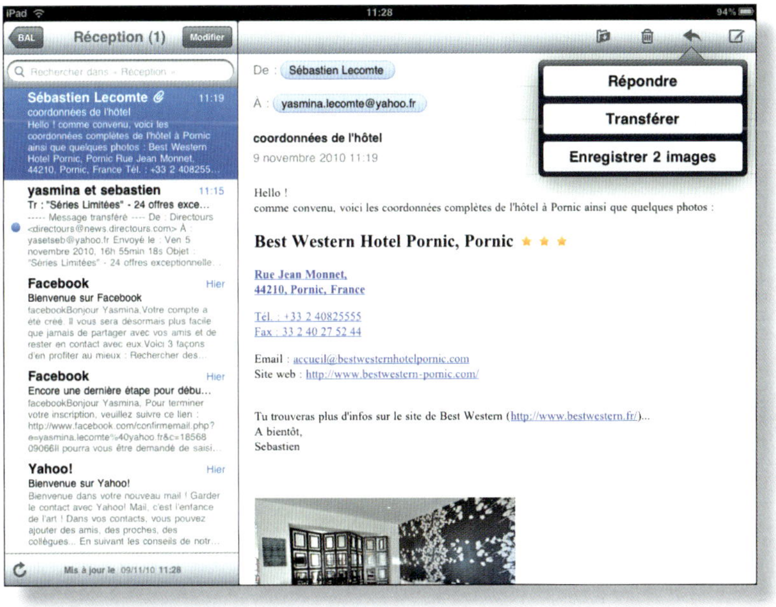

4 Un nouveau message est automatiquement créé. Complétez-le :

- Écrivez votre réponse dans la zone d'édition.
- Vous pouvez ajouter des destinataires en touchant la zone **À :**, ainsi que des destinataires en copie ou en copie cachée (touchez la zone **Cc :** ou **Cci :**).
- Vous pouvez modifier l'objet du message. Touchez la zone **Objet :**.

5 Une fois votre réponse complétée, touchez **Envoyer**.

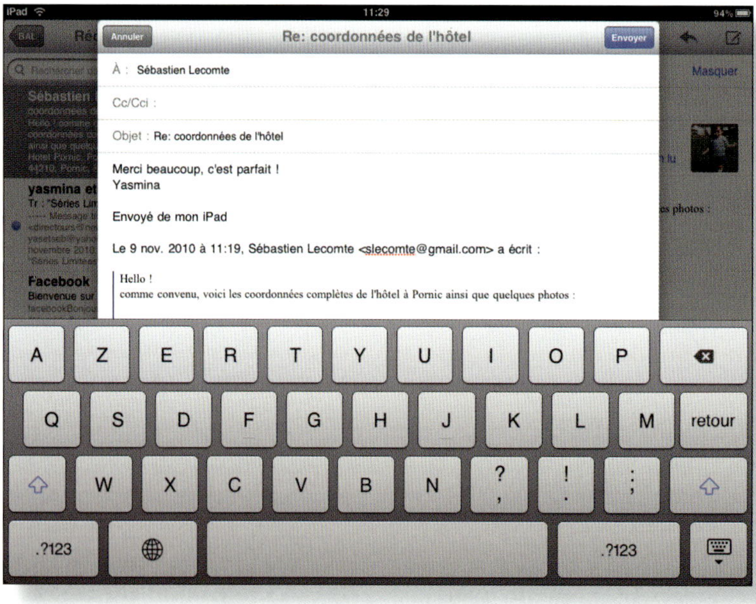

Astuce La signature par défaut des messages est « Envoyé de mon iPad ». Vous pouvez l'éditer dans chaque message, mais pour changer de signature par défaut, touchez **Réglages** puis **Mails, Contacts, Calendrier**. Défilez vers le bas et touchez **Signature**.

Envoyer un message

Pour créer et envoyer un message :

1 Touchez le bouton **Nouveau message**.

2 Saisissez l'adresse de messagerie de votre destinataire dans la zone **À :**. Vous pouvez indiquer plusieurs destinataires. Touchez éventuellement **Cc/Cci :** pour ajouter des destinataires en copie ou en copie cachée.

3 Touchez **Objet :** et saisissez le sujet du message.

4 Touchez la zone d'édition et saisissez votre message.

5 Touchez **Envoyer**.

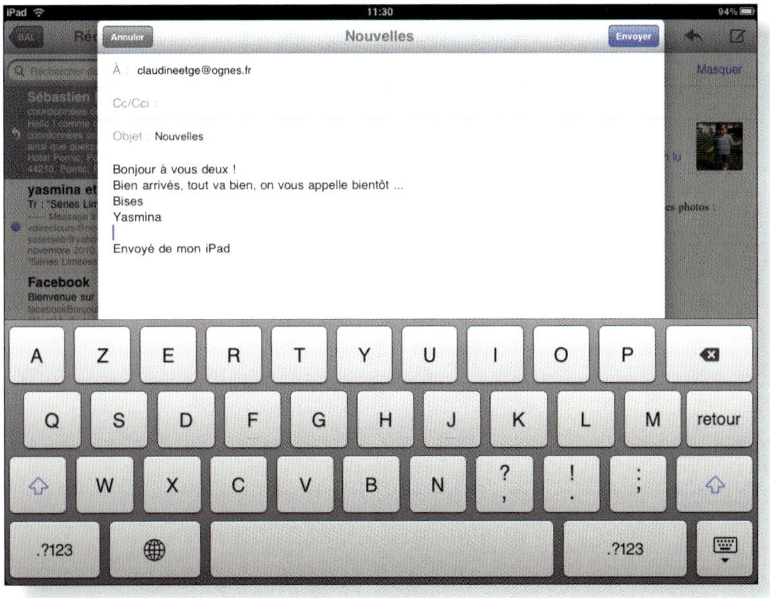

Super astuces pour Mail

Voici quelques astuces pratiques pour gérer vos contacts et messages avec efficacité.

Créer un contact rapidement

Avec Mail, vous pouvez créer rapidement un nouveau contact à partir de l'adresse d'un expéditeur ou d'un destinataire du message :

1 Lorsqu'un message est affiché, touchez simplement la bulle bleue contenant l'adresse ou le nom.

2 Touchez **Créer un nouveau contact**.

3 Remplissez la fiche contact qui apparaît. Touchez **Ajouter une photo** pour sélectionner une image dans votre bibliothèque. Vous pouvez ajouter toutes sortes d'informations à un contact.

4 Pour terminer, touchez **OK**.

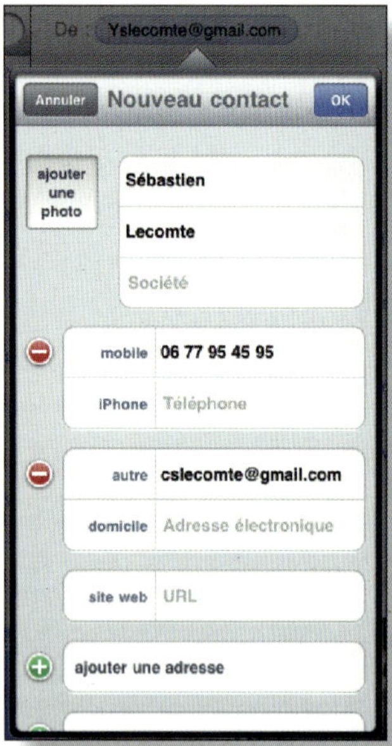

5 Par la suite, l'iPad reconnaîtra l'adresse du contact dans Mail et vous pourrez afficher des informations détaillées en touchant son nom.

Note Vous avez peut-être remarqué une icône **Contacts** sur l'écran d'accueil. Cette application permet de gérer votre carnet d'adresses. Vous accéderez toutefois souvent aux contacts depuis Mail. Touchez **Contacts** sur l'écran d'accueil pour afficher la liste de vos contacts et éventuellement modifier l'un d'eux.

Pièces jointes et liens dans les messages

L'iPad reconnaît et affiche de nombreux formats de fichiers. Lorsque le courriel contient une ou plusieurs pièces jointes, celles-ci apparaissent en fin de message.

Si les pièces jointes sont des images, elles s'affichent automatiquement. Pour tout autre type de document, touchez la pièce jointe pour la télécharger puis l'afficher.

Vous pouvez alors :

- Enregistrer une ou plusieurs images reçues dans votre bibliothèque de photos : touchez longuement l'une d'entre elles. Une fenêtre vous propose d'enregistrer l'image ou toutes les images jointes au message.
- Copier l'image, pour la coller ensuite dans un autre mail, par exemple.

Remarquez aussi les éléments soulignés dans le message. En effet, l'iPad reconnaît :

- les numéros de téléphone ;
- les adresses e-mail ;
- les adresses « physiques » ;
- les adresses Web.

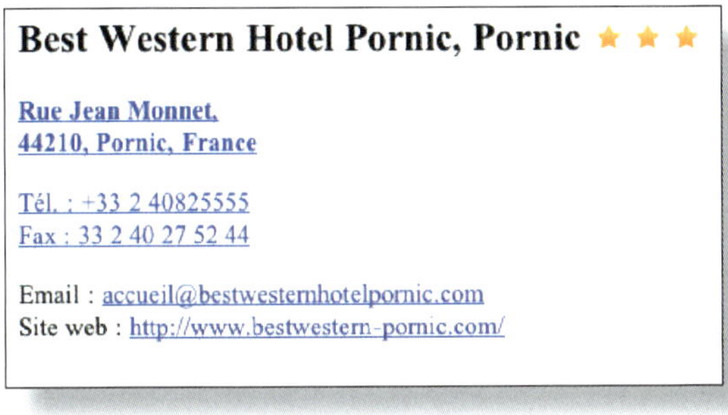

Si vous touchez ce type de liens, vous pouvez respectivement :

- ajouter le numéro de téléphone à un contact ;

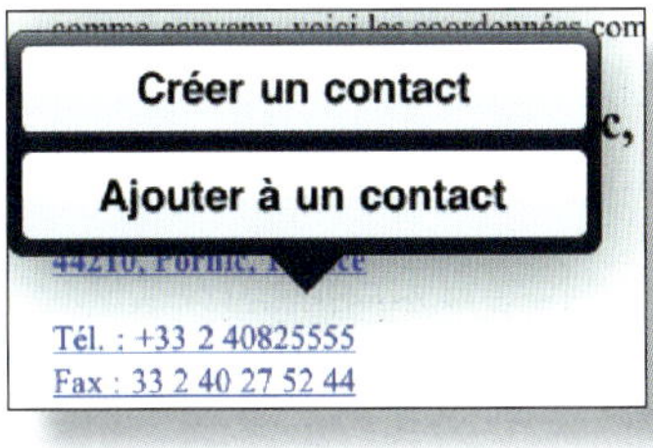

- créer un nouveau message prérempli à destination de l'adresse e-mail ;
- afficher le lieu dans Plans ;

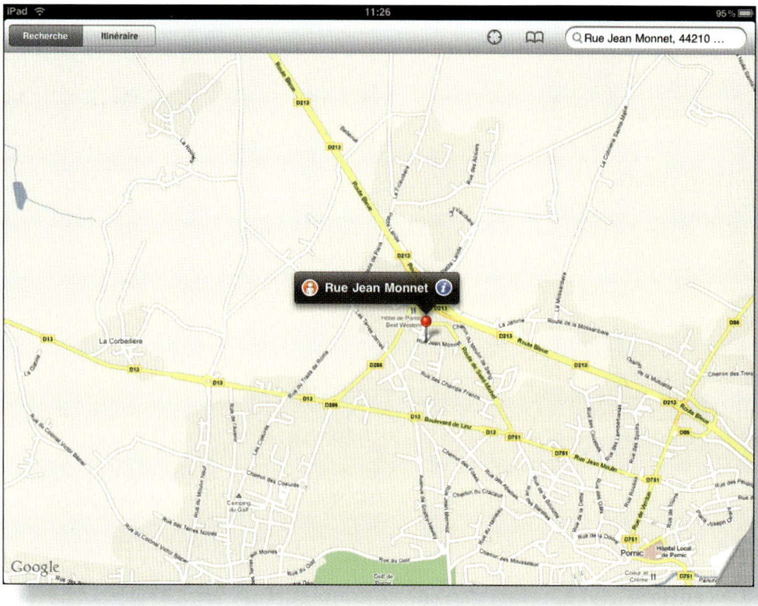

- ouvrir la page Web dans Safari.

Astuce Enfin, n'oubliez pas que vous pouvez copier du contenu depuis un mail, pour le coller ensuite dans une autre application. Par exemple, vous pouvez copier du texte, quitter Mail, puis le coller dans le champ Google de Safari pour effectuer une recherche rapidement, ou encore dans une note, dans le calendrier, *etc*.

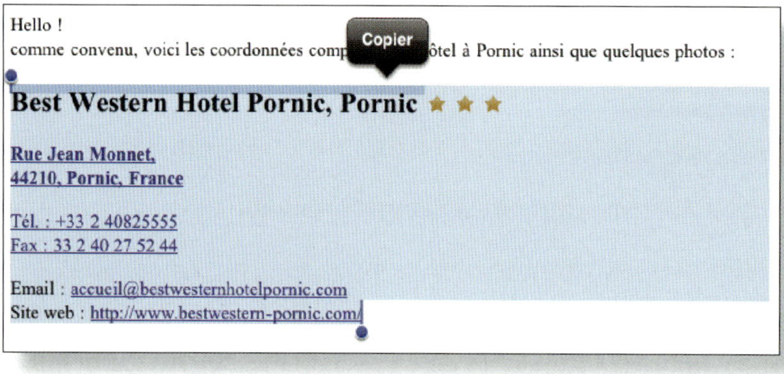

Organiser et supprimer les messages

Pour supprimer rapidement un message, affichez la boîte de réception et faites glisser votre doigt horizontalement sur la ligne d'aperçu du message. Touchez le bouton **Supprimer**.

Pour supprimer rapidement plusieurs messages, touchez **Modifier** en haut de la boîte de réception. Sélectionnez les messages en touchant le cercle blanc qui apparaît à gauche de chacun d'eux. Touchez **Supprimer**.

Effectuer une recherche dans les messages

Vous pouvez effectuer une recherche parmi vos courriels, selon un objet, un expéditeur ou un mot clé. Pour cela, rendez-vous dans Mail puis :

1. Affichez la boîte de réception.
2. Touchez la barre d'état. Le champ de recherche apparaît.
3. Touchez l'un des boutons en haut d'écran pour restreindre la recherche à l'expéditeur (**De**), au destinataire (**À**) ou au sujet (**Objet**) des courriels. L'option **Tous** permet de rechercher dans l'intégralité du message.
4. Saisissez le terme ou le nom recherché. Les résultats s'affichent au fur et à mesure.

5 Touchez un message dans la liste pour l'afficher ou touchez **Rechercher** sur le clavier pour lancer la recherche dans tous vos courriels.

6 Si le courriel recherché n'apparaît pas, touchez **Rechercher sur le serveur** en bas d'écran.

7 Pour revenir à la boîte de réception et afficher tous les messages, touchez **Annuler** en haut à droite de l'écran.

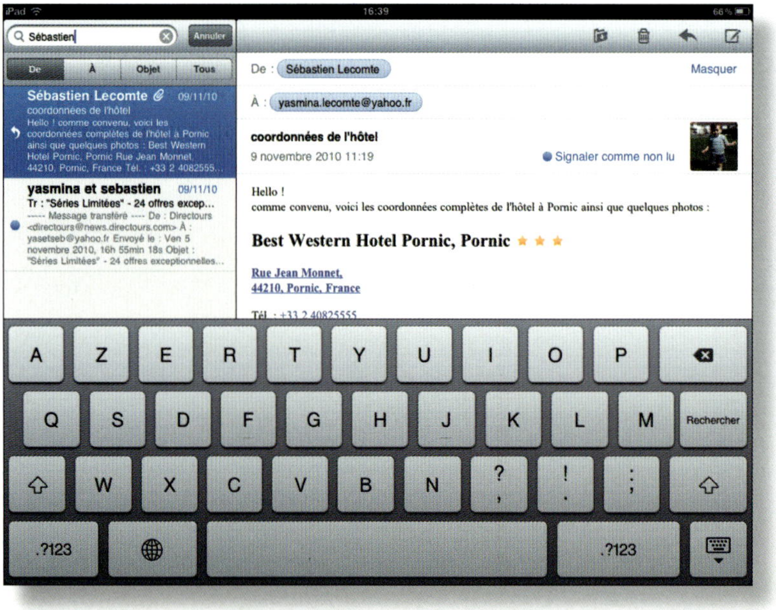

Note Vous pouvez bien sûr utiliser la recherche (présentée à la section « Effectuer une recherche» du chapitre 3). Celle-ci est généraliste et vous permettra de retrouver tous les messages contenant un mot clé. Pour une recherche plus précise, utilisez le champ **Recherche** de Mail.

Chapitre 6

Notes et Calendrier

Dans ce chapitre

- L'application Notes
- Créer une note
- Lire une note
- Effectuer une recherche dans les notes
- Manipuler et partager les notes
- L'application Calendrier
- Afficher et modifier les événements du calendrier
- Ajouter un événement
- Synchroniser Calendrier avec un agenda Microsoft Exchange

L'application Notes

Notes permet de gérer des annotations écrites. C'est une application relativement basique et simple à utiliser. Elle permet de prendre des notes, et bien sûr de les consulter par la suite, ou de les envoyer par courriel.

Lorsque vous lancez Notes, les notes existantes s'affichent.

En mode portrait, c'est la dernière note créée qui apparaît et vous devez toucher **Notes** pour afficher la liste des notes.

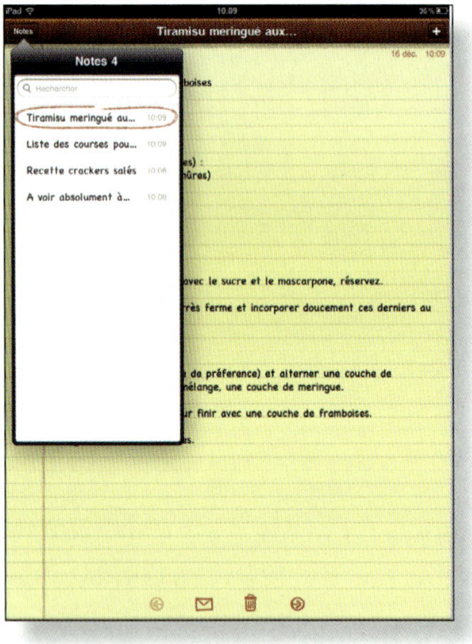

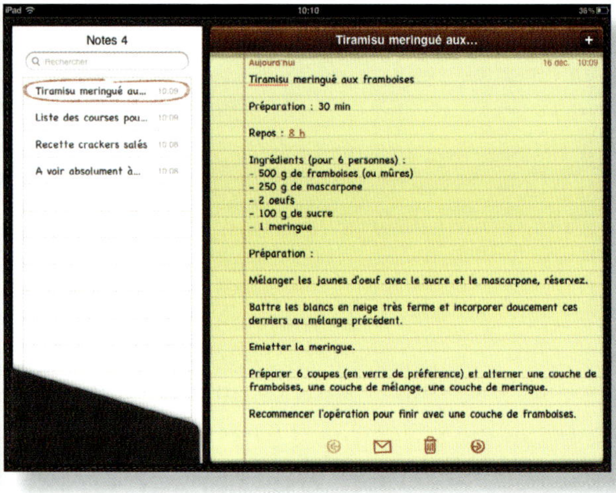

Préférez le mode paysage, plus pratique pour l'utilisation de Notes. De plus, lorsque vous saisissez une note en mode paysage, le clavier est plus grand et plus facile à utiliser.

Créer une note

Pour ajouter une note :

1. Touchez +.
2. Le clavier s'affiche.
3. Saisissez la note. Remarquez le titre de la note mis à jour dans le volet d'aperçu à gauche : c'est la première ligne de votre note.
4. Continuez la saisie de votre note à l'aide du clavier.

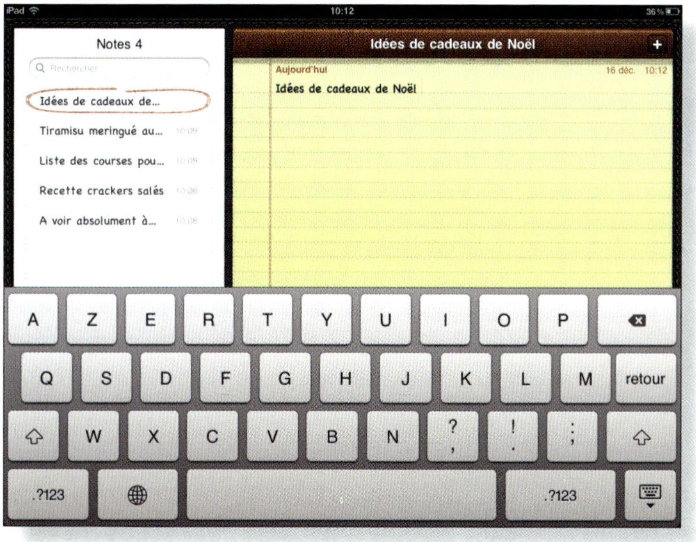

Astuce Pour saisir du texte dans une langue étrangère, pensez à activer les claviers internationaux ! Cela vous épargnera les corrections orthographiques involontaires et parfois embarrassantes. Dans les réglages, touchez **Général** puis **Clavier** et, enfin, **Claviers internationaux** pour définir les claviers dont vous avez besoin. Ensuite, à tout moment, touchez [globe] sur le clavier pour basculer entre les différents claviers internationaux. Consultez le chapitre 3 pour plus d'informations au sujet du clavier.

5 Ce n'est pas la seule façon d'ajouter du contenu à votre note. Vous pouvez, par exemple, passer à une autre application, comme Safari ou Mail, et copier du texte ou une adresse Web.

6 De retour dans la note en cours d'édition, touchez rapidement deux fois l'écran pour afficher les boutons d'édition de texte. Touchez **Coller**.

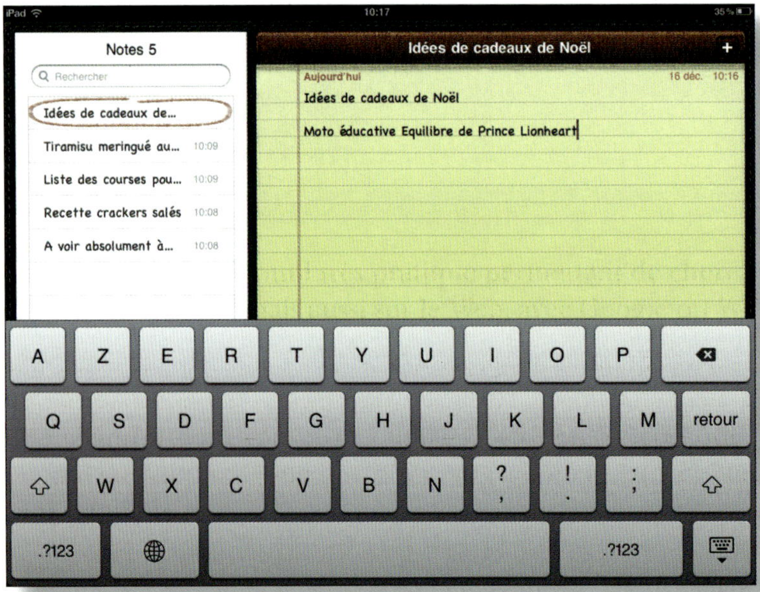

7 La note est automatiquement enregistrée, au fur et à mesure de la saisie. Vous pouvez donc quitter la note ou même l'application Notes à tout moment.

Lire une note

La liste des notes s'affiche dans le volet d'aperçu à gauche.

Elles sont classées par dates de modification, la note la plus récente au début. La date de la dernière modification s'affiche à droite du titre de chaque note. Ce titre est en fait défini automatiquement par Notes, à partir des premiers mots de chaque note.

Pour lire une note, touchez-la.

La note affichée dans le volet de droite est entourée dans la liste.

Astuce N'oubliez pas que vous pouvez masquer le clavier à tout moment si celui-ci vous gêne. Touchez le bouton sur le clavier.

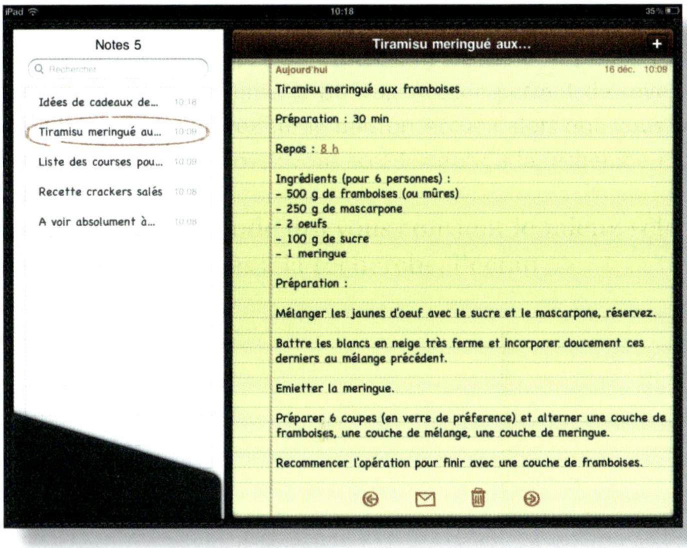

Effectuer une recherche dans les notes

Vous pouvez aussi effectuer une recherche dans vos notes : saisissez le texte recherché dans le champ **Rechercher**.

Les notes sont filtrées en fonction de la recherche, au fur et à mesure de la saisie. Touchez une note pour l'ouvrir.

Effacez le champ de recherche en touchant le bouton gris pour afficher à nouveau toutes les notes.

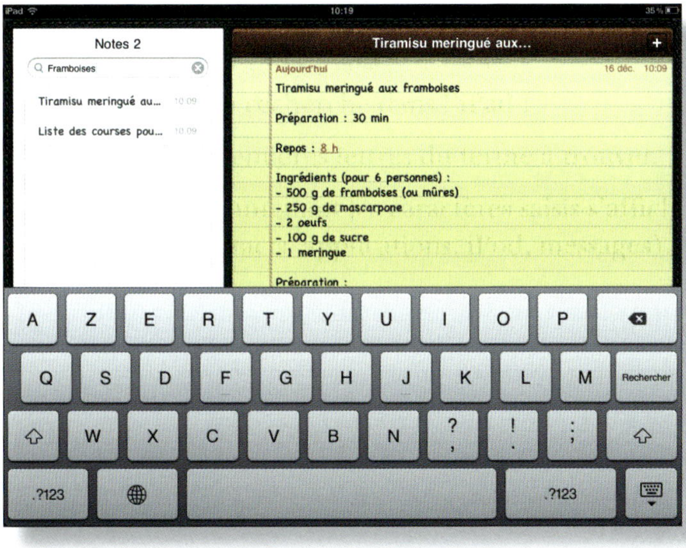

Manipuler et partager les notes

Lorsqu'une note est affichée :

- Touchez ou pour afficher la note précédente ou suivante.
- Touchez pour effacer la note définitivement.
- Touchez le contenu de la note pour activer le clavier et modifier la note.
- Touchez pour envoyer la note par courrier électronique. Un nouveau message sera créé dans Mail, avec le texte de la note comme contenu et ses premiers mots comme objet.

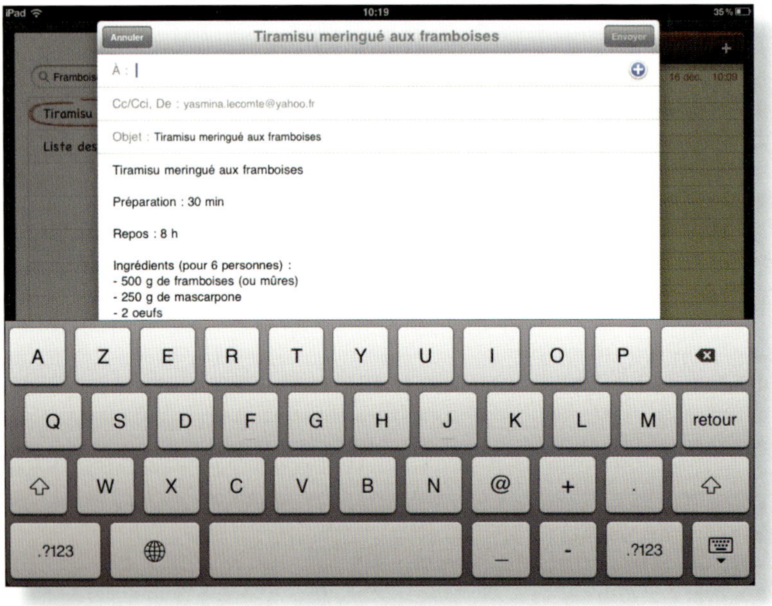

L'application Calendrier

Calendrier permet de gérer votre agenda et vos événements.

Lorsque vous lancez l'application Calendrier, le mois en cours s'affiche, avec la date du jour en surbrillance. Les jours pour lesquels vous avez déjà défini un ou plusieurs événements sont signalés par un point.

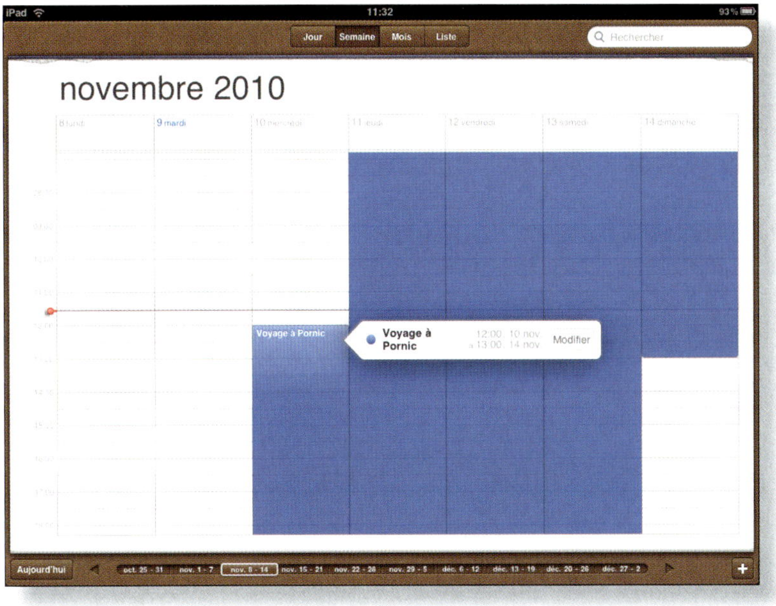

Afficher et modifier les événements du calendrier

Pour voir le détail de l'événement, touchez le jour concerné.

Pour afficher les événements d'une journée, d'une semaine ou d'un mois entier, touchez la date, puis **Jour**, **Semaine** ou **Mois** en haut d'écran.

Vous pouvez modifier l'événement affiché à tout moment : il suffit de toucher **Modifier**.

Ajouter un événement

1 Touchez le jour correspondant à la date de l'événement puis le bouton **+**.

2 La fiche **Évènement** s'affiche. Saisissez les données concernant l'événement : **Titre** et **Lieu**, puis l'heure de fin.

3 Touchez **Récurrence** si l'événement doit se reproduire selon une fréquence définie et **Alarme** pour être alerté, de cinq minutes à deux jours avant l'événement.

4 Utilisez le champ **Note** pour ajouter toute information utile. Vous pouvez, par exemple, coller du texte que vous avez copié au préalable depuis l'application Mail ou Notes.

5 Touchez **OK**.

6 L'événement apparaît dans le calendrier.

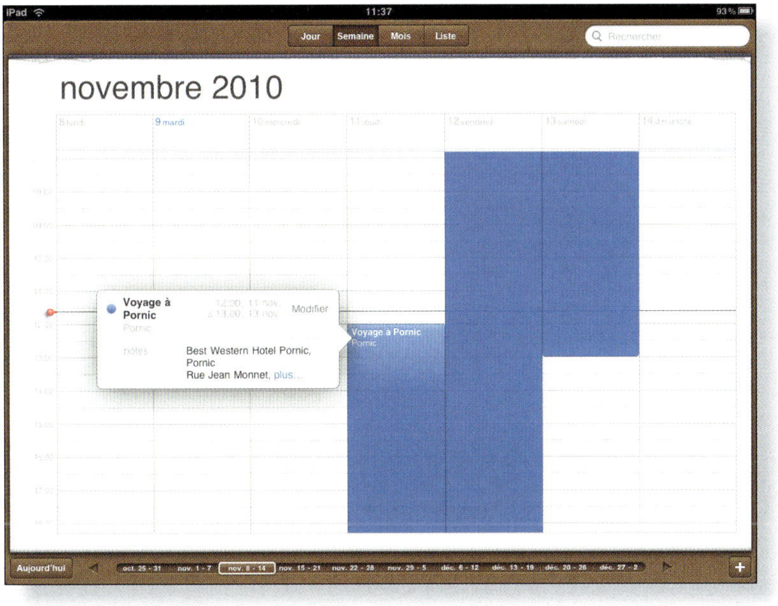

Synchroniser Calendrier avec un agenda Microsoft Exchange

Vous pouvez synchroniser votre agenda professionnel Microsoft Exchange avec l'iPad.

Rien de plus simple : dans les réglages, touchez **Mail, Contacts, Calendrier** puis **Ajouter un compte**.

Sélectionnez **Microsoft Exchange** dans la liste et saisissez les informations relatives à votre compte.

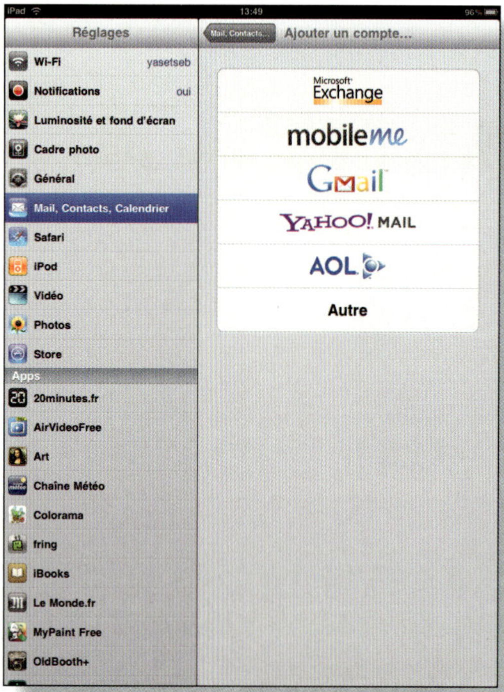
iPad
13:49
96 %
Réglages
Mail, Contacts...
Ajouter un compte...
Wi-Fi
yasetseb
Notifications
oui
Luminosité et fond d'écran
Cadre photo
Général
Mail, Contacts, Calendrier
Safari
iPod
Vidéo
Photos
Store
Apps
20minutes.fr
AirVideoFree
Art
Chaîne Météo
Colorama
fring
iBooks
Le Monde.fr
MyPaint Free
OldBooth+
Microsoft Exchange
mobileme
Gmail
YAHOO! MAIL
AOL
Autre

Chapitre 7

Plans

Dans ce chapitre

Plans et la géolocalisation

L'application Plans est l'outil de repérage et de localisation de votre iPad. Comme son nom l'indique, cette application sert à afficher des plans, mais peut faire encore beaucoup d'autres choses : calculer des itinéraires, lister des commerces, afficher des photos panoramiques des rues, donner une indication sur la densité de circulation, entre autres.

Tout ceci est possible grâce à la géolocalisation.

Définition La **géolocalisation** ou le **service de localisation** est le nom de la fonction de votre iPad qui permet de déterminer votre position géographique, à l'aide de multiples paramètres. Les informations de géolocalisation restent anonymes et ne permettent pas de vous identifier personnellement.

Notez dès à présent une information essentielle sur le fonctionnement de l'application Plans. Tout d'abord, la carte elle-même, c'est-à-dire le dessin des rues, est chargée par le réseau Internet. Il vous faut donc impérativement avoir accès à un réseau (Wi-Fi, 3G ou EDGE) pour la charger.

Votre position géographique, quant à elle, utilise des informations combinées des réseaux cellulaires, Wi-Fi et GPS (*Global Positioning System*), en fonction de leur disponibilité. En fait, si les satellites GPS ne parviennent pas à vous détecter clairement, l'iPad peut vous localiser *via* le Wi-Fi.

Cela explique donc pourquoi vous pouvez tout de même afficher votre position sur un plan qui aurait déjà été chargé (l'iPad le garde en mémoire), et ce même sans connexion à Internet !

Astuce En voyage, l'accès à Internet n'est pas toujours possible et la 3G peut coûter très cher. Aussi, si vous avez l'opportunité d'accéder à un réseau Wi-Fi, vous pouvez charger la carte du quartier dans lequel vous vous trouvez et utiliser Plans hors connexion par la suite.

Lorsque le service de localisation est actif, l'icône est visible dans la barre d'état. Plans est la seule application de base à utiliser ce service. De nombreuses applications que vous installerez l'utiliseront aussi, mais un avertissement et une demande d'autorisation de votre part seront toujours affichés.

Découvrir l'application Plans

Grâce au GPS, l'iPad vous localise rapidement et précisément. Grâce à l'association de ce GPS à Google Maps, le service de cartographie performant de Google, l'iPad permet :

- de localiser votre position sur une carte ;
- de calculer des itinéraires ;
- de rechercher des adresses de lieux intéressants ;
- d'afficher des informations en temps réel sur le trafic.

Toutes ces fonctionnalités sont regroupées dans l'application Plans, dont l'icône se trouve par défaut en haut à droite sur l'écran d'accueil de votre iPad.

Touchez l'icône **Plans** pour lancer l'application.

Astuce L'icône Plans se trouve sur la page d'accueil de l'iPad. Vous pouvez la placer dans le dock de lancement rapide si vous utilisez Plans très souvent (consultez le chapitre 3 pour plus d'informations à ce sujet).

Note Il est possible que des interférences aient brouillé la localisation de votre iPad. Dans ce cas, un message vous invite à « faire un huit » avec l'iPad pour étalonner la boussole. Avec l'iPad dans les mains, effectuez des mouvements circulaires jusqu'à ce que le message disparaisse (quelques secondes tout au plus).

Se repérer et afficher sa position géographique

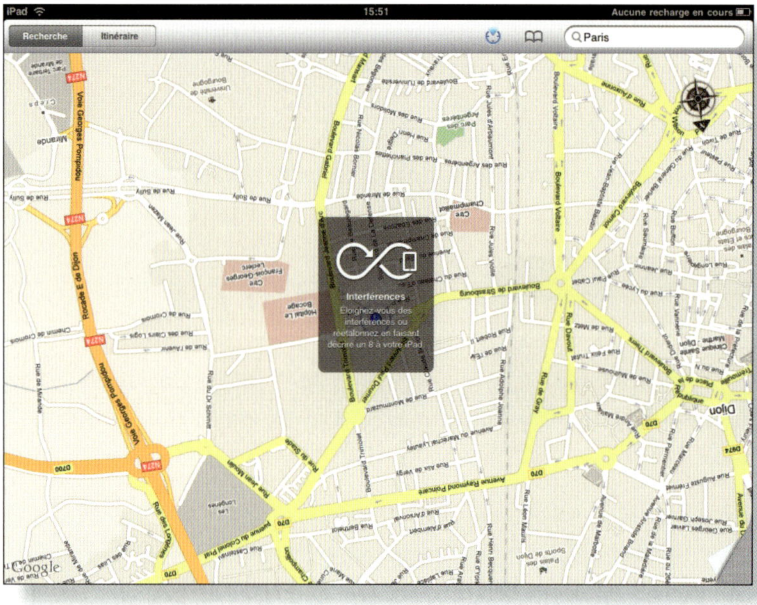

Afficher votre emplacement actuel sur une carte est la fonction la plus simple de Plans :

1 Touchez en haut de l'écran. Ce bouton permet l'affichage d'un plan et de votre emplacement actuel.

2 Le plan s'affiche et votre position actuelle est indiquée par un repère bleu.

Note Votre position actuelle est indiquée de manière approximative. Si l'iPad ne parvient pas à déterminer votre position précisément, un cercle bleu apparaît autour de votre position et sa taille indique la précision de votre localisation : plus le cercle est petit, plus la précision est grande.

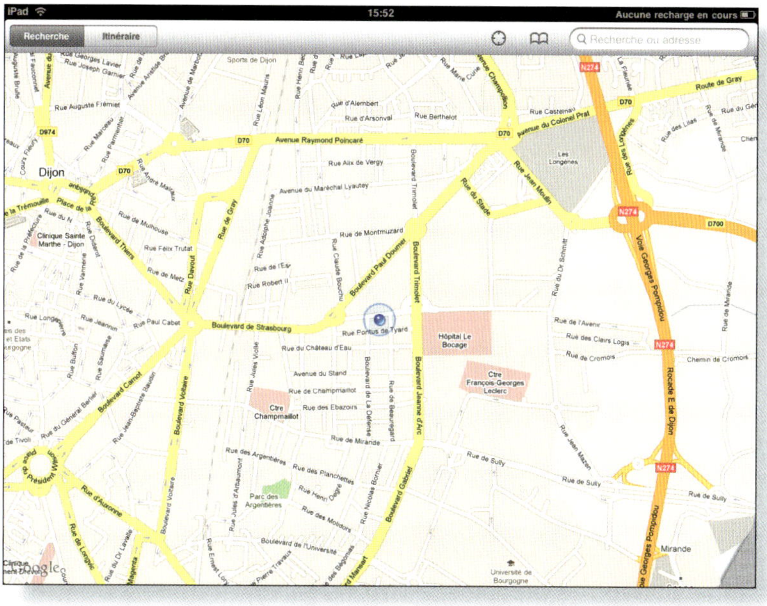

3 Déplacez-vous : l'iPad met à jour automatiquement le plan et votre emplacement, de façon qu'il reste au centre de l'écran.

4 Si vous souhaitez que Plans continue à mettre à jour votre position, sans pour autant centrer le plan en conséquence, touchez à nouveau ⌖.

S'orienter

Allons plus loin ! Plans permet en effet aussi de vous orienter :

1 Touchez à nouveau ⌖, qui devient ⌖. Plans utilise alors la boussole intégrée pour déterminer votre direction ! Pour comprendre son fonctionnement, pivotez sur vous-même tout en observant l'écran de l'iPad. La direction est mise à jour, comme sur une boussole.

Note L'angle indique la précision de la boussole : plus l'angle est fermé, plus la précision est grande.

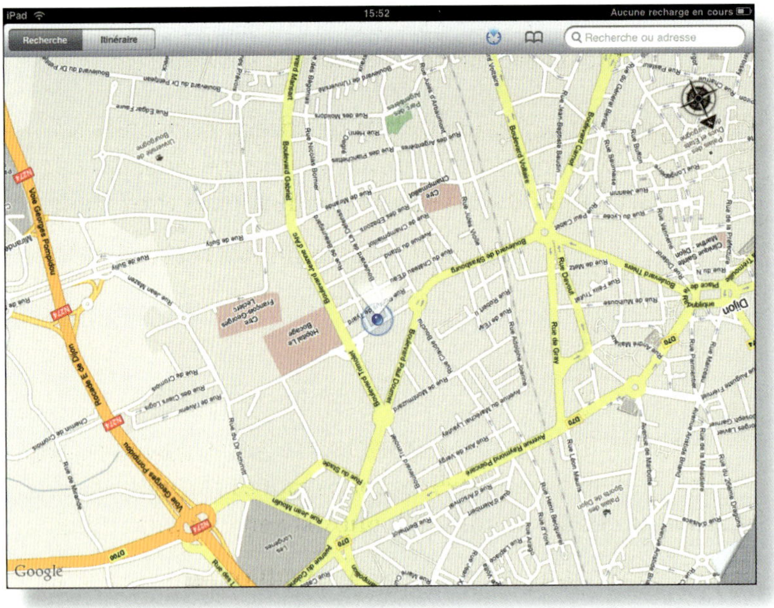

2 Touchez pour revenir à l'affichage classique.

Plans et itinéraires

Entrons désormais dans les détails et voyons comment tirer parti de Plans au quotidien.

Afficher un plan

Pour commencer, affichons un plan selon une adresse donnée :

1 Touchez le champ **Recherche** ou **Adresse** en haut d'écran.

2 Le clavier s'affiche. Saisissez l'adresse. Vous pouvez saisir une adresse complète, mais aussi un nom de lieu, une ville, une région ou un code postal. Vous pouvez aussi retrouver un lieu récemment recherché dans l'historique.

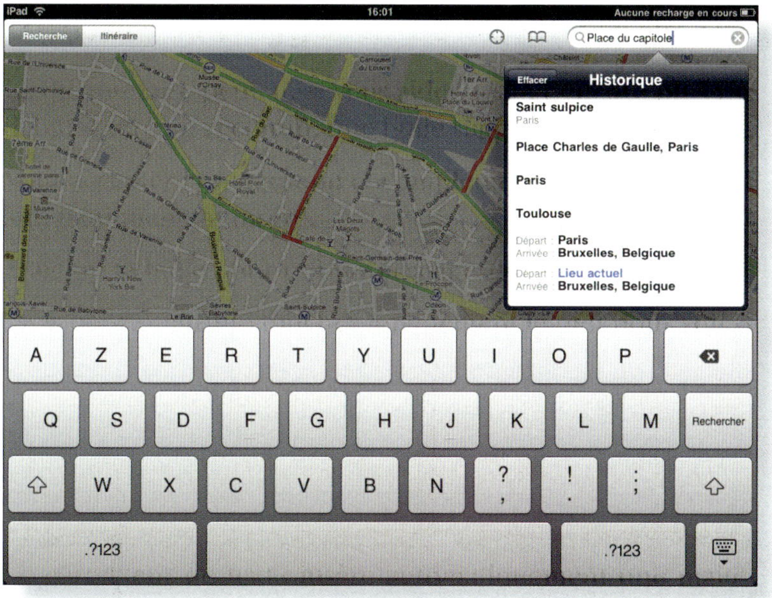

3 Touchez **Rechercher**.

4 S'il existe une ambiguïté dans le nom du lieu recherché, l'iPad affiche une fenêtre avec plusieurs propositions : touchez l'option correspondant à votre souhait.

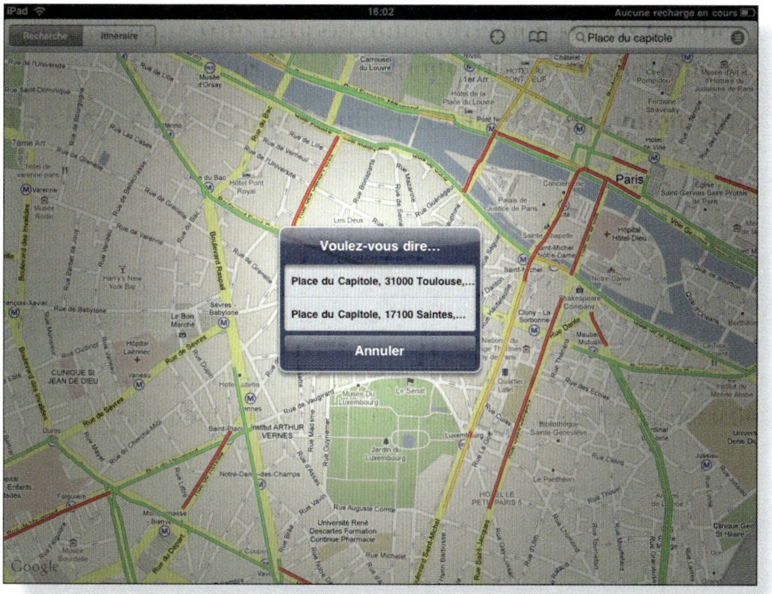

5 Le plan de la zone recherchée s'affiche.

6 Une épingle indique l'emplacement. Touchez-la pour afficher le nom ou la description du lieu.

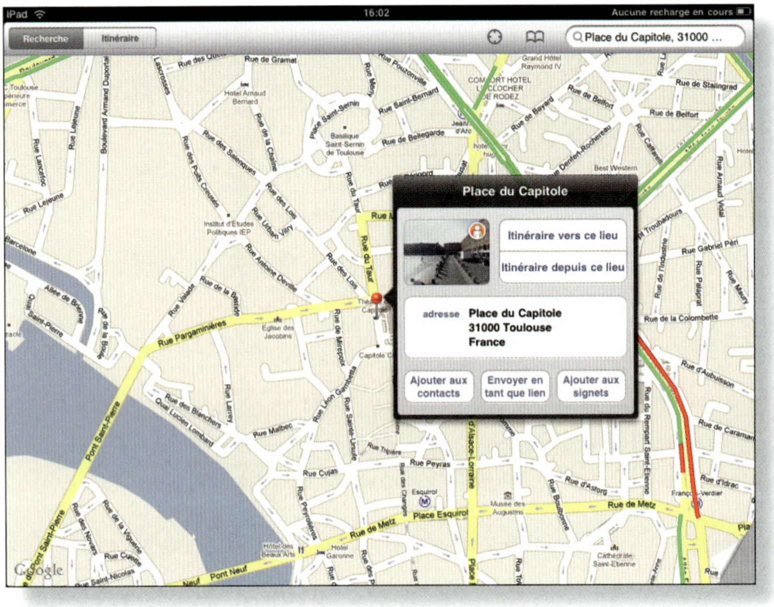

Calculer un itinéraire

Plans permet aussi de calculer des itinéraires entre deux points :

1 Touchez **Itinéraire** en haut d'écran.

2 Vous devez indiquer les lieux de départ et d'arrivée dans les champs correspondants. Par défaut, l'iPad sélectionne le lieu actuel comme point de départ, mais vous pouvez bien sûr le modifier. Saisissez une adresse, un lieu ou utilisez un signet pour définir les lieux de départ et d'arrivée.

Astuce Lorsque vous saisissez une adresse dans le champ de recherche, les lieux enregistrés dans les signets et l'historique contenant les lettres saisies s'affichent au fur et à mesure. Touchez l'un d'eux pour le sélectionner. Consultez la section qui suit pour plus d'informations sur les signets et l'historique.

3 Touchez **Rechercher**.

4 L'itinéraire est calculé et s'affiche, avec un repère vert pour le point de départ et un rouge pour l'arrivée. La distance et une estimation du temps de trajet apparaissent en haut de l'écran.

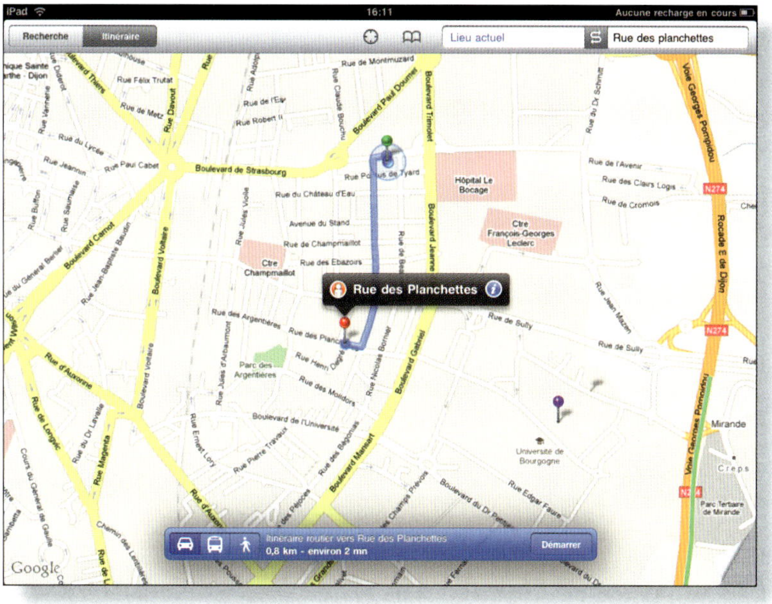

5 Choisissez le type d'itinéraire en bas d'écran :

- Touchez [icône voiture] pour obtenir l'itinéraire routier. Touchez [icône bus] pour obtenir l'itinéraire en transports publics.
- Touchez [icône piéton] pour obtenir l'itinéraire piéton.

6 Pour afficher l'itinéraire étape par étape, touchez **Démarrer**. Suivez les instructions, puis touchez [icône flèche] pour avancer d'une étape.

7 À tout moment, touchez **Modifier** pour changer ou mettre à jour l'itinéraire.

Astuce Pour inverser les lieux de départ et d'arrivée de l'itinéraire, et calculer le chemin de retour, touchez [icône inverser].

Note Bien que les fonctions de localisation de l'iPad soient puissantes, on ne peut les comparer à celles d'un système GPS de voiture complet, type TomTom, et l'itinéraire routier ne fonctionnera pas toujours de manière parfaite.

Quant à l'itinéraire en transports publics, il semblerait que nous ne l'ayons jamais vu fonctionner jusqu'ici !

Super astuces pour Plans

Visualiser les lieux avec Google Street View

Plans permet de voir des photos panoramiques des rues, à condition que les lieux aient été repérés par Google Street View au préalable :

1 Touchez le repère bleu indiquant votre position : Plans affiche l'adresse correspondant à votre position actuelle.

2 Touchez [icône] pour activer l'affichage des photos de rues avec Google Street View (ce bouton peut ne pas être visible, car Google Street View n'est pas disponible partout).

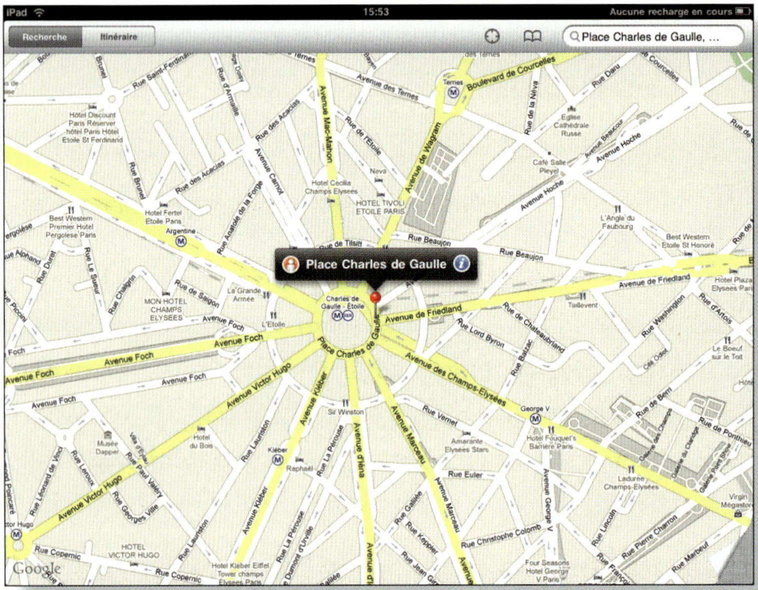

3 Faites glisser sur les côtés pour un aperçu panoramique de la rue et touchez une flèche pour avancer dans la rue.

4 Pour revenir à la carte, touchez la partie du plan encerclée, en bas à droite.

La navigation et le zoom

La navigation dans Plans suit les mêmes principes que toutes les applications iPad :

- Zoomez en arrière ou en avant à l'aide de la technique habituelle consistant à rapprocher deux doigts sur la surface de l'écran.
- Faites glisser votre doigt vers le haut, le bas ou sur les côtés pour déplacer le plan.

Il existe toutefois une technique de zoom spécifique à Plans :

- Zoomez en avant sur une partie de la carte en la touchant deux fois.
- Zoomez en arrière en touchant deux fois la carte *avec deux doigts.*

Et bien sûr, n'oubliez pas que vous pouvez centrer le plan sur votre position actuelle à tout moment, en touchant ⌖.

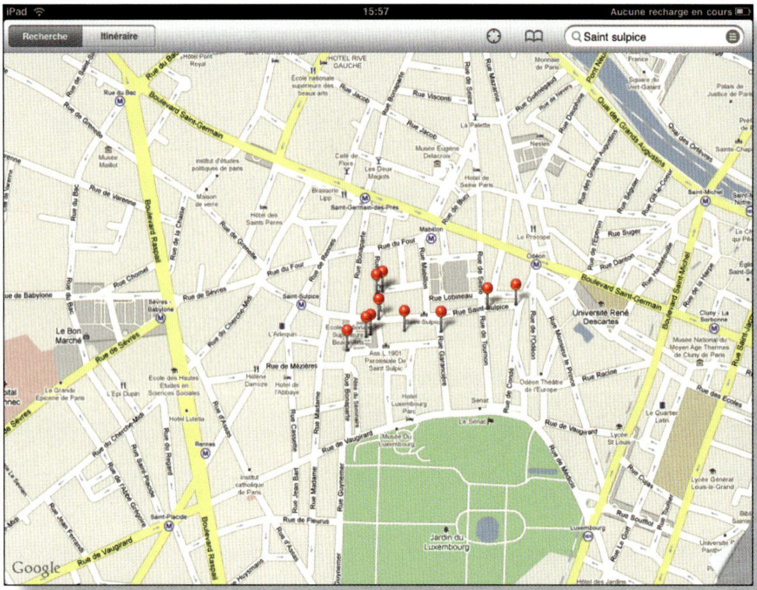

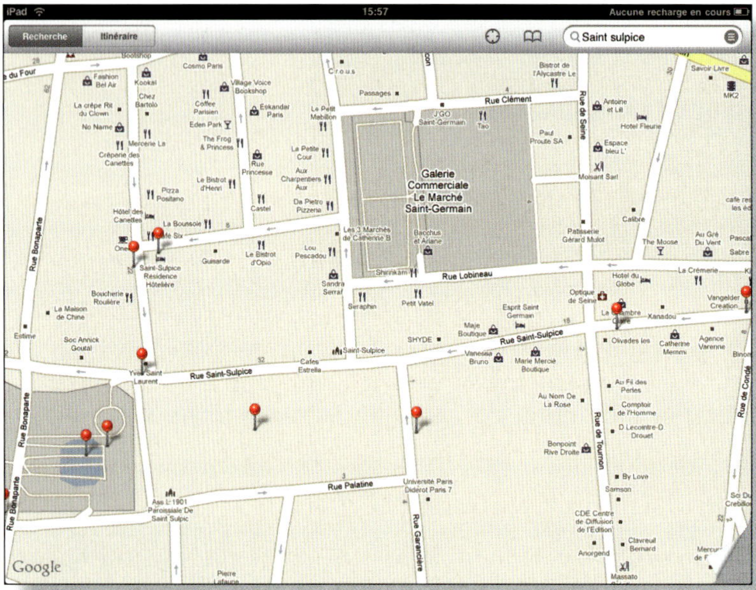

Afficher la circulation et choisir le type d'affichage

L'affichage « classique » du plan n'est pas la seule option possible ! Touchez le coin inférieur droit de l'écran.

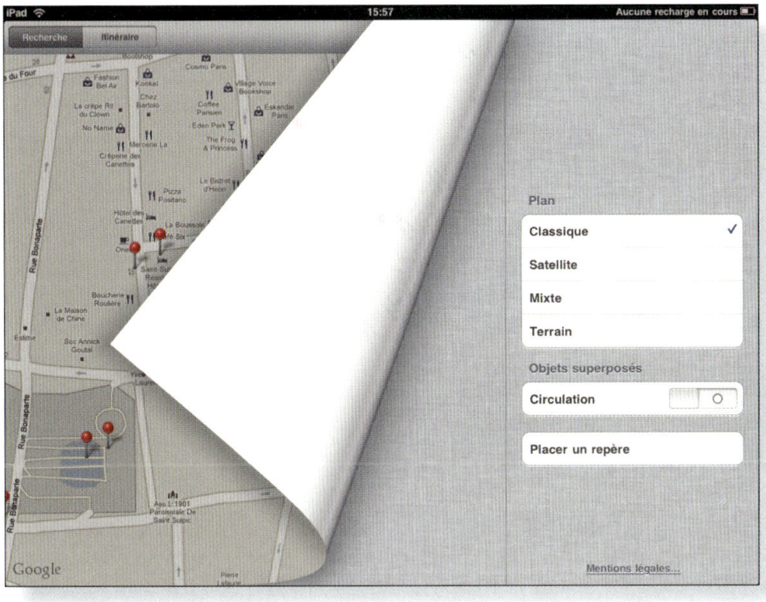

Puis :

- Touchez **Satellite** pour afficher une vue satellite du plan.

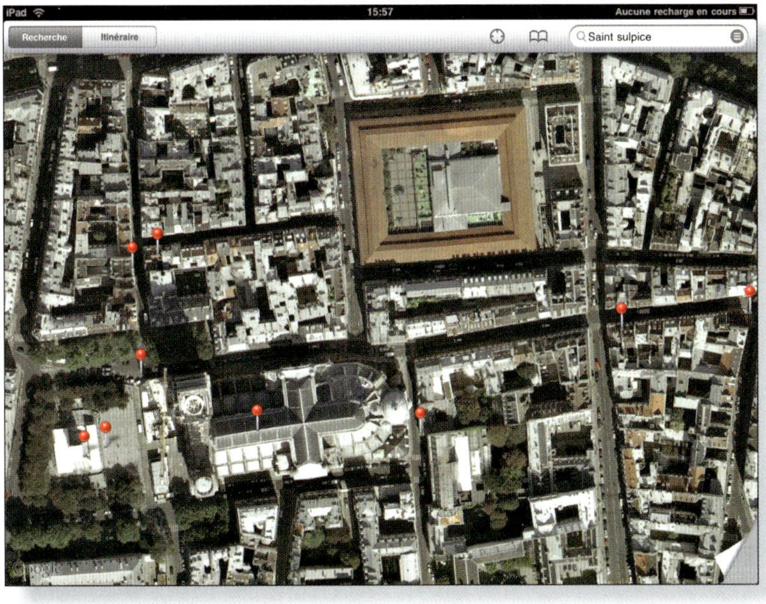

- Touchez **Mixte** pour afficher un plan des rues associé à une vue satellite.

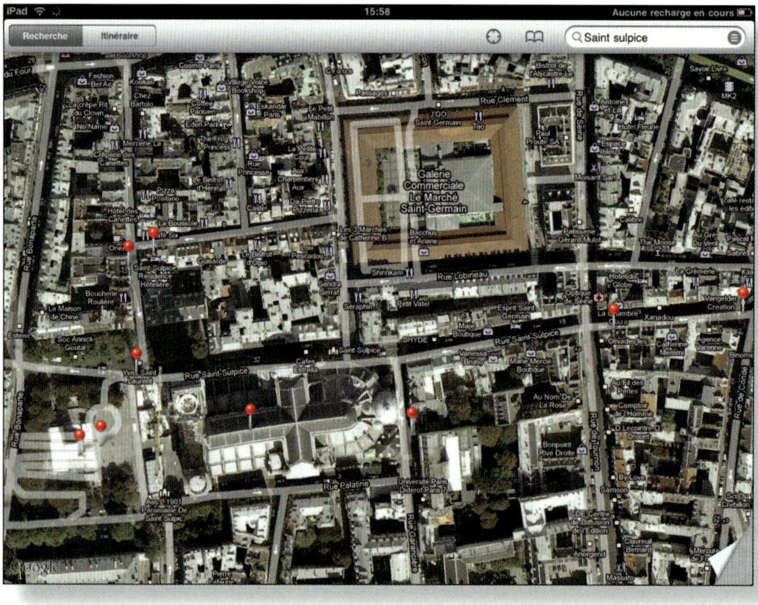

- Touchez **Terrain** pour afficher la topographie.

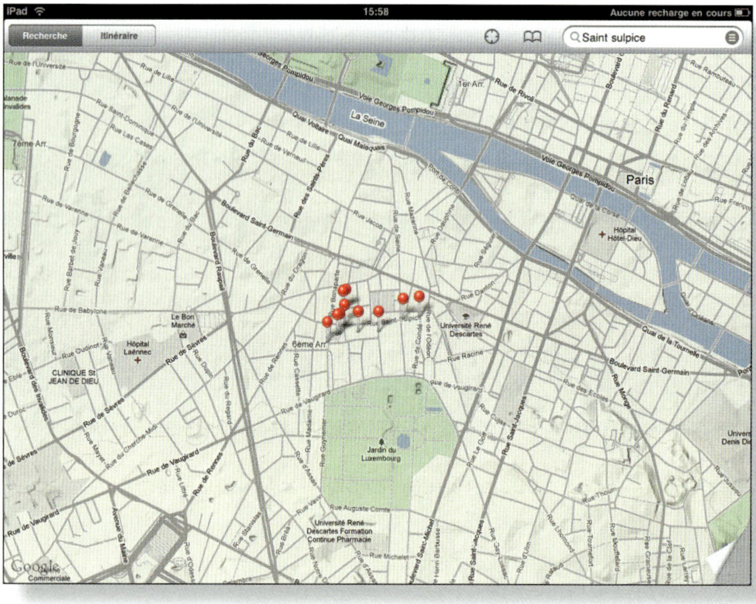

- Activez l'option **Circulation** (touchez le curseur) pour voir en superposition sur la carte les conditions de circulation en temps réel (la circulation est représentée à l'aide de codes couleur : vert, rouge et jaune).

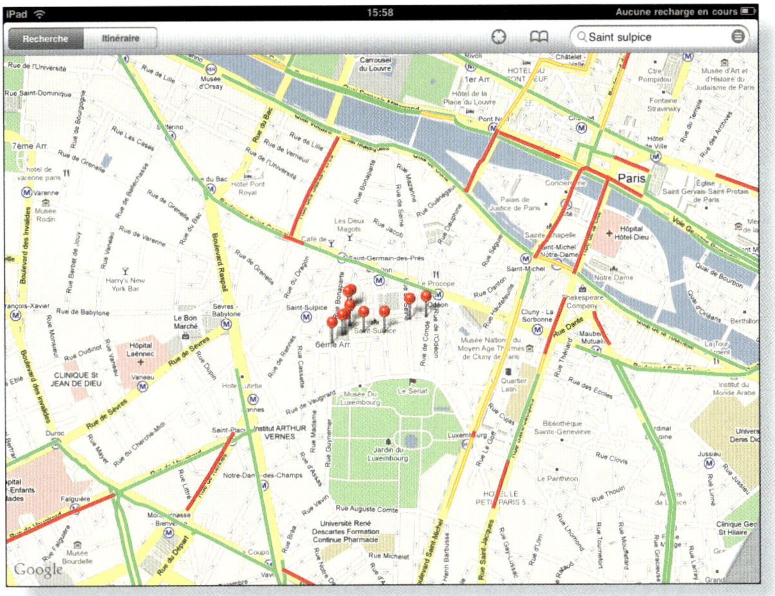

Afficher des adresses de commerçants

Saviez-vous que Plans permet aussi de rechercher des commerçants ? C'est une fonction très pratique lorsque vous devez impérativement trouver une pharmacie, un fleuriste ou un caviste à proximité, par exemple :

1 Touchez le champ de recherche à nouveau et effacez son contenu (touchez), puis saisissez le type de commerce. Saisissez aussi le lieu (nom de la ville par exemple) où effectuer la recherche. À défaut, la recherche se fait sur le plan actuel : pratique !

2 Touchez **Rechercher**.

3 Des épingles indiquent les commerçants correspondants trouvés. Touchez l'une d'elles pour obtenir le nom du commerce, puis pour plus de détails : adresse, coordonnées téléphoniques et Web (si disponible), et photo du lieu.

4 N'oubliez pas que vous pouvez utiliser les boutons de cette fenêtre pour calculer un itinéraire vers le lieu ou l'ajouter aux contacts, par exemple.

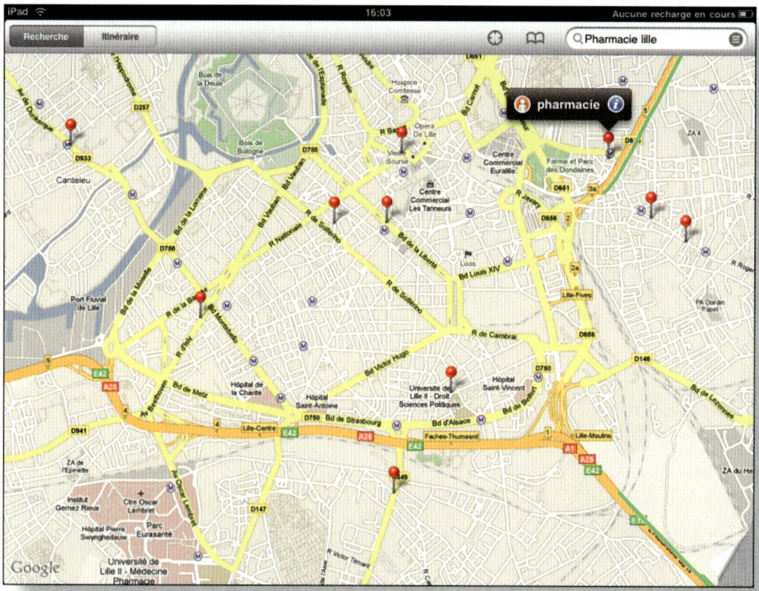

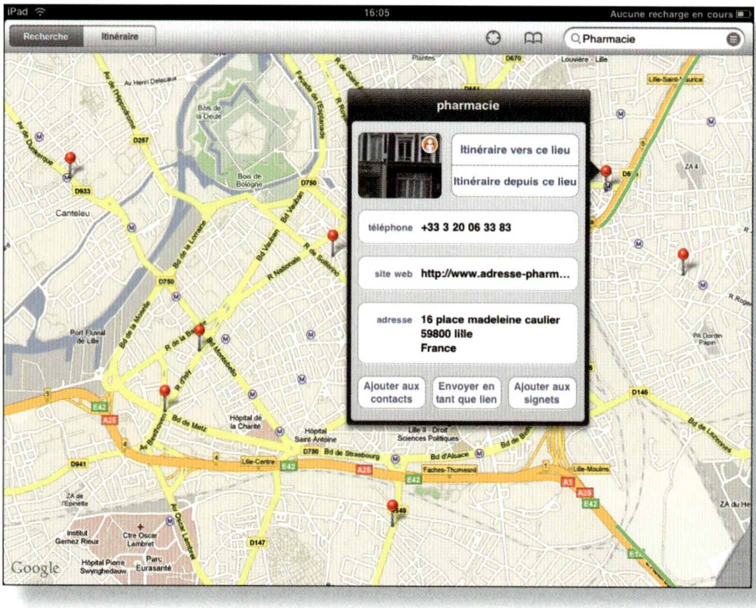

Les signets et les repères

Dans Plans, on retrouve le concept de *signets*, comme dans Safari. Les signets sont des emplacements que vous souhaitez retrouver facilement ou fréquemment, vos « lieux favoris » en quelque sorte.

Vous pouvez aussi utiliser des *repères* pour enregistrer des emplacements de manière temporaire. Pour cela :

1 Touchez longuement le plan à l'emplacement où vous souhaitez ajouter le signet.

2 Une épingle violette apparaît sur le plan. Avant de relâcher votre pression sur l'écran, faites glisser l'épingle plus précisément vers l'endroit de votre choix.

3 Une fois le repère en place, vous pouvez le déplacer en le touchant longuement puis en le faisant glisser.

Note Pour ajouter un emplacement aux signets, celui-ci doit être identifié par un repère. Vous pouvez donc créer le repère manuellement ou par la recherche de commerces, comme expliqué précédemment.

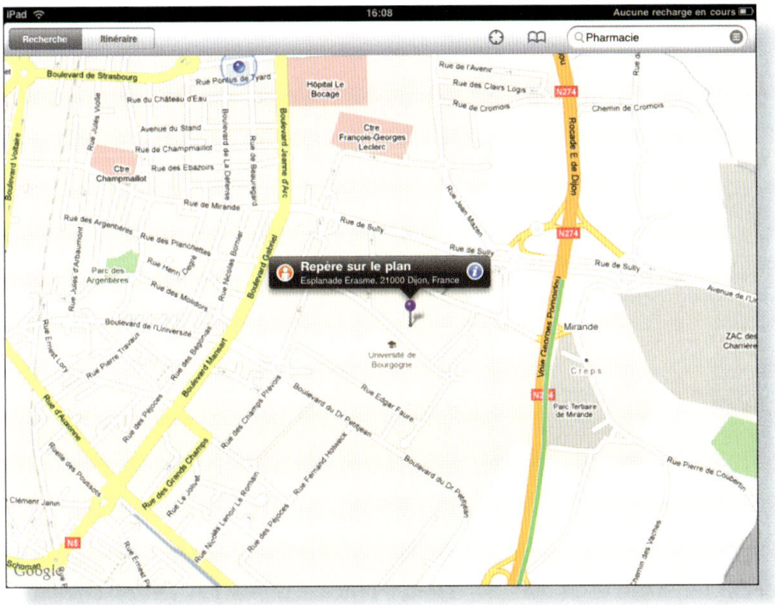

Pour ajouter un lieu aux signets :

1 Touchez le repère associé au lieu.

2 Touchez (i).

3 Touchez **Ajouter aux signets** en bas à droite de la fenêtre.

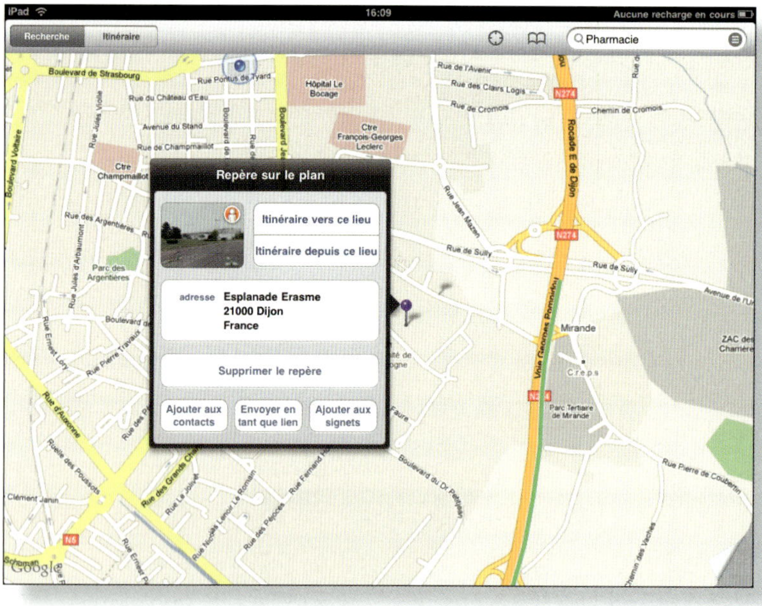

4 Vous pouvez modifier le nom du signet pour le retrouver plus facilement.

5 Touchez **Enregistrer**.

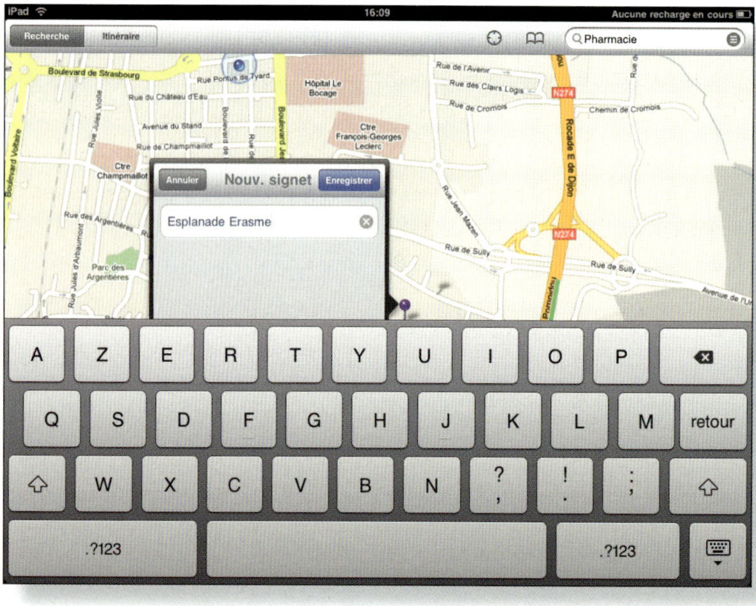

Dès lors, vous pourrez afficher rapidement un plan centré sur un signet :

1 Touchez  dans le champ de recherche.

2 Touchez **Signets**.

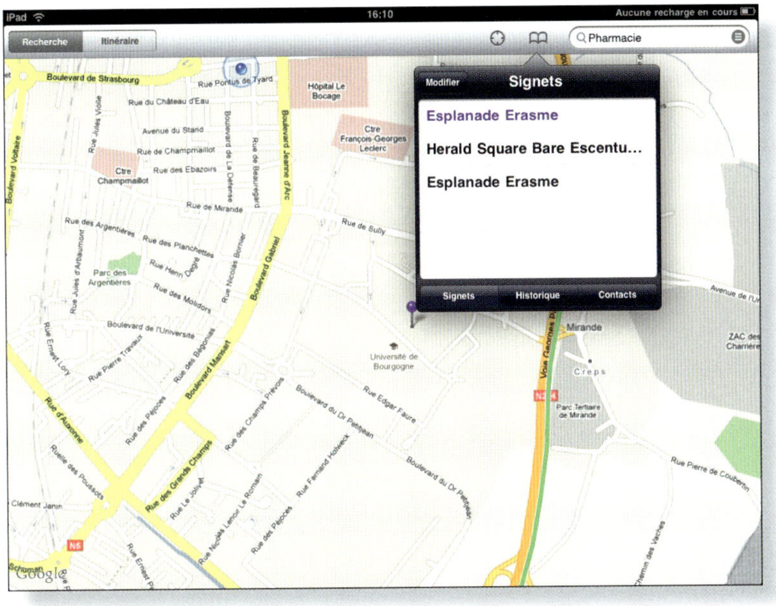

3 Touchez le nom du signet dans la liste.

4 La carte s'affiche, centrée sur le signet.

Astuce Touchez **Historique** au lieu de **Signets** pour accéder aux lieux que vous avez recherchés récemment. Si vous avez renseigné l'adresse de l'un de vos contacts, vous pouvez aussi l'utiliser : touchez **Contacts**, puis le nom du contact.

De plus, lorsque vous saisissez une adresse dans le champ de recherche, les lieux enregistrés dans les signets et l'historique contenant les lettres saisies s'affichent au fur et à mesure. Touchez l'un d'eux pour le sélectionner.

Exploiter les données d'un lieu

Cette manipulation fonctionne sur tout type de lieux : l'emplacement actuel, un lieu trouvé par la recherche d'adresse ou de commerçant, un signet, *etc*. Touchez l'épingle servant de repère pour le lieu concerné, puis ⓘ.

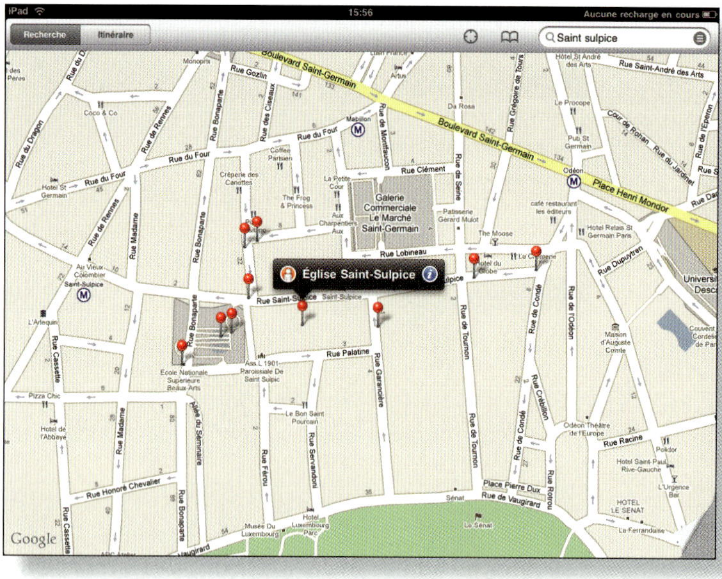

Dans la page **Infos** qui apparaît, vous pourrez :

- calculer un itinéraire depuis et vers ce lieu ;
- afficher la photo panoramique du lieu (si elle est disponible) ;
- associer le lieu à des contacts ;
- envoyer l'adresse par courrier électronique ou MMS ;
- ajouter le lieu à vos signets, c'est-à-dire vos adresses préférées.

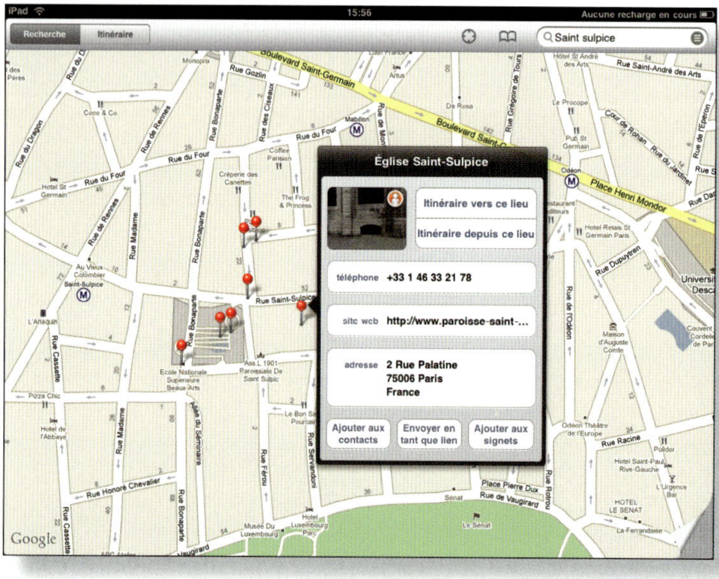

Désactiver le service de localisation

Vous pouvez désactiver temporairement le service de localisation : touchez **Réglages** puis **Général** et, enfin, **Service de localisation**.

Astuce Si le niveau de votre batterie est bas, désactivez le service de localisation. En effet, ce service est gourmand en énergie !

Vous pouvez aussi voir ici la liste des applications utilisant le service de localisation et ajuster individuellement les autorisations.

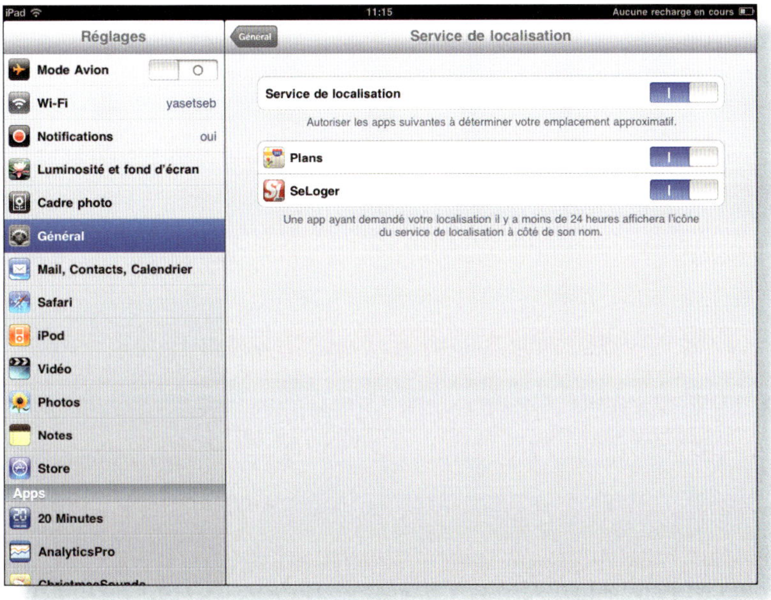

Chapitre 8

Photos

Dans ce chapitre

- L'iPad et les photos, une combinaison gagnante !
- Transférer des photos sur l'iPad
- Photos : votre bibliothèque d'images
- Afficher vos photos
- Envoyer une photo
- Choisir une photo pour un contact
- Changer de fond d'écran
- Imprimer des photos
- Lancer un diaporama
- Utiliser la fonction Cadre photo

L'iPad et les photos, une combinaison gagnante !

Contrairement à l'iPhone, l'iPad ne prend pas (encore) de photos. Et c'est bien dommage, surtout lorsqu'on découvre ce dont il est capable pour les afficher et les faire défiler !

Grâce à l'iPad et à son superbe écran, vous pourrez en effet visualiser vos photos, sous la forme d'albums ou par lieux, sur un planisphère, les utiliser comme fond d'écran ou pour vos contacts, les partager par courriel, mais aussi lancer des diaporamas en musique, avec des effets de transition originaux. Enfin, vous pourrez utiliser l'iPad comme cadre photo numérique : rien de plus élégant pour présenter vos photos dans un salon.

Toutes ces manipulations se font grâce à l'application Photos.

Transférer des photos sur l'iPad

L'absence d'appareil photo a toutefois une conséquence sur l'utilisation de votre iPad : pour voir des photos, vous devez obligatoirement les transférer depuis votre ordinateur ou votre carte mémoire d'appareil photo numérique.

Astuce Si vous utilisez essentiellement votre iPad pour visualiser des photos, l'acquisition du kit de connexion pour appareil photo numérique (qui fait aussi office de lecteur de cartes mémoire) vous facilitera la vie !

Ce petit accessoire vendu séparément est très pratique car il permet de transférer vos photos sans passer par l'ordinateur.

Le transfert de photos est une excellente occasion de faire connaissance avec le concept de « synchronisation » de l'iPad.

Note Synchroniser l'iPad à l'aide d'iTunes est une manipulation que vous devez connaître, car vous en aurez besoin à nouveau pour la musique, les vidéos et même les livres électroniques :

1 Lancez iTunes et connectez l'iPad à votre ordinateur.

2 Patientez quelques instants, jusqu'à voir « iPad » apparaître dans la section **Appareils** de la barre à gauche.

3 Cliquez sur **iPad**. Votre iPad est désormais prêt à échanger des données avec iTunes !

4 Cliquez sur l'onglet **Photos**.

5 Activez l'option **Synchroniser les photos** puis cliquez sur le menu et sélectionnez **Choisir un dossier**.

6 Choisissez le dossier contenant vos photos sur votre ordinateur. Si les dossiers contiennent des vidéos, vous pouvez choisir de les copier ou non sur l'iPad.

Astuce Pour synchroniser une partie seulement de vos photos, activez l'option **Dossiers sélectionnés**. Vous pouvez alors sélectionner les sous-dossiers de votre choix. Si vous souhaitez tester rapidement les outils pour photos de l'iPad, sélectionnez un dossier contenant quelques photos, car la synchronisation peut être très longue si vous avez des centaines de photos !

7 Cliquez sur le bouton **Appliquer** pour lancer la synchronisation et patientez pendant que les photos sont optimisées et transférées sur l'iPad.

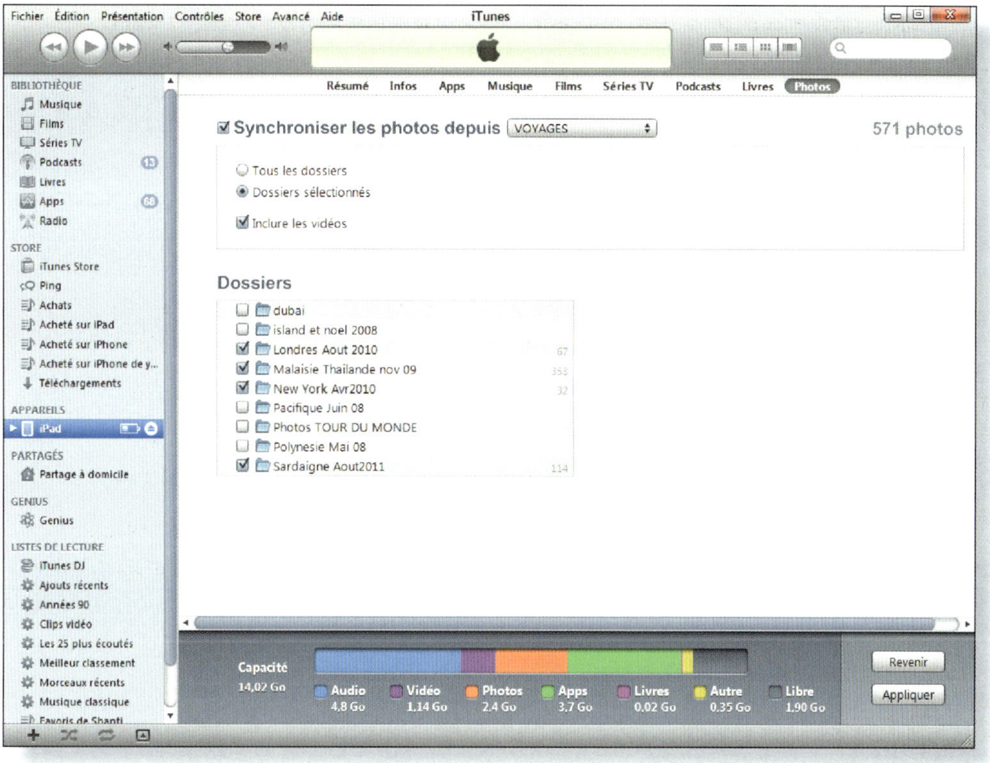

Attention : ne déconnectez surtout par l'iPad pendant l'opération, c'est-à-dire tant que le message « Synchronisation en cours » est affiché à l'écran.

À la fin, l'iPad reprend sa configuration normale et vous pouvez le débrancher.

Une fois vos photos synchronisées, vous allez pouvoir en profiter sans attendre !

Photos : votre bibliothèque d'images

L'application essentielle pour gérer et afficher vos photos avec l'iPad est la bien-nommée Photos.

Elle permet d'accéder à votre bibliothèque de photos. Cette bibliothèque contient toutes les photos et vidéos prises puis transférées depuis votre ordinateur, mais aussi celles que vous avez enregistrées depuis un e-mail ou une page Web, par exemple.

Photos permet d'exploiter vos photos : vous pouvez, par exemple, en choisir une comme fond d'écran ou l'assigner à un contact. Photos permet enfin de partager vos photos et vidéos, en les envoyant par courriel ou en les publiant sur Internet, comme nous le verrons dans ce chapitre.

Pour accéder à votre bibliothèque de photos :

1 Touchez l'icône **Photos**, située dans le dock de lancement rapide.

2 Vos photos s'affichent, groupées par albums.

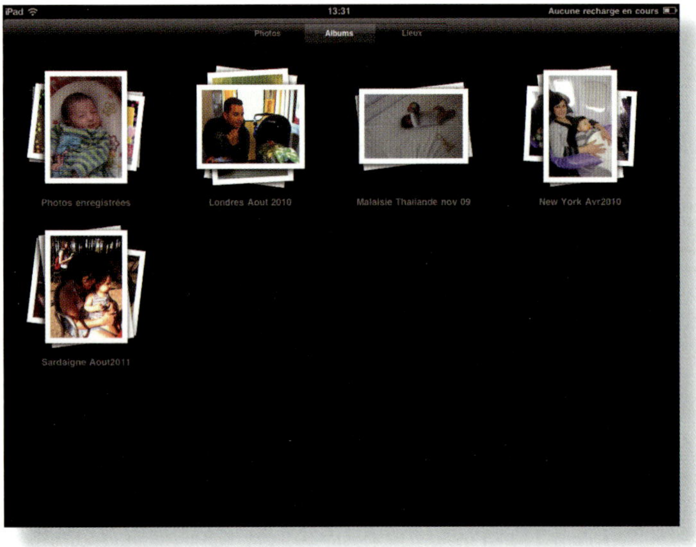

3 Vous pouvez aussi afficher les photos « en vrac » (touchez **Photos** en haut d'écran) ou sur une carte (touchez **Lieux**, à condition d'avoir enregistré l'emplacement géographique des photos au moment des prises de vues).

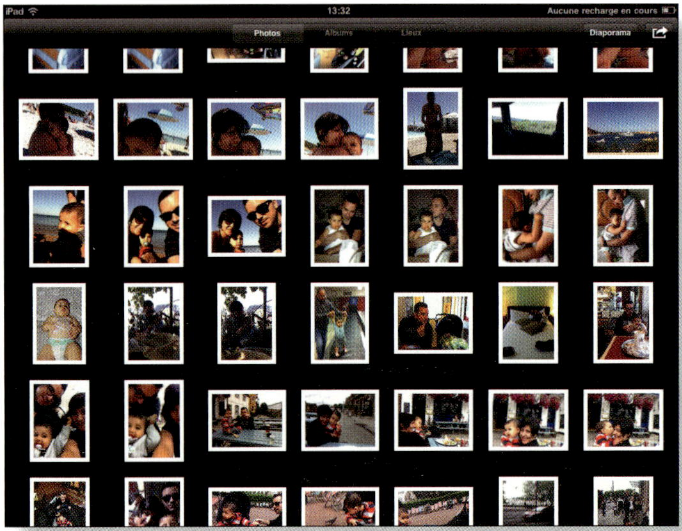

4 Touchez un album pour voir son contenu.

5 Les photos s'affichent sous la forme de vignettes.

6 Vous pouvez revenir à l'accueil de Photos en touchant le nom de l'album en haut à gauche.

Afficher vos photos

Lorsque le contenu d'un album est affiché, touchez simplement une vignette pour afficher l'image en plein écran.

Voici ce que vous pouvez faire :

- Feuilletez la pellicule : faites glisser votre doigt vers la gauche ou vers la droite pour afficher la photo précédente ou suivante.
- Utilisez les minuscules vignettes en bas d'écran pour naviguer dans la pellicule.
- Touchez l'endroit sur lequel vous souhaitez zoomer. Vous pouvez aussi écarter les doigts sur une partie de l'image pour effectuer un zoom manuel.
- Faites glisser dans l'image agrandie pour atteindre une zone spécifique de l'image.
- Double-touchez la photo ou écartez les doigts pour effectuer un zoom arrière.
- Passez en mode paysage ou en mode portrait selon l'orientation de la photo, en faisant pivoter l'iPad d'un quart de tour.
- Masquez les commandes pour voir uniquement la photo en touchant l'écran.

Exploiter vos photos

Avez-vous remarqué les deux boutons en haut d'écran, visibles avec les albums comme avec les photos individuelles ? Tout à droite, le bouton **Action** permet de partager vos photos. **Diaporama** permet, comme son nom l'indique, d'afficher un diaporama.

Note Bien que le bouton Action soit identique pour un album ou une photo, son utilité et ses fonctions diffèrent complètement selon le contexte. Si c'est un album qui est affiché, touchez le bouton pour sélectionner plusieurs photos. Vous pourrez alors les envoyer par courrier électronique ou les copier. Le bouton **Envoyer** offre d'autres fonctions utiles si c'est une photo qui est affichée.

Affichez la photo, puis touchez l'écran pour voir les commandes. Touchez ensuite et sélectionnez une option dans le menu.

Le menu propose cinq options pour les photos :

- **Envoyer par courrier** ;
- **Assigner à un contact** ;
- **Utiliser en fond d'écran** ;
- **Imprimer** ;
- **Copier la photo**.

Envoyer une photo

Envoyer par courrier permet d'envoyer la photo par message électronique.

Lorsque vous choisissez cette option, vous quittez Photos et un nouveau message est créé dans **Mail**, avec la photo ou vidéo déjà attachée en pièce jointe.

Complétez et envoyez le message comme vous savez le faire (consultez le chapitre 5 pour plus d'informations à ce sujet).

Note Lorsque vous envoyez une photo par courrier électronique, elle est automatiquement compressée par l'iPad.

Choisir une photo pour un contact

L'option **Assigner à un contact** permet d'attribuer une photo à l'un de vos contacts.

Lorsque vous choisissez cette option, votre liste de contacts s'affiche à droite de la photo.

Défilez pour atteindre le contact de votre choix dans la liste et touchez son nom.

Vous pouvez repositionner et redimensionner la photo : faites glisser la photo pour la déplacer ou zoomez, puis touchez **Utiliser**.

Changer de fond d'écran

Pour changer d'image de fond d'écran, choisissez l'option **Utiliser en fond d'écran**.

Choisissez en haut d'écran à droite si la photo doit servir de fond d'écran pour l'iPad verrouillé, pour l'écran d'accueil ou les deux.

Grâce à ce choix, vous pouvez donc utiliser deux photos différentes pour le fond d'écran de votre iPad ! Vous pouvez en changer aussi souvent que vous le souhaitez.

Note Vous pouvez aussi utiliser l'une des images de fonds d'écran offertes par Apple. Touchez **Réglages** puis **Luminosité et fond d'écran** et, enfin, **Fond d'écran**. Vous pouvez en profiter pour régler la luminosité de l'écran. Néanmoins, il est préférable de conserver l'option **Réglage automatique** : la luminosité de l'écran de l'iPad s'ajustera ainsi automatiquement en fonction de la luminosité ambiante.

Imprimer des photos

À condition de posséder une imprimante compatible avec l'iPad (consultez le chapitre 3 pour plus d'informations à ce sujet), vous pouvez imprimer vos photos directement depuis l'application Photos.

Touchez le bouton **Action** puis **Imprimer**.

Lancer un diaporama

Pour créer un diaporama :

1 Affichez un album.

2 Touchez le bouton **Diaporama**.

3 Vous pouvez choisir un morceau dans votre bibliothèque musicale pour accompagner le diaporama. Activez l'option **Musique à l'écoute** puis touchez **Musique** pour sélectionner le morceau.

4 Choisissez un effet de transition entre chaque photo. Origami affiche plusieurs photos à la fois.

5 Touchez **Démarrer le diaporama** pour lancer l'affichage.

Note Pour définir la durée d'affichage de chaque photo dans le diaporama, rendez-vous dans les **Réglages**, rubrique **Photos**. Vous pouvez aussi activer l'affichage en boucle (pour que le diaporama se répète) ainsi que la lecture aléatoire des photos de l'album.

Utiliser la fonction Cadre photo

Lorsque l'iPad est verrouillé, en charge, par exemple, vous pouvez l'utiliser comme cadre photo.

Paramétrez au préalable les options dans les **Réglages**, section **Cadre photo** :

1 Choisissez un effet de transition.

2 Activez éventuellement l'option **Zoom sur les visages** et la lecture des photos dans un ordre aléatoire.

3 Sélectionnez une partie seulement des albums à inclure dans le diaporama en touchant **Albums**, ou toutes les photos.

Note L'option **Zoom sur les visages** (indisponible avec l'effet de transition Origami) ne fonctionne que si vous avez défini l'identification des visages dans iPhoto ou Aperture sur Mac.

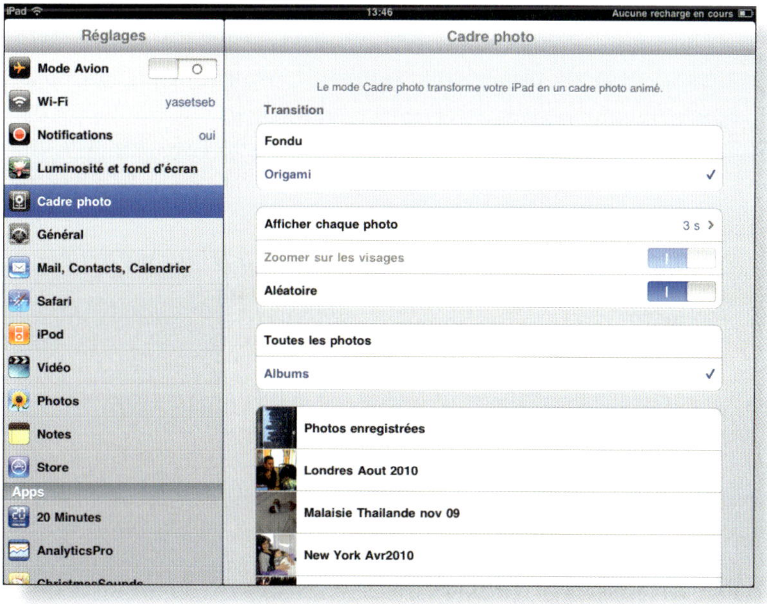

Ensuite, pour lancer la fonction **Cadre photo**, il suffit de toucher le bouton **Cadre photo** sur l'écran d'accueil, à côté du curseur **Déverrouiller**, lorsque l'iPad est en veille.

Il ne vous reste plus qu'à poser l'iPad et à en profiter !

Astuce Parmi les nombreux accessoires disponibles pour l'iPad, l'étui de la marque Apple est à la fois utile pour protéger votre machine des chocs éventuels et pour visualiser des photos ou des vidéos, puisqu'il fait aussi office de support. Ingénieux !

Note

Si vous ne souhaitez pas que le diaporama puisse être lancé depuis l'écran verrouillé de l'iPad, vous pouvez faire disparaître le bouton : touchez l'icône **Réglages** sur l'écran d'accueil, puis **Général** dans la liste des réglages à gauche et, enfin, **Verrouillage par code**. Désactivez l'option **Cadre photo**. Le verrouillage de l'iPad par mot de passe sera approfondi au chapitre 12.

Chapitre
9

Musique et vidéo

Dans ce chapitre

L'iPod

L'iPad dispose d'une fonction essentielle qui justifiait à elle seule jusqu'alors l'achat d'un appareil dédié : un iPod, ou baladeur multimédia.

Intégrée à votre iPad, elle vous permet de transporter votre musique et vos vidéos où que vous alliez !

Vous découvrirez dans ce chapitre comment remplir votre iPod : en achetant des éléments sur l'iTunes Store, ou en transférant votre musique et vos vidéos depuis votre ordinateur à l'aide du logiciel iTunes. Vous verrez ensuite, bien sûr, comment y accéder sur votre iPad.

Remplir votre iPod, mode d'emploPour pouvoir écouter de la musique sur l'iPad, vous devez commencer par « remplir votre iPod », c'est-à-dire créer votre bibliothèque musicale. Il y a deux façons de le faire :

- Acheter des morceaux ou des albums complets sur l'iTunes Store, la boutique en ligne, directement depuis l'iPad.
- Transférer votre musique depuis un ordinateur.

Nous allons les détailler ensemble dans les sections qui suivent.

Acheter de la musique sur l'iTunes Store

Si vous avez déjà installé iTunes et créé votre compte, vous pouvez explorer l'iTunes Store et télécharger du contenu (majoritairement payant). L'iTunes Store utilise les mêmes informations de compte et de paiement que l'App Store.

Cliquez sur une rubrique en haut de la fenêtre pour accéder aux rayons Musique, Séries TV, Podcasts ou Livres audio de l'iTunes Store. Vous pouvez aussi saisir un mot clé (titre, nom d'artiste, *etc.*) dans le champ de recherche en haut à droite.

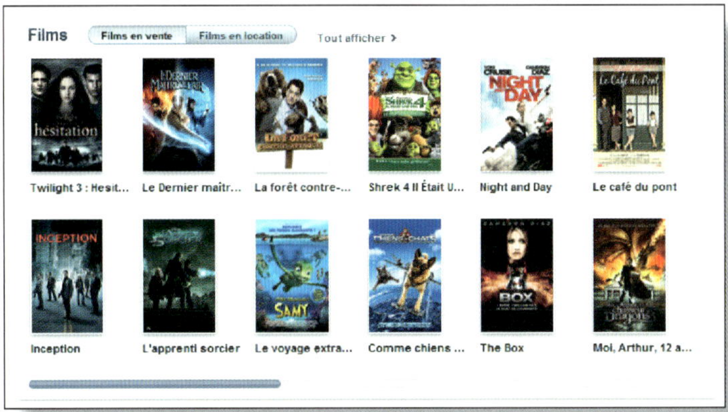

Pour acheter un élément, cliquez sur le bouton indiquant son prix. Attention, cet élément vous sera immédiatement facturé !

Vous pouvez aussi accéder à l'iTunes Store sur votre iPad : touchez l'icône iTunes et saisissez vos identifiants iTunes pour vous connecter.

Vous pouvez alors explorer l'iTunes Store par classements ou par thèmes, effectuer une recherche par mots clés, *etc.*

L'iTunes Store ressemble beaucoup à l'App Store (consultez le chapitre 3 pour plus d'informations à ce sujet). Il suffit de toucher le bouton **Acheter** (pour télécharger un album complet) ou le bouton indiquant le prix (pour télécharger un seul titre).

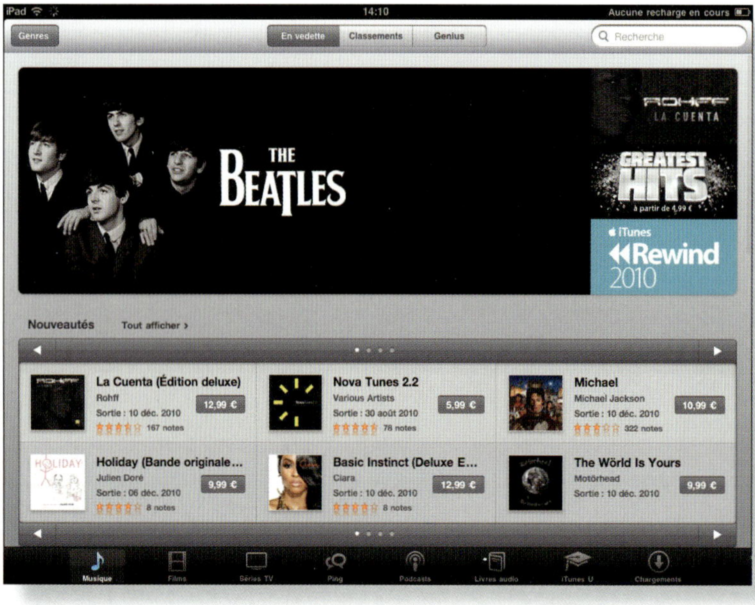

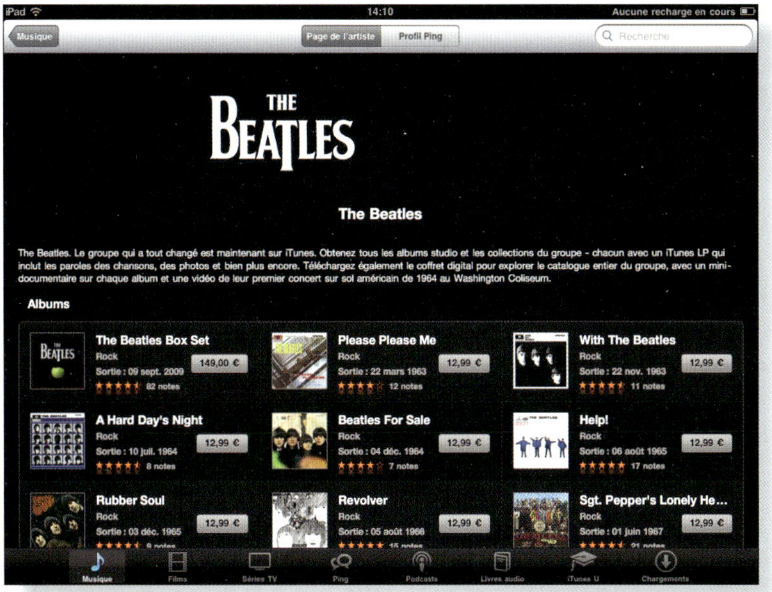

Transférer votre musique et vos vidéos depuis un ordinateur

Le concept de transfert d'éléments depuis un ordinateur vers l'iPad a été évoqué au chapitre précédent, concernant les photos. Pour transférer votre musique depuis un ordinateur (et les vidéos, qui font l'objet de la fin de ce chapitre), c'est exactement la même chose : vous devez d'abord créer des *bibliothèques* dans iTunes puis synchroniser l'iPad, en le connectant à cet ordinateur.

Créer votre bibliothèque de musique et de vidéos

Commencez par créer vos bibliothèques de musique et de vidéos dans iTunes sur votre ordinateur :

1 Cliquez sur le menu **Fichier**.

2 Cliquez sur **Ajouter le dossier à la bibliothèque**.

3 Cliquez sur **Sélectionner un dossier**.

Astuce Pour importer la totalité de la musique ou des vidéos se trouvant sur votre ordinateur, sélectionnez la bibliothèque correspondante en entier (**Musique** ou **Vidéos** dans vos bibliothèques de documents Windows ; votre dossier **Musique** ou **Séquences** sous Mac).

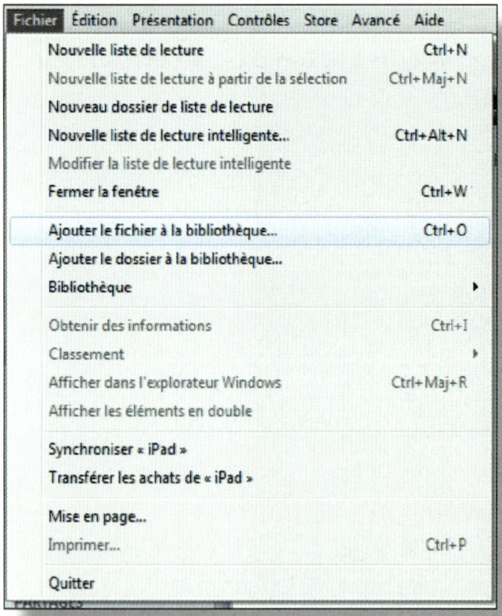

4 Patientez pendant qu'iTunes ajoute les fichiers sélectionnés à vos bibliothèques. iTunes reconnaît le type des fichiers ajoutés et les classe automatiquement dans la bibliothèque correspondante (**Musique** ou **Films** par exemple).

5 À la fin de l'opération, vous pourrez voir vos morceaux de musique dans la bibliothèque **Musique** d'iTunes et les vidéos dans le dossier **Films**.

Astuce Pour obtenir les images des pochettes d'albums, sélectionnez tous les éléments de la bibliothèque musicale d'iTunes puis cliquez avec le bouton droit et sélectionnez **Obtenir les illustrations d'album**.

Synchroniser l'iPad

Pour transférer le contenu de vos bibliothèques de musique et de vidéos iTunes vers votre iPad, vous devez ensuite effectuer une synchronisation entre iTunes et l'iPad. Cela signifie que tout ce qui se trouve dans vos bibliothèques sera copié à l'identique sur l'iPad.

Pour synchroniser vos bibliothèques iTunes :

1 Connectez l'iPad à votre ordinateur à l'aide du câble fourni.

2 Patientez quelques instants, jusqu'à voir « iPad » apparaître dans la section **Appareils** de la barre à gauche. Cliquez sur **iPad**.

Commencez par synchroniser votre bibliothèque musicale :

1 Cliquez sur l'onglet **Musique**.

2 Activez l'option **Appliquer**.

3 Si c'est la première fois que vous synchronisez la musique, sélectionnez **Toute la bibliothèque musicale**.

4 Cliquez sur le bouton **Appliquer** pour lancer la synchronisation.

Patientez pendant la synchronisation. Attention : si vous avez beaucoup de musiques, cela peut prendre un long moment et vous ne pourrez pas utiliser l'iPad pendant ce temps.

Synchronisez ensuite votre bibliothèque de vidéos : cliquez sur l'onglet **Films**, puis activez l'option **Synchroniser les films**, et cliquez sur le bouton **Appliquer**.

C'est terminé ? Bravo, vous allez pouvoir immédiatement écouter votre musique et voir des vidéos sur votre iPad, grâce à l'iPod !

Vous pouvez maintenant déconnecter l'iPad.

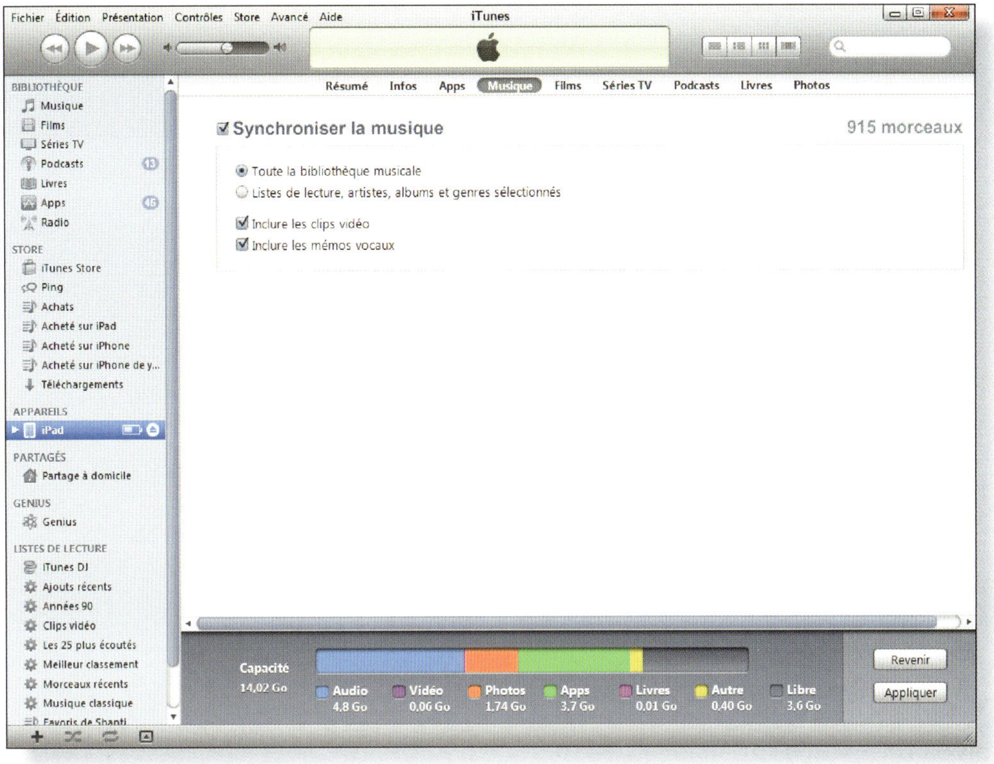

Écouter de la musique avec l'iPod

Pour écouter de la musique, vous devez utiliser l'iPod. Son icône se trouve par défaut dans le dock de lancement rapide, mais vous pouvez bien entendu la déplacer.

Lancez l'iPod.

Sélectionner un titre à écouter

Pour sélectionner un titre et l'écouter, explorez votre collection de musique ou recherchez un morceau :

- Touchez **Artistes** ou **Morceaux** pour voir la musique classée par interprètes ou par titres.
- Touchez **Listes** pour accéder à vos listes de lecture (voir « Créer une liste de lecture » plus loin dans ce chapitre).
- Touchez **Autre** pour voir la musique classée par albums, compilations, compositeurs ou genre, livres audio et podcasts.

- Touchez le champ de recherche pour effectuer une recherche en saisissant des lettres contenues dans le titre, le nom de l'album ou de l'artiste.

Astuce Si le champ Recherche n'est pas visible, touchez la barre d'état pour le faire apparaître.

Une fois le morceau de votre choix trouvé, touchez son nom pour lancer la lecture.

Contrôler la lecture de la musique

Lorsque vous écoutez un morceau, l'écran **À l'écoute** apparaît. Utilisez l'écran tactile pour contrôler la musique :

- Touchez pour interrompre la lecture.
- Touchez pour reprendre la lecture.
- Touchez pour augmenter ou diminuer le volume (faites glisser le curseur).
- Touchez pour redémarrer le morceau ou revenir au morceau précédent (touchez deux fois rapidement).
- Touchez pour passer au morceau suivant.
- Touchez pour afficher la liste des morceaux de la sélection ou de l'album.
- Touchez pour revenir à la liste de vos morceaux et choisir un autre titre.

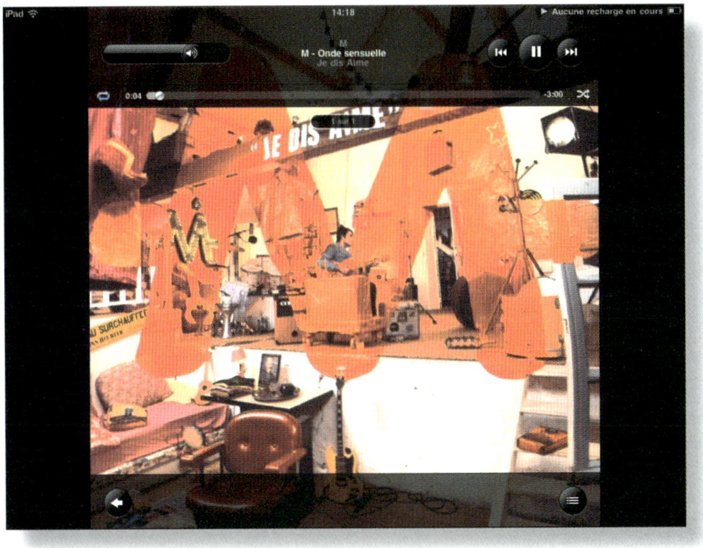

Lorsque la lecture d'un morceau est en cours sur l'iPod, appuyez sur le bouton **Accueil** pour quitter l'application et utiliser votre iPad normalement.

La lecture ne s'interrompt pas (sauf en cas d'appel) et le symbole est visible dans la barre d'état.

En veille, l'iPad affiche le titre et la pochette du titre lu sur l'iPod. Pour interrompre la lecture, déverrouillez l'iPad, relancez l'iPod et touchez .

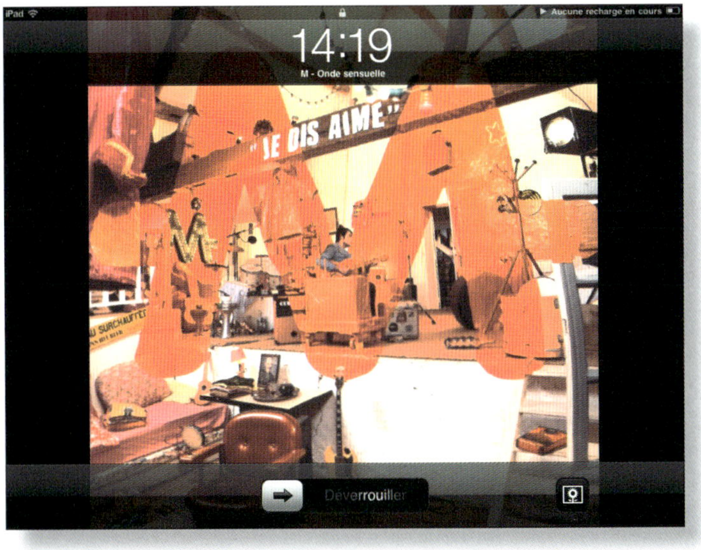

Lorsque l'écran d'accueil est affiché ou lorsque vous utilisez une application, le bouton **Accueil** permet aussi d'accéder aux contrôles de l'iPod.

Appuyez rapidement deux fois de suite sur le bouton **Accueil**, et faites glisser votre doigt vers la droite dans la zone en bas d'écran : les contrôles apparaissent. Cela vous permet de contrôler rapidement la musique lue par l'iPod.

Créer une liste de lecture

Par défaut, l'iPod va lire uniquement le morceau ou l'album sélectionné. Pour écouter une série de titres ne faisant pas partie d'un même album ou d'une même liste existante, vous pouvez créer une liste de lecture.

Voici comment faire :

1 Touchez le bouton **+**, tout en bas à gauche de l'écran.

2 Saisissez un nom pour votre liste de lecture, puis touchez **Enregistrer**.

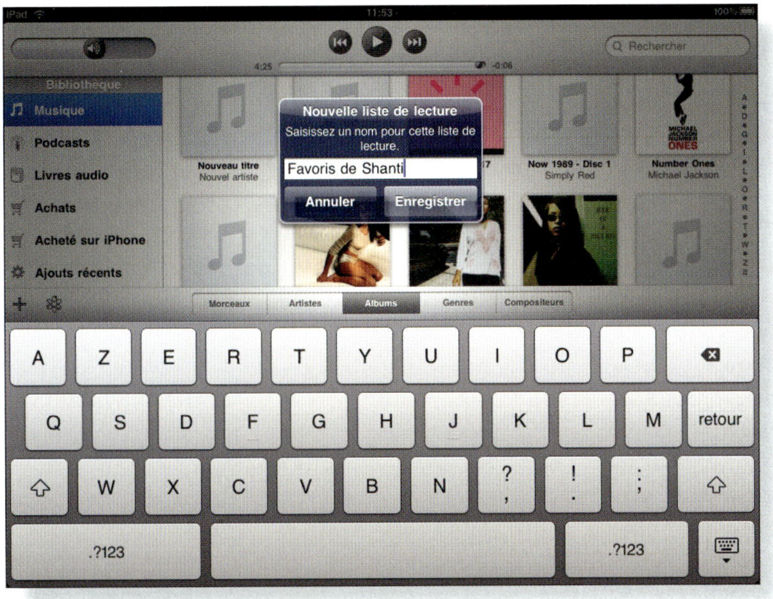

3 Touchez **Nouveaux morceaux** pour ajouter des titres à votre liste. Recherchez des morceaux par titres ou par artistes, à l'aide des boutons situés en bas de l'écran.

4 Touchez chaque morceau à ajouter à la liste de lecture. Les morceaux ajoutés à la liste sont grisés.

5 Vous pouvez ajouter des albums complets ou tous les morceaux d'un artiste : touchez **Albums** en bas d'écran, touchez une pochette d'album, puis le bouton **+** à côté de **Ajouter tous les morceaux**.

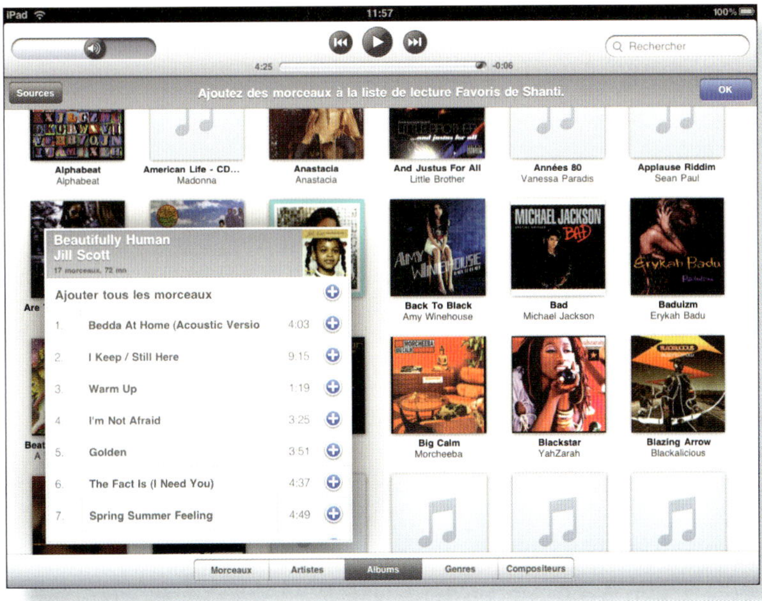

6 Lorsque vous avez fini, touchez **OK**.

7 Votre liste de lecture s'affiche. Touchez un morceau de la liste pour lancer la lecture. Les morceaux seront lus les uns après les autres.

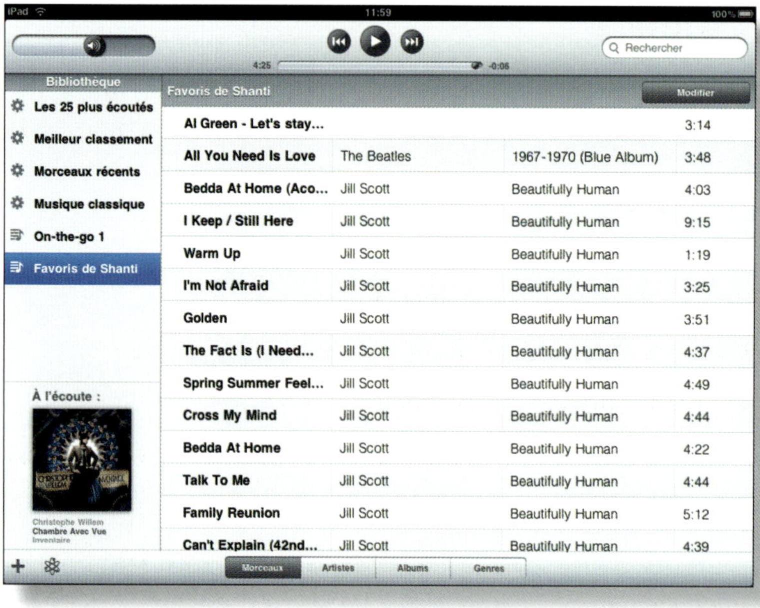

Note La liste de lecture spéciale nommée « On-The-Go » est une liste temporaire qui permet d'écouter une sélection rapide de musiques, selon votre humeur du moment, sans pour autant l'enregistrer de manière durable en tant que liste.

La vidéo sur l'iPad

Regarder des vidéos sur l'iPad est un vrai plaisir ! La taille confortable de l'écran et son format proche de celui d'un écran de télévision en font un support parfaitement adapté.

Il y a en fait plusieurs moyens de visualiser des vidéos sur l'iPad.

- Le premier consiste à transférer vos propres vidéos ou à en acheter sur l'iTunes Store pour constituer votre bibliothèque de vidéos personnelles.

  Vous pourrez les regarder à tout moment grâce à l'application Vidéos.

- Le deuxième moyen consiste à explorer YouTube, le célèbre site de vidéos en ligne. Il existe d'ailleurs une application dédiée à YouTube sur votre iPad, peut-être avez-vous remarqué son icône ?

On trouve presque tout sur YouTube : des petits films amusants faits par des gens du monde entier aux derniers vidéo-clips qui cartonnent ! Seul inconvénient : il faut impérativement une connexion Internet pour y accéder.

L'application Vidéos

L'application Vidéos est exactement aux vidéos ce qu'est l'iPod à la musique. Il suffit de transférer vos vidéos depuis un ordinateur, puis de lancer Vidéos pour les lire.

Transférer vos vidéos

Exactement comme avec la musique, pour regarder vos vidéos sur l'iPad, vous devez procéder au transfert de vos fichiers, en deux étapes :

1 Créer votre bibliothèque de vidéos iTunes,

2 Synchroniser la bibliothèque avec votre iPad.

Cette procédure a été expliquée au début de ce chapitre à la section « Transférer votre musique et vos vidéos depuis un ordinateur ».

Note Les formats de fichiers vidéo supportés par l'iPad sont le format MP4, ainsi que Vidéo H.264 et Motion JPEG (M-JPEG). Si vos vidéos ne sont pas dans l'un de ces formats, vous pouvez les convertir à l'aide d'un logiciel, tel le très polyvalent Free Video Converter, disponible en téléchargement gratuit sur le Web.

Note Le contenu appelé Séries TV est uniquement constitué de vidéos de séries télé achetées sur l'iTunes Store. Si vous disposez de vidéos de séries sur votre ordinateur, elles seront placées dans la bibliothèque Films.

Visionner vos vidéos

Pour visionner les vidéos transférées sur votre iPad ou achetées sur iTunes :

1 Lancez l'application Vidéos. La liste de vos vidéos apparaît.

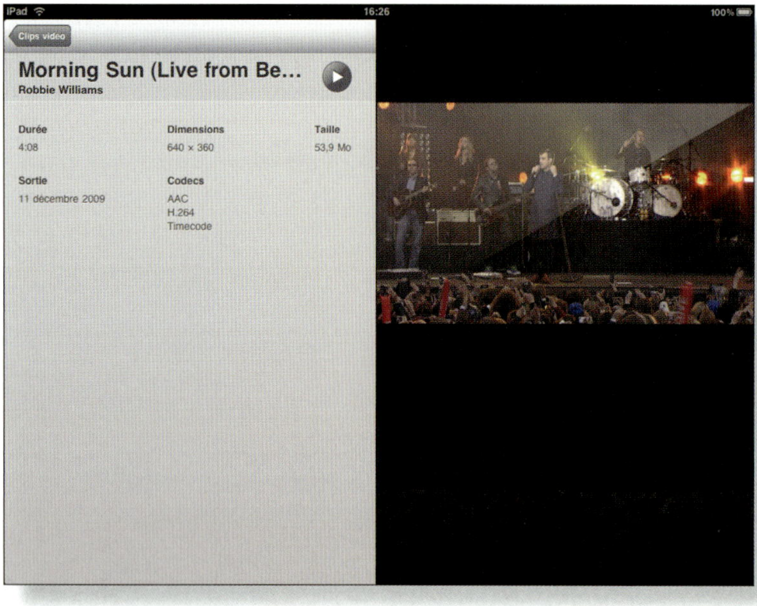

2 Vos vidéos sont classées en deux catégories : **Films** et **Clips vidéo**. Par défaut, ce sont les films qui sont affichés. Touchez **Clips vidéo** en haut d'écran pour afficher les clips.

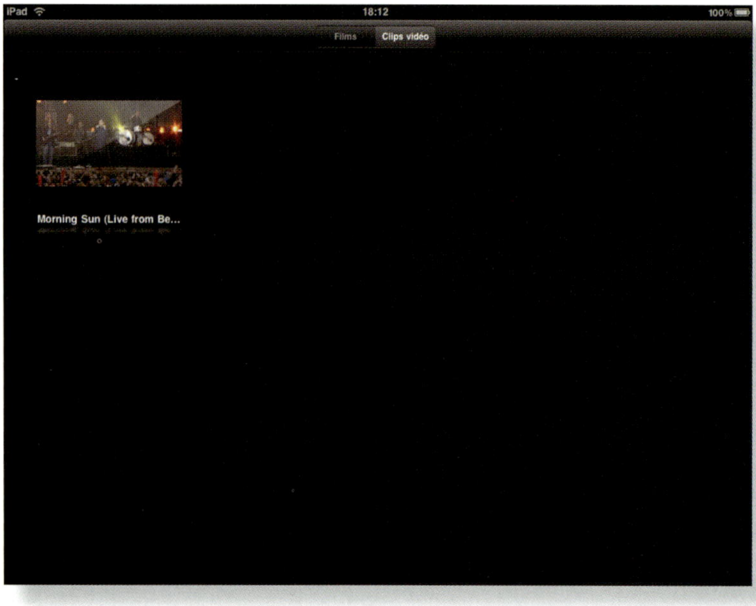

3 Pour lancer la lecture d'une vidéo, touchez simplement son nom.

4 La lecture débute.

5 Pivotez l'iPad en mode paysage pour afficher la vidéo en plein écran.

6 Touchez l'écran pour afficher les commandes. Si différentes langues ou sous-titres sont disponibles pour la vidéo, des commandes supplémentaires permettent de gérer leur utilisation.

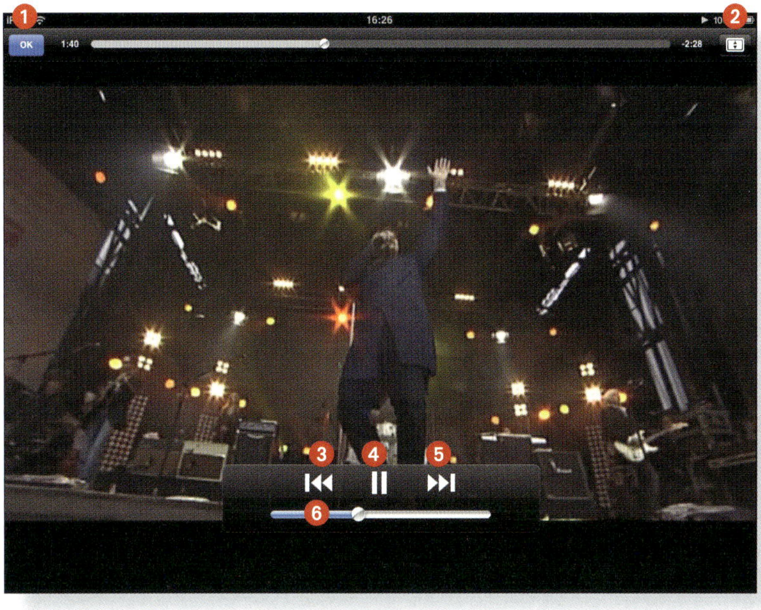

1 Quitter la lecture et revenir à la liste des vidéos

2 Adapter la vidéo à la taille de l'écran

3 Redémarrer la lecture au début (touchez) ou effectuer un retour rapide (touchez et maintenez)

4 Interrompre/Reprendre la lecture

5 Passer à la vidéo suivante (touchez) ou effectuer une avance rapide (touchez et maintenez)

6 Réglage du volume

Explorer YouTube

YouTube est l'un des sites de partage de vidéos les plus connus. L'iPad vous permet non seulement d'accéder aux millions de vidéos du monde entier disponibles sur YouTube mais aussi de gérer votre propre compte YouTube et d'y publier des vidéos, le tout directement depuis votre iPad.

Note Pour obtenir des informations sur YouTube et créer un compte personnel gratuitement, rendez-vous sur `www.youtube.fr`. Vous devrez éventuellement ouvrir une session avec votre compte YouTube sur votre iPad pour utiliser certaines fonctionnalités. La consultation simple de vidéos ne demande toutefois aucune ouverture de session et peut se faire librement.

Lancez l'application YouTube en touchant l'icône du même nom sur l'écran de l'iPad.

Il existe plusieurs méthodes pour rechercher des vidéos : l'exploration au gré des suggestions de YouTube, pour voir les vidéos qui font parler d'elles ou rencontrent un grand succès, et la recherche d'une vidéo précise, à l'aide de mots clés.

Au hasard des suggestions

Si vous n'avez pas d'idée précise et souhaitez suivre les recommandations d'autres utilisateurs, ou laisser le hasard vous guider parmi les millions de vidéos disponibles, utilisez les listes de suggestions de YouTube :

- **Sélection** : vidéos conseillées par l'équipe de YouTube.
- **Cotées** : vidéos les mieux notées et les plus appréciées par les utilisateurs de YouTube.
- **Populaires** : vidéos les plus regardées par les utilisateurs de YouTube, de la journée, de la semaine ou depuis toujours.

Touchez simplement le bouton correspondant en bas d'écran. La liste des vidéos apparaît.

Note Touchez **Mes vidéos** pour accéder à vos vidéos personnelles. Touchez **Favoris** pour voir les vidéos que vous avez ajoutées à vos favoris. Ces deux modes de consultation exigent un compte utilisateur YouTube et l'ouverture d'une session.

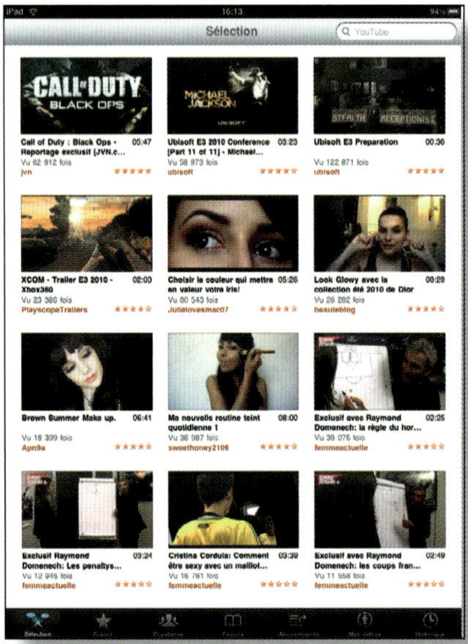

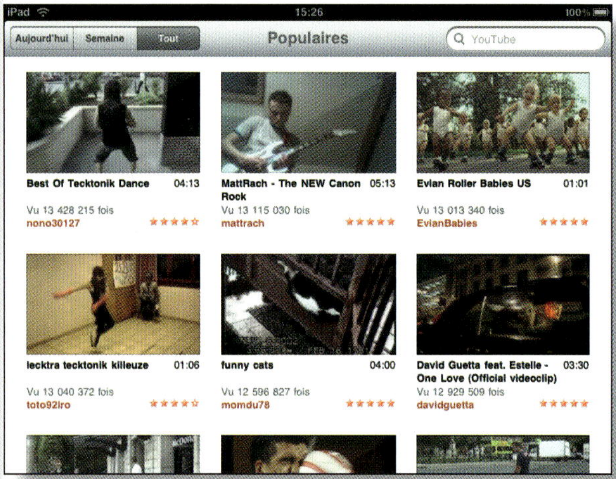

Rechercher une vidéo

Si vous avez en tête une vidéo bien précise (ou une thématique, un artiste, un concept), utilisez plutôt la recherche par mots clés :

1 Touchez le champ **Recherche** en haut à droite de l'écran.

2 Saisissez un ou plusieurs mots clés décrivant la vidéo recherchée. Vous pouvez utiliser des noms de personnes, de lieux, de pays, de thèmes, *etc.*

3 Touchez **Rechercher** sur le clavier.

4 La liste des résultats apparaît.

Note Pour effectuer la recherche, YouTube utilise les titres des vidéos, les descriptions, les tags et les noms des utilisateurs. Dans la liste des résultats, les informations affichées sont les suivantes : titre, classement, nombre de visionnages, durée et nom de l'utilisateur ayant soumis la vidéo.

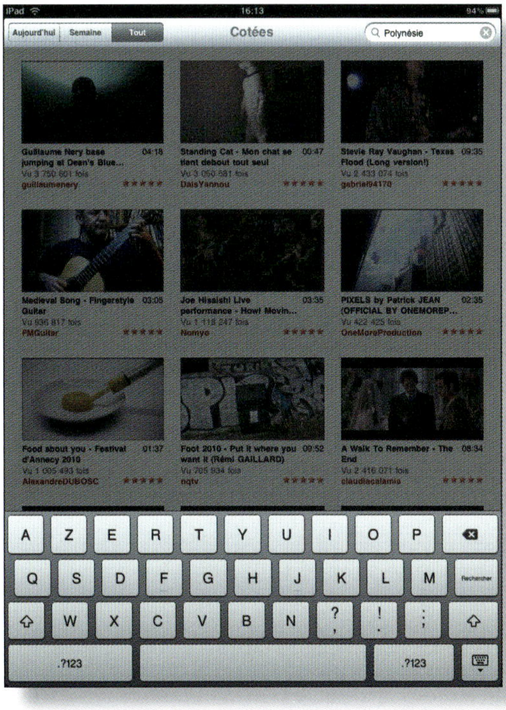

Lire et contrôler une vidéo YouTube

Que vous utilisiez les sélections ou la recherche, touchez simplement une vignette pour afficher la vidéo correspondante.

Le téléchargement de la vidéo commence et une barre de progression apparaît. Dès qu'une partie suffisante de la vidéo a été téléchargée, la lecture commence.

Les commandes concernant les vidéos sont différentes en mode portrait (lorsque vous tenez l'iPad dans le sens de la longueur) et en mode paysage (avec l'iPad dans le sens de la largeur).

Note Consultez le chapitre 1 pour plus d'informations au sujet du mode paysage. Si vous utilisez beaucoup l'iPad pour lire des vidéos, sachez qu'il existe des étuis de protection qui font aussi office de support et permettent de poser l'iPad sur une table ou un meuble. C'est le cas, par exemple, de l'étui proposé par Apple.

Lecture en mode portrait

En mode portrait, vous pouvez lire la vidéo, bien entendu, mais celle-ci n'occupe qu'une partie de l'écran.

L'écran affiche des commandes utiles pour ajouter la vidéo à vos favoris, la partager, l'évaluer ou la signaler. Touchez la vidéo pour voir les commandes.

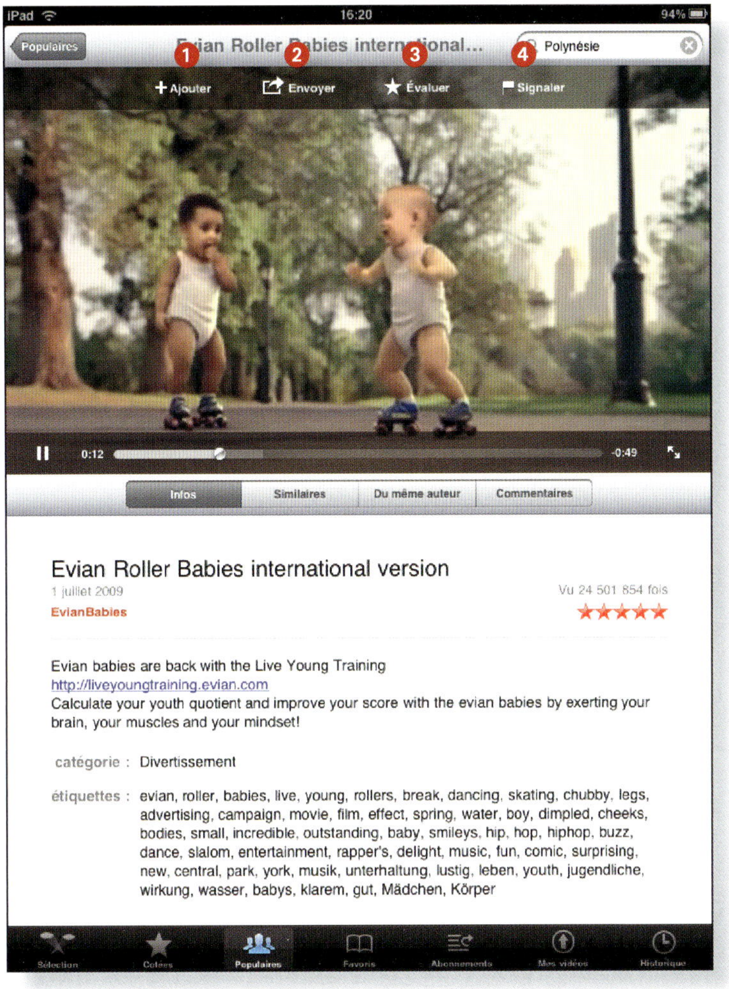

1. Ajouter la vidéos à vos favoris
2. Envoyer un e-mail avec un lien vers la vidéo
3. Noter la vidéo
4. Signaler une vidéo inconvenante aux administrateurs de YouTube

Note Si vous passez en mode plein écran, la vidéo n'occupe pas la totalité de l'écran.

En bas de la vidéo, des boutons permettent aussi d'accéder à des vidéos similaires et des infos supplémentaires.

Lecture en mode paysage

La plupart des vidéos YouTube sont faites pour être affichées en mode paysage, c'est-à-dire lorsque vous tenez l'iPad dans le sens de la largeur.

La vidéo occupe alors le maximum d'espace disponible à l'écran.

Pendant la lecture de la vidéo, les commandes sont automatiquement masquées pour un plus grand confort de lecture.

Vous pouvez afficher les commandes à tout moment : touchez simplement l'écran. Touchez à nouveau pour les masquer.

Utilisez les boutons à l'écran pour contrôler la lecture.

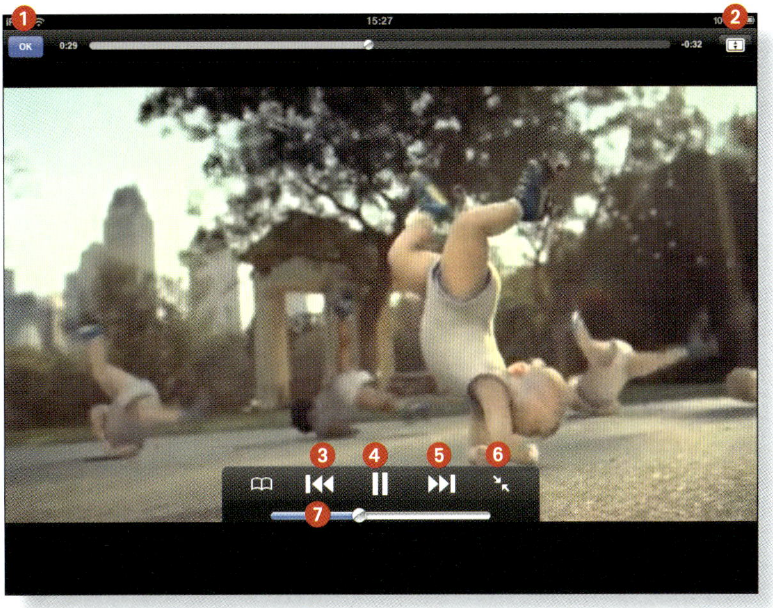

1. Quitter la lecture et revenir à la liste des vidéos
2. Adapter la vidéo à la taille de l'écran
3. Redémarrer la lecture au début (touchez) ou effectuer un retour rapide (touchez et maintenez)
4. Interrompre/Reprendre la lecture
5. Passer à la vidéo suivante (touchez) ou effectuer une avance rapide (touchez et maintenez)
6. Quitter le mode plein écran
7. Réglage du volume

Note Pour augmenter ou diminuer le volume : faites glisser le curseur de volume. Vous pouvez aussi, bien sûr, utiliser les boutons situés sur le côté gauche de l'iPad.

PARTIE III
ALLER PLUS LOIN AVEC L'IPAD ET LES APPLICATIONS

Chapitre 10

Vive les applications !

Dans ce chapitre

- Que sont les applications ?
- Découvrir l'App Store
- Installer et gérer vos applications
- Présentation des applications et des projets
- Un dernier mot au sujet des applications

Que sont les applications ?

Une douzaine d'applications de base, de Safari à YouTube en passant par Vidéos, Mail ou Réglages, c'est très bien, mais l'iPad n'aurait pas le succès dont il bénéficie s'il n'existait pas un moyen de décupler ses capacités : l'accès au fameux App Store et à des milliers et des milliers d'applications supplémentaires !

Les applications sont donc des petits programmes complémentaires, qui tirent parti de toutes les fonctionnalités de l'iPad et répondent à un besoin différent de ceux comblés par les applications de base. Avez-vous remarqué, par exemple, qu'il n'y a pas de jeux, par défaut, sur l'iPad ?

Une application est un peu comme un logiciel pour votre ordinateur, sauf que c'est beaucoup plus évident, car il suffit de quelques manipulations simples pour l'installer et pouvoir l'utiliser. Par ailleurs, les applications ne sont pas toujours gratuites, mais leur prix est en général bien inférieur à celui des logiciels pour PC ou pour Mac.

Il existe des applications pour tout et n'importe quel usage, c'est d'ailleurs l'un des arguments forts des publicités pour l'iPad, peut-être les avez-vous déjà vues ? Il existe des applications pour communiquer avec vos proches ; consulter les horaires des cinémas autour de vous ; écouter ou faire de la musique ; lire les informations, retoucher ou partager vos photos ; des applications pour les bébés et les enfants, des applications pour les voyageurs ou les étudiants, pour les futures mamans comme pour les hommes d'affaires ; des applications pour toutes les activités et passions imaginables, du jardinage aux festivals de reggae, en passant par la comptabilité ou l'apprentissage des langues étrangères. Et enfin, des jeux en tous genres !

Découvrir l'App Store

Installer une application, qu'elle soit gratuite ou payante, c'est simple et rapide !

Il suffit en effet de vous rendre sur l'App Store depuis votre iPad, et d'effectuer quelques manipulations très simples. Vous l'aurez peut-être deviné, mais c'est par le biais de l'application App Store que cela se fait.

Vous devez posséder un compte utilisateur iTunes, comme expliqué au début de cet ouvrage. L'App Store vous demandera d'ailleurs très régulièrement (à chaque lancement) de saisir votre mot de passe iTunes. Cela évitera toute sorte de téléchargement non souhaité (par erreur de manipulation ou lorsque vous prêtez votre iPad à un proche ou un enfant).

Note En fait, l'utilisation de l'application App Store sur votre iPad n'est pas le seul moyen de télécharger de nouvelles applications : vous pouvez aussi le faire depuis votre ordinateur, à l'aide du logiciel iTunes. Consultez la section « Gérer vos applications avec iTunes sur votre ordinateur » de ce chapitre pour plus d'informations.

Pour accéder à l'App Store depuis votre iPad, touchez l'icône **App Store**.

Astuce Si vous avez déjà installé des applications et qu'un chiffre figure dans une pastille rouge sur l'icône App Store, c'est qu'il existe des mises à jour pour vos applications (voir « Installer les mises à jour » plus loin dans ce chapitre).

L'App Store s'ouvre et vous permet de rechercher des applications selon plusieurs méthodes : les listes de suggestions, les recommandations fondées sur vos goûts, les classements et la recherche par mots clés.

Explorons ces différentes voies. Il est d'ailleurs intéressant de visiter régulièrement l'App Store pour découvrir les nouveautés et applications qui « buzzent » !

Parcourir les listes de suggestions de l'App Store

Si vous n'avez aucune idée précise en tête et souhaitez simplement découvrir de nouvelles applications intéressantes ou à la mode, utilisez les listes de suggestions de l'App Store.

Touchez **Sélection** pour afficher les nouveautés du moment et les applications qui font l'actualité selon Apple.

Note Les applications pour lesquelles un + figure dans le bouton **Gratuit** ou est indiqué le prix sont compatibles avec l'iPhone.

Découvrir les applications les plus appréciées

Pour explorer l'App Store, vous pouvez aussi utiliser la méthode des classements : en fonction du nombre de téléchargements de la journée, mais aussi des notes des utilisateurs, l'App Store effectue un classement des applications les plus populaires du moment.

Les applications sont séparées en trois groupes : les applications payantes, les applications gratuites et, enfin, les applications les plus rentables, c'est-à-dire celles qui rapportent le plus à leur concepteur (classement qui semble le moins pertinent du point de vue des utilisateurs lambda que nous sommes !).

Pour consulter le classement du moment, touchez **Classement**. Vous pouvez voir les « meilleures » applications payantes et gratuites en haut d'écran. Défilez vers le bas pour voir les applications les plus rentables. Touchez **En afficher plus** pour voir plus d'applications.

Vous pouvez aussi afficher le classement pour une catégorie d'applications donnée. Les applications sont en effet classées selon une vingtaine de catégories : jeux, divertissement, style de vie, finances, médecine, voyages, *etc.*

Pour voir le classement dans une catégorie donnée, touchez **Catégorie** en bas d'écran, puis le nom d'une catégorie.

Utiliser les recommandations Genius

Pour voir les recommandations fondées sur vos goûts, touchez **Sélection**, puis **Genius** en haut d'écran.

Définition **Genius** est le nom de la fonctionnalité de l'App Store qui permet de rechercher des nouvelles applications en fonction de vos goûts. Genius analyse les applications que vous avez déjà installées et vous en propose d'autres dans la même thématique, selon un calcul complexe. Intéressant, mais pas toujours pertinent !

Vous devez activer la fonctionnalité : touchez **Activer Genius**, puis **Accepter** en bas d'écran et, enfin, **Terminé** en haut à droite.

Les recommandations s'affichent. Pour chacune d'elles, vous pouvez voir l'application déjà installée qui justifie la suggestion de Genius.

Note Pour affiner les recommandations de Genius, vous pouvez lui indiquer ses choix non pertinents : faites glisser le doigt sur une recommandation pour la supprimer de la liste. Genius tiendra compte de ce refus pour ses prochaines suggestions.

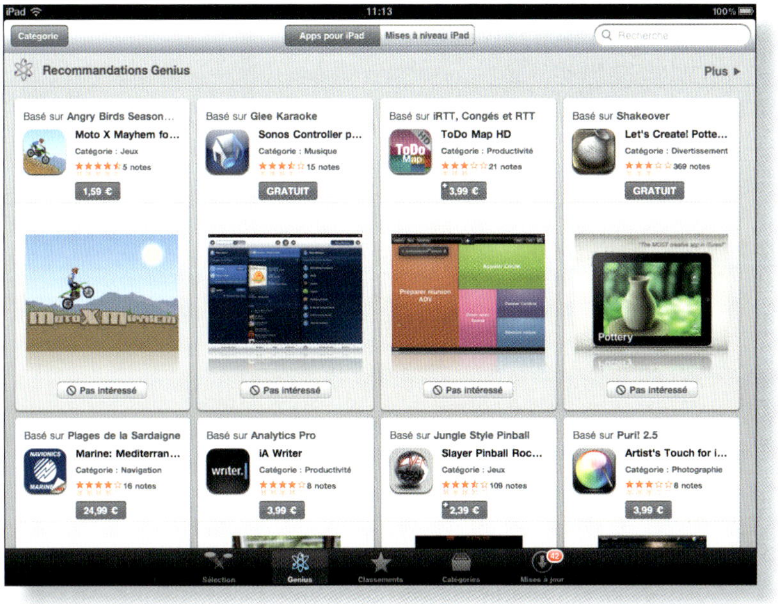

Effectuer une recherche par mots clés

La dernière manière de trouver une application sur l'App Store est d'effectuer une recherche par mots clés. Cette recherche peut porter sur le thème de l'application, au sens large : par exemple, « Brésil » ou, beaucoup plus précis, « guide conversation Brésil ». Saisissez des mots clés pertinents par rapport à votre recherche.

La recherche peut aussi tout simplement porter sur le nom de l'application elle-même, si vous avez par exemple entendu parler d'une application par un ami ou dans la presse. Ne saisissez dans ce cas que les mots essentiels.

Touchez **Recherche** en haut à droite de l'écran, puis saisissez les mots clés correspondant au thème ou nom de l'application.

Si vous patientez quelques instants, des suggestions relatives aux caractères saisis s'affichent. Vous pouvez toucher l'une d'entre elles pour accéder directement à l'application concernée.

Sinon, touchez **Rechercher** sur le clavier pour lancer la recherche et afficher toutes les applications correspondant aux termes saisis.

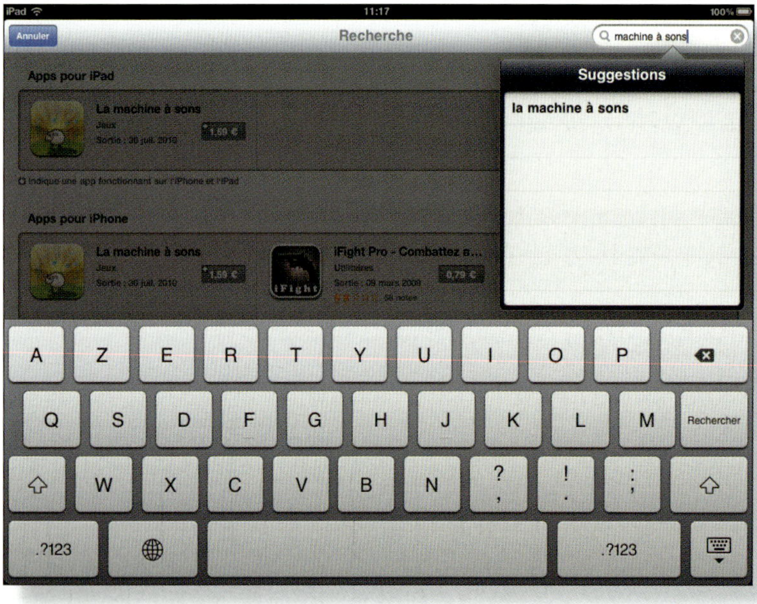

Les résultats s'affichent sous la forme d'une liste, exactement comme les suggestions ou classements.

Vous pouvez voir les applications spécialement conçues pour iPad en haut, et les applications iPhone éventuellement compatibles en bas de l'écran. Consultez la section « Au sujet de la "compatibilité" des applications entre iPhone et iPad » plus loin dans ce chapitre pour plus d'informations.

Installer et gérer vos applications

Explorez l'App Store selon votre technique préférée. Lorsque vous aurez trouvé l'application souhaitée, il vous suffira de l'installer ! Sachez que vous pouvez aussi installer et gérer vos applications sur votre ordinateur à l'aide d'iTunes. Enfin, par la suite, vous devrez installer les mises à jour des applications, lorsqu'il y en aura, et organiser vos applications.

Installer une application

Imaginons par exemple que vous recherchez l'application Google Earth. Saisissez `google` dans le champ de recherche par mots clés et touchez **Google Earth** dans la liste de suggestions.

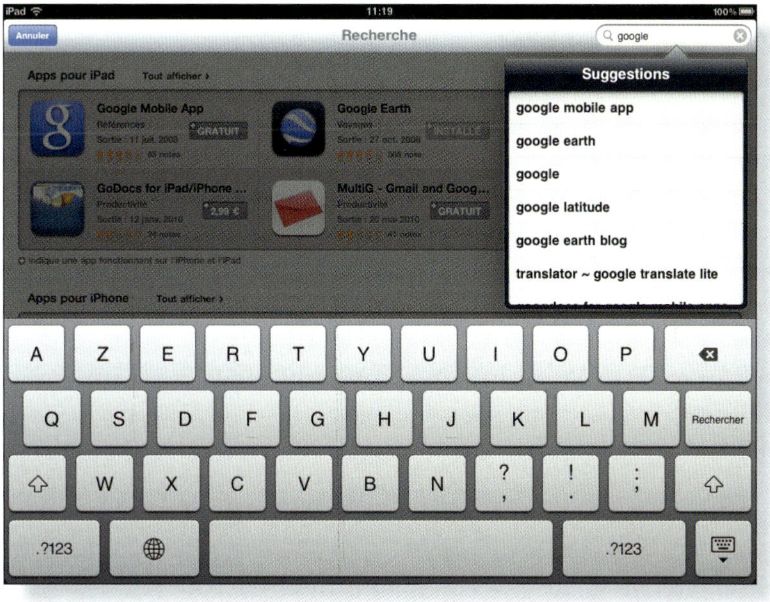

Affichez la fiche détaillée de l'application Google Earth en touchant son nom.

Dans la fiche de l'application, vous pouvez aussi lire un descriptif détaillé, voir des écrans ou encore lire les avis des autres utilisateurs.

Note Rappel : les applications pour lesquelles un + figure dans le bouton **Gratuit** ou est indiqué le prix sont compatibles avec l'iPhone aussi. Cela veut donc dire que vous pourrez utiliser l'application indifféremment sur les deux machines, si vous possédez les deux.

Pour installer une application gratuite, touchez le bouton **Gratuit** puis **Installer**.

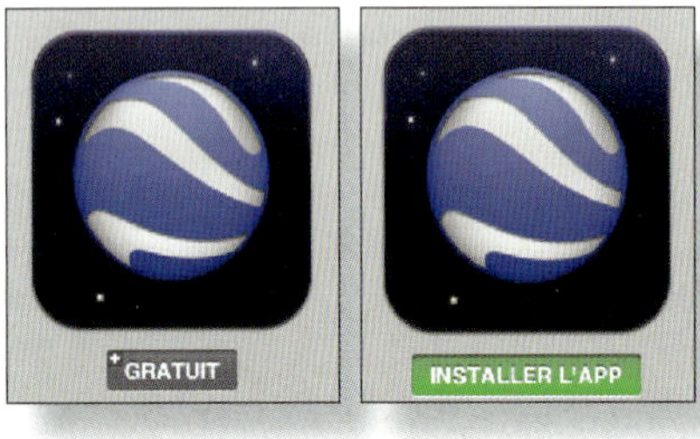

Pour installer une application payante, touchez le bouton indiquant le prix puis **Acheter**.

Note Lorsqu'une application a déjà été téléchargée, le bouton est grisé.

Vous quittez alors l'App Store et une nouvelle icône apparaît sur l'écran d'accueil de votre iPad : l'application s'installe !

Patientez pendant le téléchargement (qui peut varier selon les applications et la vitesse de votre connexion).

Les icônes des nouvelles applications apparaissent sur votre iPad.

Note N'oubliez pas que vous pouvez organiser les icônes selon votre convenance en quelques instants (voir « Organiser les applications » plus loin dans ce chapitre).

Astuce Les applications sont parfois des fichiers volumineux. De préférence, téléchargez des applications lorsque vous êtes connecté en Wi-Fi. Certaines applications ne peuvent d'ailleurs pas être téléchargées autrement, car elles ont un volume de données trop important pour le réseau 3G.

Gérer vos applications avec iTunes sur votre ordinateur

Le logiciel iTunes permet d'accéder à l'App Store et d'acheter des applications. Cette méthode est pratique pour chercher des nouvelles applications ou pour en installer de nombreuses rapidement.

L'opération se déroule en deux temps : il faut télécharger les applications sur votre ordinateur avec iTunes, puis les transférer vers votre iPad, toujours avec iTunes.

Pour acheter des applications, cliquez sur **iTunes Store** à gauche, puis sur **App Store** dans la barre horizontale en haut d'écran.

Vous pouvez alors explorer l'App Store. Pour acheter une application, cliquez sur le bouton indiquant son prix ou **App gratuite**.

De la même manière que vous synchronisez votre musique ou votre vidéo avec iTunes, il faut synchroniser les applications : une fois votre iPad connecté à l'ordinateur, cliquez sur **iPad** dans la barre de gauche, puis sur l'onglet **Applications**. Activez l'option **Synchroniser les applications**, puis cliquez sur le bouton **Synchroniser** en bas d'écran.

Notez aussi que vous pouvez organiser facilement vos icônes d'applications grâce à iTunes : dans l'onglet **Applications**, à droite de l'écran, apparaissent des copies de vos écrans d'icônes.

Pour déplacer une icône au sein d'une page, cliquez dessus et faites-la glisser. Pour la déplacer sur une autre page, cliquez dessus et faites-la glisser sur une page numérotée sur la droite.

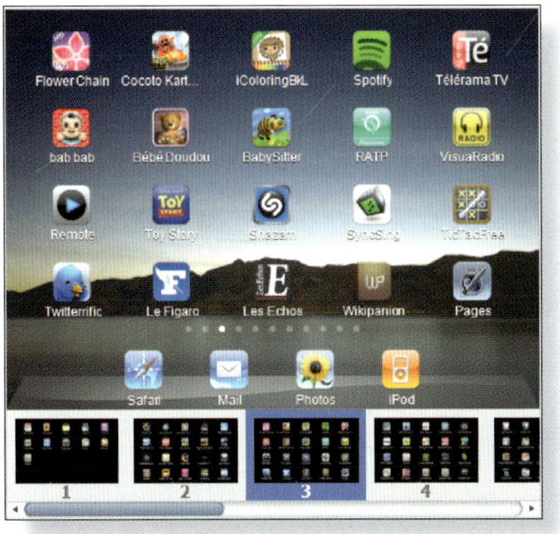

À la fin, n'oubliez pas de synchroniser l'iPad avec iTunes pour appliquer les modifications : cliquez sur **Appliquer** en bas d'écran.

Astuce Vous pouvez aussi mettre vos applications à jour depuis iTunes : cliquez sur **Applications** dans la section **Bibliothèque** à gauche. Cliquez sur le nombre de mises à jour disponibles en bas à droite de la fenêtre iTunes puis sur **Télécharger toutes les mises à jour gratuites**. N'oubliez pas ensuite de synchroniser les applications.

Installer les mises à jour

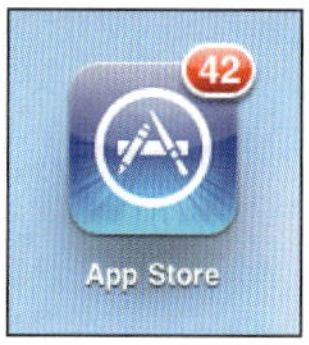

Les applications évoluent et sont souvent mises à jour par leurs concepteurs. La mise à jour est généralement gratuite, y compris pour les applications payantes au départ.

Lorsque la mise à jour d'une ou plusieurs applications est disponible, une pastille rouge sur l'icône App Store indique leur nombre.

Voici comment mettre à jour vos applications :

1 Touchez l'icône **App Store**.

2 Touchez le bouton **Mises à jour** en bas d'écran.

3 Les applications bénéficiant d'une mise à jour à télécharger s'affichent.

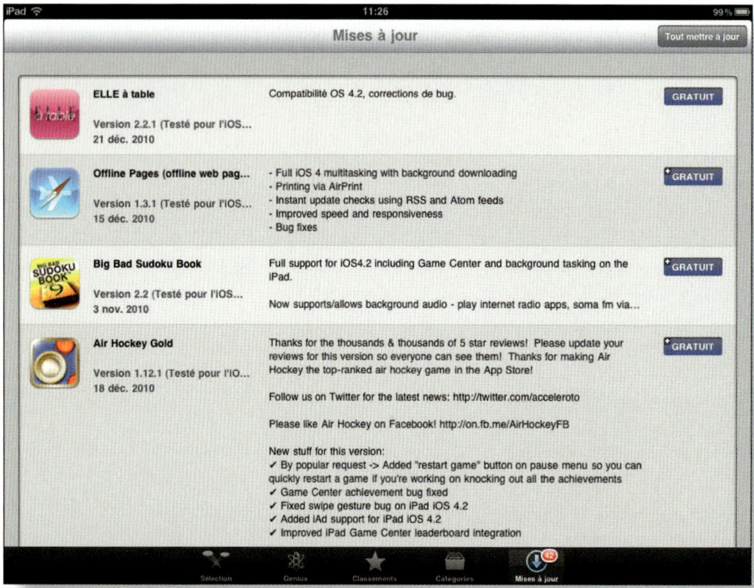

4 Touchez **Tout mettre à jour**. Patientez. Les mises à jour sont installées !

Astuce Il est préférable d'être connecté en Wi-Fi pour télécharger et installer les mises à jour !

Organiser les applications

Ce sujet a déjà été abordé, dès le troisième chapitre de cet ouvrage, mais il est bon de le rappeler : vous pouvez agencer les icônes des applications comme bon vous semble !

Touchez longuement une des icônes. Les icônes frémissent ? Vous pouvez alors les faire glisser pour les organiser.

Faites glisser une icône sur une autre pour créer un groupe et faites glisser vers la droite de l'écran pour créer une nouvelle page.

Pour supprimer une application, touchez la croix située dans le coin supérieur droit de son icône puis confirmez sa suppression.

Un dernier mot au sujet des applications

Pour terminer ce chapitre, nous devons faire un point sur ce qu'est une bonne application et la manière dont celles qui sont présentées dans cet ouvrage ont été choisies. Soyons clairs : il existe des centaines de milliers d'applications sur l'App Store et faire des choix n'est pas chose aisée ! Néanmoins, certains critères simples et objectifs permettent de faire le tri.

Qu'est-ce qu'une bonne application ?

La réponse est claire : une bonne application est une application simple et efficace.

Que vous possédiez un iPad depuis peu ou soyez un fan de la première heure, vous le savez peut-être déjà : les meilleures applications sont celles qui répondent à un besoin précis ou qui apportent une solution rapide à une problématique du quotidien.

Autrement dit, nul besoin que l'application sache faire trop de choses, l'important est qu'elle fasse bien ce qu'on attend d'elle. Encore faut-il savoir à quoi sert l'application, ce qui n'est pas toujours évident.

Les applications qui rencontrent le succès sont souvent celles dont la fonction est claire, simple, mais efficace (ce qui ne veut pas dire que l'application est simple techniquement pour autant !).

Un exemple ? Shazam, une application qui fait rêver même les plus réticents à l'iPad. Faites écouter une musique à votre iPad avec Shazam et quelques secondes plus tard, le titre et l'interprète s'affichent ! C'est tout : simple et efficace...

Un iPad n'est pas une machine comme les autres...

Par ailleurs, un iPad n'est pas un « vrai » ordinateur : on n'attend pas d'une application les mêmes choses que d'un programme sur ordinateur ou d'un site Web ordinaire (notamment en raison de la taille réduite de l'écran et de l'absence de clavier classique).

En revanche, on espère qu'elle tirera profit de ce qui fait l'excellence et l'originalité de l'iPad : sa portabilité, mais aussi l'écran tactile, le capteur de mouvement (aussi appelé *accéléromètre*), la géolocalisation (GPS)... et bien sûr le fait qu'il puisse servir à accéder à Internet !

Ainsi, des applications comme Les Pages Jaunes (qui indique notamment les adresses des restaurants, cinémas, banques à proximité) ou Google Earth (qu'on ne présente plus) rencontrent un succès mérité.

Un mot sur le prix des applications

Globalement, on trouve beaucoup moins d'applications gratuites pour l'iPad que pour l'iPhone, et elles sont généralement plus chères pour une même fonction (sauf dans le cas des applications compatibles iPad et iPhone, où c'est « tout bénéfice » pour l'utilisateur, puisqu'il l'achète une seule fois et qu'elle peut servir sur les deux machines).

Mais les meilleures applications ne sont pas les plus chères ! Certaines applications sont simplement gratuites et de grande qualité (et c'est ce qui fait la magie de l'App Store !).

Un exemple ? Nous avons testé six applications de gestion de notes, dont trois payantes, pour n'en retenir qu'une au final, pour sa qualité, qui dépasse de loin celle de ses concurrentes : Evernote (dont vous ne pourrez bientôt plus vous passer) ; et il se trouve en outre qu'elle est gratuite.

À l'opposé, certaines applications ont un prix parfois élevé, mais justifié. Par exemple, elles transposent sur l'iPad l'expertise de spécialistes (qui ont d'ailleurs souvent déjà fait leurs preuves sur d'autres supports).

C'est le cas des applications qui transforment votre iPad en véritable outil de travail (comme Pages, Keynote ou Numbers, les outils de bureautique d'Apple), des éditeurs de guides de voyages, ou encore des jeux célèbres, généralement (beaucoup) plus chers sur consoles de jeux.

Au sujet de la « compatibilité » des applications entre iPhone et iPad

Bien que ces machines se ressemblent, elles ont aussi de nombreuses différences. L'iPad, par exemple, offre un écran beaucoup plus grand que l'iPhone, ce qui résulte en de multiples possibilités mais aussi de nouvelles contraintes pour les concepteurs de jeux et d'applications !

Notez toutefois les points suivants :

- Certaines applications ont été conçues pour fonctionner de manière transparente sur toutes les machines. Si vous possédez deux machines ou plus (un iPhone et un iPad, par exemple), l'avantage est que vous n'aurez pas à acheter deux applications différentes. Vous devrez néanmoins obligatoirement utiliser la synchronisation iTunes pour transférer vos applications sur plus d'une machine. Ces applications sont signalées par un + à côté de leur icône sur l'App Store.

- Toutes les autres applications conçues pour iPhone peuvent aussi être utilisées sur l'iPad malgré tout, même si elles n'ont pas été prévues au départ pour cela. Vous pourrez alors utiliser l'affichage en taille réduite (la taille d'un iPhone) ou agrandir l'écran en touchant le bouton **X2** en bas d'écran. Cela fonctionne parfois très bien ; dans d'autres cas, c'est moins probant. Une fois de plus, inutile de racheter l'application pour faire le test !

- Enfin, certaines applications sont disponibles dans une version « classique », pour l'iPhone, et dans une version iPad, souvent dite « HD » (haute définition). Si vous souhaitez jouer sur vos deux machines, hélas, et même si le jeu est strictement identique, vous devrez investir dans l'achat des deux versions de l'application !

Enfin, vous savez que l'iPad n'est pas doté de certaines fonctionnalités de l'iPhone, comme l'appareil photo, par exemple. Les applications pour jouer avec vos photos fonctionneront bien sur iPad, mais vous devrez obligatoirement piocher dans votre bibliothèque de photos puisque vous ne pourrez pas en prendre sur le moment !

Pour finir, n'oubliez pas que certaines applications utilisent votre connexion à Internet.

C'est à vous de décider !

Bien sûr, vous ne vous reconnaîtrez peut-être pas dans tous nos choix, que nous avons tenté de faire le plus objectivement possible, mais cette sélection n'engage que nous !

Aussi, nous ne vous incitons pas à acheter et à installer toutes ces applications sans vous poser de questionNous pensons néanmoins que ces sélections vous permettront de savoir comment exploiter au mieux votre iPad dans différents contextes, au quotidien. Vous prendrez conscience des multiples usages et facettes de l'iPad, qui en font un objet indispensable.

Vous devez enfin savoir que certaines applications changent de prix régulièrement : les promotions et les offres spéciales sont courantes, mais le prix peut aussi augmenter. Une application gratuite peut devenir payante et inversement. Enfin, certaines applications peuvent tout simplement disparaître de l'App Store sans préavis.

Les informations de ce livre sont donc fournies à titre indicatif et nous vous invitons à toujours vérifier le prix d'une application dans l'App Store avant de toucher le bouton **Acheter**.

Chapitre 11

Quinze projets pour tirer le meilleur de l'iPad

Dans ce chapitre

- Lire des livres électroniques
- Transférer des documents sur l'iPad
- Créer vos propres livres électroniques
- Créer et gérer votre bibliothèque de livres électroniques
- Gérer une liste de choses à faire ou d'invités
- Créer et envoyer une invitation pour une fête avec Pages
- Gérer le budget de la fête avec Numbers
- Faire des achats en ligne
- En cuisine avec l'iPad…
- Musique ! L'iPad joue au DJ pour vous
- Une présentation époustouflante avec Keynote !
- Préparer et réserver un voyage
- Réveler l'artiste qui est en vous !
- Faire jouer à l'iPad le rôle de baby-sitter !
- Transformer l'iPad en console de jeux

Présentation des applications et des projets

Vous découvrirez dans ce chapitre quinze projets dans des thèmes variés, chacun d'eux offrant une sélection d'applications permettant de mener à bien le projet proposé.

Vous trouverez pour chaque application présentée un bloc d'informations, qui montre dans l'ordre :

- l'icône de l'application telle que vous la verrez dans l'App Store, puis sur l'écran d'accueil de votre iPad une fois installée ;
- le nom de l'application ;
- le prix de l'application ;
- l'éditeur de l'application ;
- la catégorie dans laquelle est classée l'application sur l'App Store.

Ces informations constituent la « carte d'identité » de l'application et devraient vous permettre de la trouver en un clin d'œil sur l'App Store.

Voici un exemple. Il concerne l'application La machine à sons :

La machine à sons

1,59 € Sérendipité Éditions Jeux

Projet 1. Lire des livres électroniques

À l'origine, il y avait les tablettes tactiles dédiées à la lecture de livres électroniques et uniquement à cela, comme le Kindle, par exemple. Puis l'iPad est arrivé et a tout bouleversé ! Car l'iPad est bien plus qu'une simple liseuse : on peut dire sans aucun doute qu'il révolutionne la lecture numérique grâce à l'application iBooks, en donnant accès à des milliers, et même des millions d'ouvrages sur l'iBook Store, la librairie virtuelle d'Apple.

Dans ce premier projet, voyons comment vous pouvez utiliser l'iPad pour acquérir et lire des livres électroniques.

Étape 1 : Découvrez iBooks

iBooks

Gratuit Apple Inc. Livres électroniques

L'application iBooks, comme son nom l'évoque, sert à lire des livres. C'est votre « bibliothèque » personnelle sur l'iPad : elle centralise tous vos livres et vous permet de les lire avec facilité.

Il s'agit bien entendu de livres électroniques ! L'iPad offre un excellent support pour ce type de média, et même les plus sceptiques au départ reconnaissent aujourd'hui qu'il est agréable de « bouquiner » sur son écran !

Même si vous n'avez jamais lu de livre électronique, la qualité d'affichage et la facilité de navigation dans iBooks vous paraîtront exceptionnelles. De nombreuses options permettent d'améliorer la lecture du livre, même en cas de faible luminosité.

Pour constituer votre bibliothèque de livres électroniques, vous pouvez télécharger des ouvrages grâce à l'iBook Store, mais aussi transférer vos propres livres électroniques au format ePub grâce à iTunes (ce sujet fait l'objet d'un projet à part entière, le projet 3).

Note

iBooks fonctionne avec les livres au format ePub et sans DRM, c'est-à-dire sans « tatouage de protection ».

Où trouver de tels ePubs ? De nombreux sites Web proposent des livres ePub, dont beaucoup sont compatibles avec iBooks. Enfin, vous pouvez même créer vos propres livres au format ePub à l'aide de logiciels spécialisés disponibles sur Internet, comme Calibre. C'est l'objet du projet 3.

Étape 2 : Téléchargez iBooks

iBooks peut être considérée comme une application de base de l'iPad, mais elle n'est pas installée par défaut. Pour l'utiliser, vous devez donc la télécharger sur iTunes. Le téléchargement d'iBooks vous sera automatiquement proposé lorsque vous connecterez votre iPad pour la première fois à iTunes. Si ce n'est pas le cas ou si vous avez refusé l'installation proposée il y a quelque temps, aucun problème : rendez-vous sur l'App Store et cherchez l'application selon son nom, puis installez-la.

Cliquez simplement sur le bouton de confirmation pour accepter le téléchargement d'iBooks sur votre iPad. L'icône iBooks apparaît alors sur l'écran d'accueil de votre iPad.

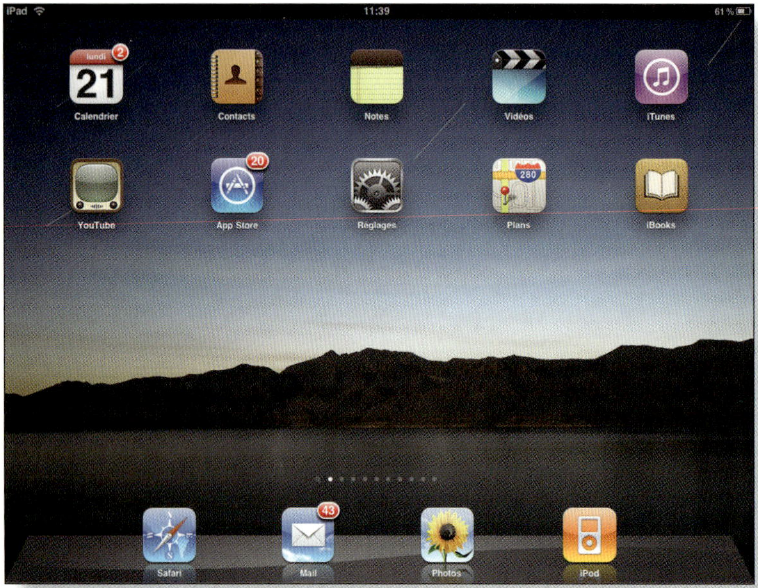

Étape 3 : Téléchargez des livres dans la boutique iBooks

Sans plus attendre, lancez l'application iBooks : il suffit de toucher son icône.

Pour l'instant, votre bibliothèque est vide : pour peupler ses étagères vides, touchez **Store**.

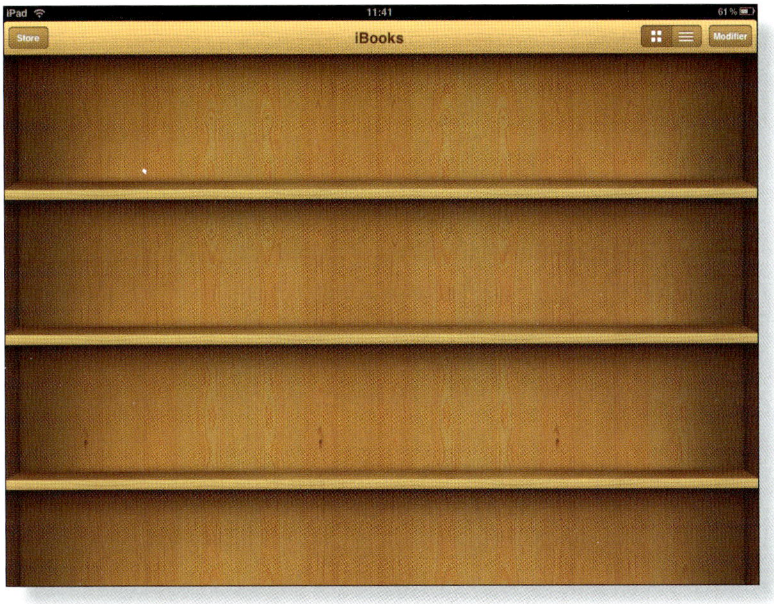

Vous voici dans la boutique iBooks ! Vous pouvez voir les livres en vedette du moment, mais aussi les thématiques proposées par Apple.

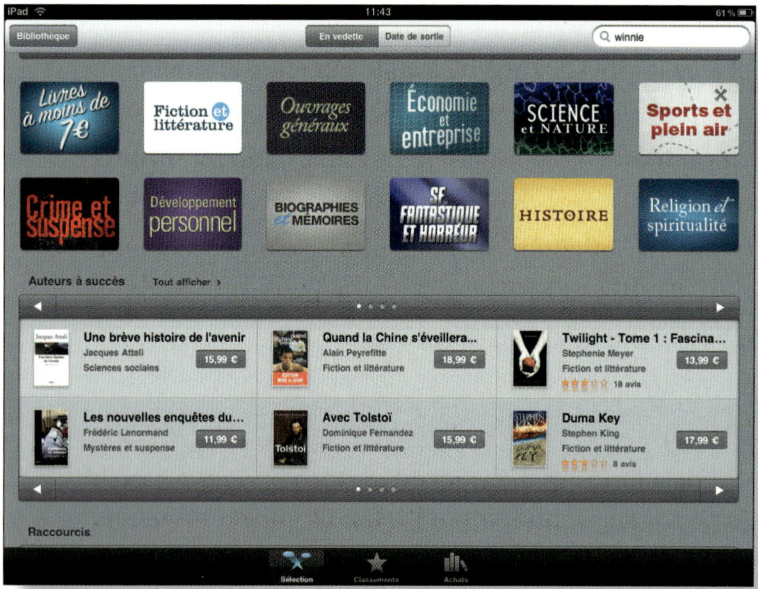

Note Le saviez-vous ? De très nombreux livres du domaine public sont disponibles gratuitement dans la boutique iBooks ! Défilez vers le bas d'écran et touchez **Livres gratuits** dans la section **Raccourcis**.

Pour voir le détail d'un ouvrage, touchez sa couverture. Dans la fiche qui apparaît, vous pouvez consulter de nombreuses informations sur le livre : date de sortie, éditeur, nombre de pages, *etc.*

Son prix s'affiche dans un bouton gris, à droite de la vignette de couverture. Si vous souhaitez télécharger l'ouvrage, touchez ce bouton, puis **Acheter le livre**.

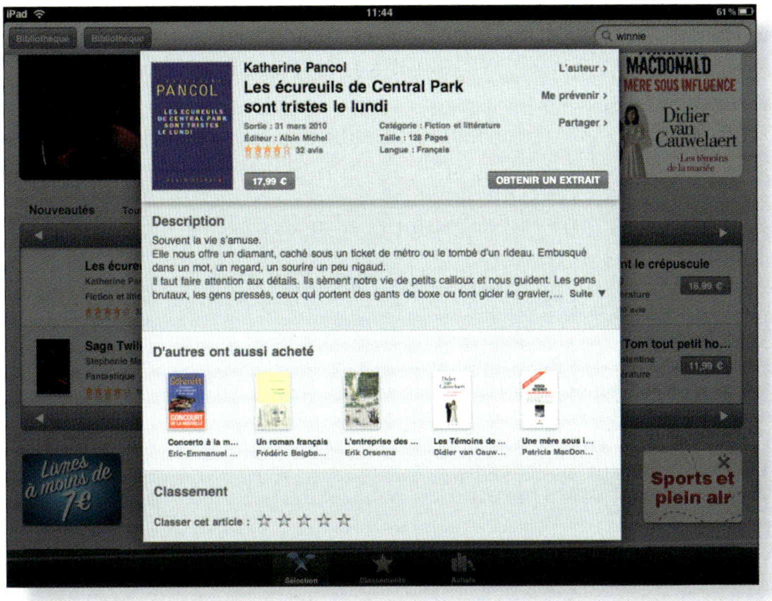

Astuce Touchez **Obtenir un extrait** pour télécharger un aperçu de l'ouvrage. Vous pourrez par la suite acheter l'ouvrage complet. Idéal pour se faire une idée et feuilleter les premières pages avant d'acheter !

Pour les livres gratuits, touchez **Gratuit** puis **Obtenir le livre**.

Patientez pendant le téléchargement du livre dans votre bibliothèque iBooks.

Recommencez pour télécharger autant de livres que vous le souhaitez.

Les couvertures des ouvrages apparaissent sur les étagères de votre bibliothèque iBooks.

Note Savez-vous pourquoi il existe tant de livres gratuits ? Tout simplement parce qu'ils appartiennent au domaine public, et ne sont plus soumis au droit d'auteur. C'est ce qui se produit généralement soixante-dix ans après la mort de l'auteur de l'ouvrage (en France). Vous pourrez donc aisément trouver les « grands classiques » de la littérature sans débourser un euro !

Étape 4 : Lisez avec iBooks

Passons à présent à ce qui nous intéresse vraiment : la lecture !

Affichez votre bibliothèque iBooks et touchez simplement la couverture d'un ouvrage pour l'ouvrir.

Parcourez le livre

Lorsqu'un livre est affiché, touchez l'écran pour voir les commandes. Touchez à nouveau l'écran pour les masquer.

En mode portrait, une page s'affiche et remplit l'écran. En mode paysage, lorsque vous faites pivoter l'iPad, vous pouvez voir deux pages côte à côte.

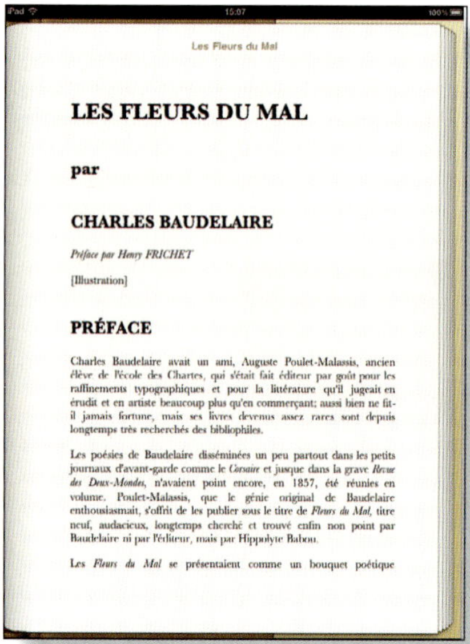

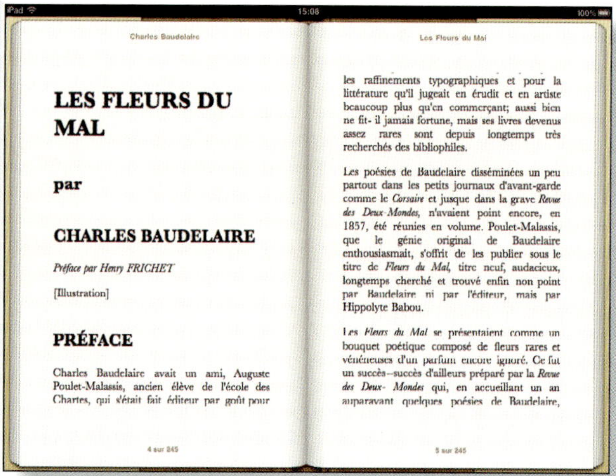

Astuce N'oubliez pas que vous pouvez verrouiller l'orientation de l'écran. Lorsque vous lisez un livre, cela peut être très pratique, voir indispensable ! Pour cela, appuyez rapidement deux fois sur le bouton Accueil, faites glisser vers la droite la barre des tâches en bas d'écran et touchez le bouton de verrouillage. Consultez le chapitre 3 pour plus d'informations à ce sujet.

Pour tourner les pages, touchez simplement le bord droit ou gauche d'une page.

Vous pouvez aussi feuilleter, c'est-à-dire faire glisser le doigt rapidement de gauche à droite, pour passer les pages.

Note Lorsque vous touchez **Bibliothèque** pour revenir à votre étagère, ou quittez iBooks en appuyant sur le bouton Accueil, la page courante est automatiquement enregistrée. Vous pourrez donc rouvrir le livre directement à cette page lorsque vous le souhaiterez.

Pour atteindre une page spécifique, affichez les commandes puis touchez le curseur en bas d'écran. Faites glisser : le titre du chapitre ou le numéro de la page ciblée est affiché. Relâchez pour atteindre cette page.

Pour afficher la table des matières, touchez le bouton **Contenu** à droite de **Bibliothèque**. Il suffit ensuite de toucher une entrée de la table de matières pour atteindre son emplacement dans le livre.

Pour revenir à la page en cours, touchez **Reprendre**.

Vous pouvez également définir un signet à un emplacement de votre choix dans le livre. Pour ajouter un signet, touchez le bouton **Signets**.

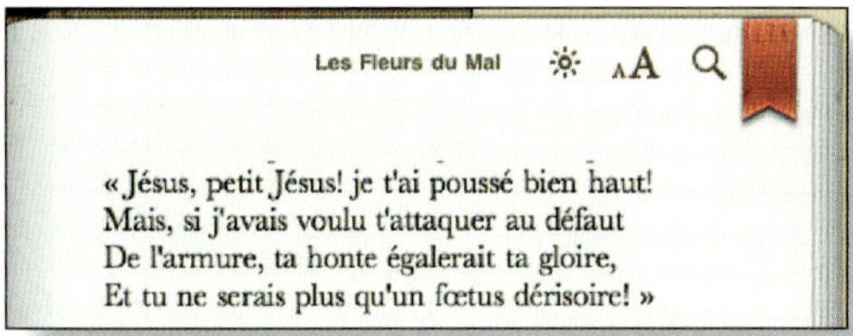

Pour atteindre le signet, touchez le bouton **Contenu** puis **Signets**. La liste de tous les signets enregistrés s'affiche. Touchez simplement un des signets pour atteindre la page.

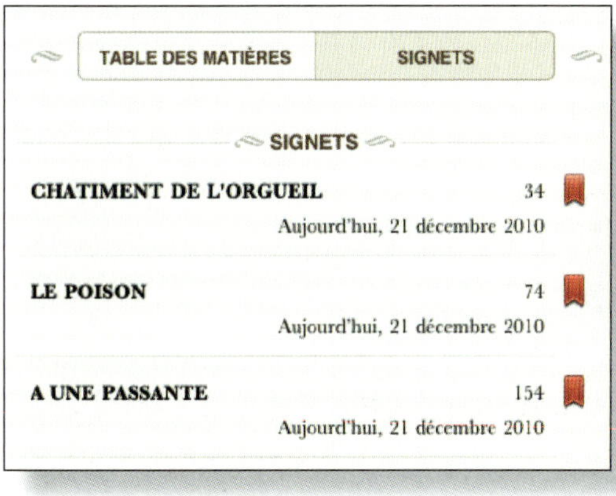

Touchez **Bibliothèque** pour fermer le livre en cours et revenir à votre étagère.

Astuce Inutile de créer un signet juste avant de quitter un livre, car iBooks enregistre automatiquement l'emplacement où vous vous trouvez. Vous pourrez ainsi retrouver votre page facilement à la réouverture du livre.

Ajustez l'affichage

Affichez les commandes en touchant l'écran. Vous pouvez alors :

- Modifier la taille ou la police des caractères : touchez le bouton **Caractères**. Touchez le bouton de gauche pour diminuer la taille du texte et le bouton de droite pour l'agrandir. Touchez le bouton **Polices** pour choisir une autre police de caractères.
- Afficher un fond de page de couleur sépia, plus agréable pour certains que le blanc pur : activez le curseur **Sépia**.

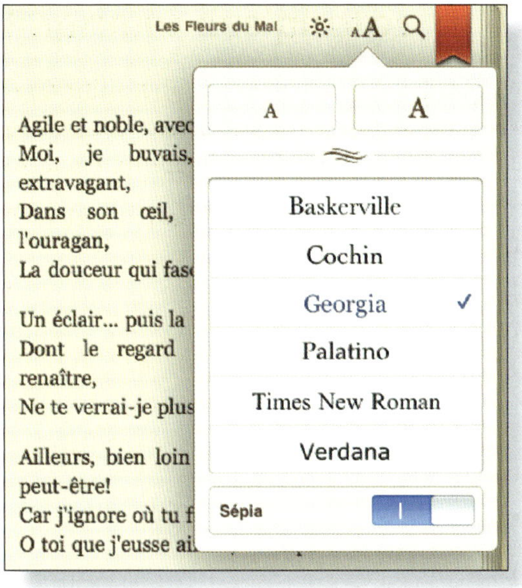

- Ajuster la luminosité et le contraste de l'écran : touchez le bouton **Luminosité**. Notez que ce réglage s'applique uniquement à iBooks.

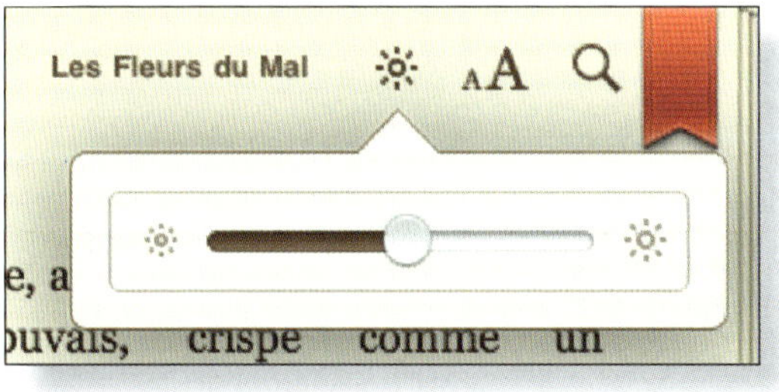

Effectuez une recherche dans le livre

Pour effectuer une recherche dans le livre, affichez les commandes, touchez le bouton **Recherche** puis saisissez un mot à l'aide du clavier.

Touchez un résultat de la liste pour ouvrir la page correspondante dans le livre.

Vous pouvez également lancer une recherche dans Google ou Wikipédia à l'aide des boutons en bas d'écran pour voir les ressources associées.

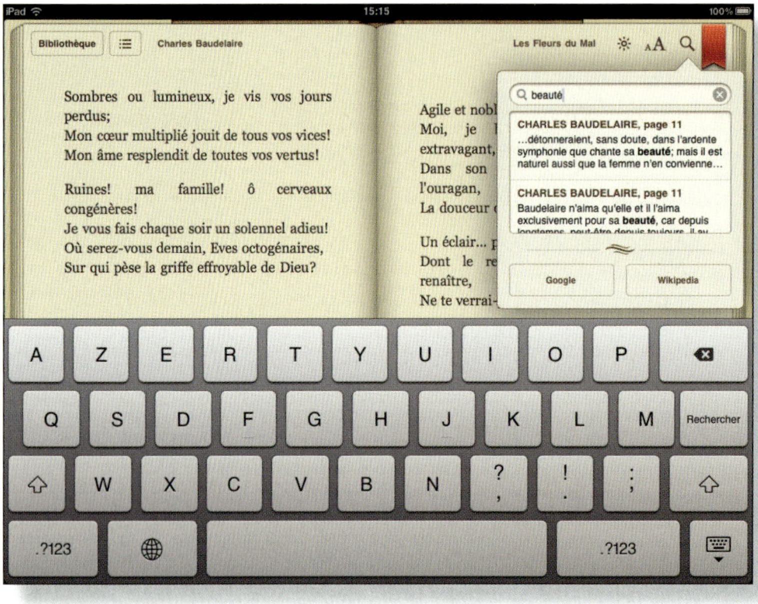

Note Si vous êtes plutôt branché « magazines », téléchargez les applications **Zinio** ou **Relay**. Vous pourrez acheter des publications et les lire directement depuis ces applications.

Projet 2. Transférer des documents sur l'iPad

Si vous êtes un habitué des ordinateurs, vous l'avez peut-être constaté : il n'y a pas de système de gestion de fichiers sur l'iPad et aucune application ne joue le rôle d'explorateur de documents. Il est « impossible » de transférer *simplement* des documents depuis un ordinateur pour les consulter ou les stocker sur l'iPad. De même qu'il n'y a aucun endroit où télécharger des fichiers depuis Internet (à l'exception des photos qui sont enregistrées dans la bibliothèque d'images et accessibles *via* l'application Photos).

Or, il existe bien une première technique très simple et rapide, contournant l'absence de gestionnaire de fichiers, pour vous permettre d'accéder à des documents sur l'iPad, afin de les consulter, les imprimer, et même dans certains cas les éditer.

En un mot, la technique consiste à vous envoyer le document à vous-même, par e-mail. Il suffit ensuite d'ouvrir le document depuis Mail, qui supporte de très nombreux formats de fichiers.

Pour ce projet simple et rapide, qui convient parfaitement à toute sorte de « petits » documents PDF auxquels vous souhaiteriez accéder sur votre iPad pour les lire, vous n'avez besoin que de votre messagerie électronique (celle-ci doit être configurée sur l'iPad pour que vous puissiez y accéder avec Mail, bien entendu ; consultez le chapitre 5 pour plus d'informations à ce sujet).

Étape 1 : Préparez le document

Partons du principe que le document se trouve sur votre ordinateur. Si celui-ci est dans l'un des formats reconnus par l'iPad, vous pouvez passer directement à l'étape suivante.

Voici les types de fichiers pouvant être lus et imprimés grâce à Mail :

Format	Programme ou type
.doc / .docx	Microsoft Word
.htm	Page Web
.html	Page Web
.key	Keynotes
.numbers	Numbers
.pages	Pages
.pdf	Adobe Acrobat
.ppt/.pptx	Microsoft PowerPoint

Format	Programme ou type
.rtf	Format RTF
.txt	Format texte
.vcf	Informations de contact
.xls / .xlsx	Microsoft Excel

Note Si vous avez téléchargé les applications Keynote, Numbers et Pages pour iPad, vous pourrez ouvrir et éditer les documents, y compris au format Office (Word, Excel et PowerPoint). Dans le cas contraire, la technique permet simplement de consulter les documents, sans pouvoir les modifier. Pour plus d'informations sur ces applications, consultez les projets 6 (Pages), 7 (Numbers) et 11 (Keynote).

Si votre document n'est pas dans l'un des formats supportés par l'iPad, la technique la plus simple consiste à le convertir en PDF. Il existe de nombreuses solutions pour cela, et si votre ordinateur n'en est pas doté, vous pouvez télécharger gratuitement un outil comme PDF995 sur le Web : `http://www.pdf995.com`

Convertissez ensuite le document depuis votre ordinateur : ouvrez-le dans l'application d'origine, cliquez sur **Fichier >> Imprimer** et choisissez **PDF995** comme imprimante.

Étape 2 : Envoyez-vous le document par e-mail

Commencez par vous connecter à votre messagerie depuis l'ordinateur sur lequel se trouve le document à transférer.

Créez un message dont vous êtes vous-même le destinataire et attachez le document en pièce jointe au message. Vous pouvez indiquer le nom du document comme sujet. Cliquez sur **Envoyer**.

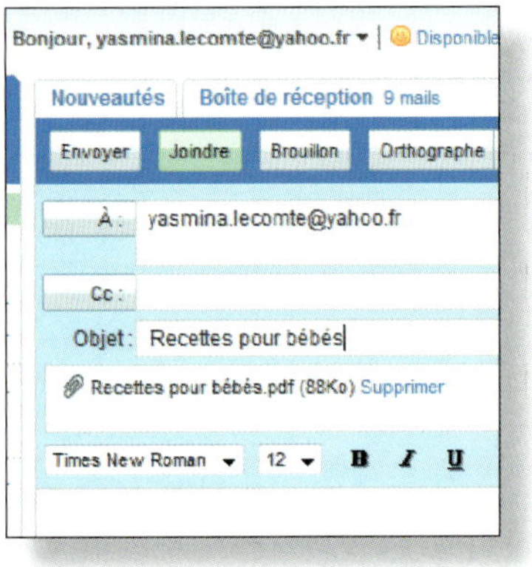

Étape 3 : Affichez le document sur l'iPad

Rendez-vous maintenant sur l'iPad. Lancez **Mail** et affichez la boîte de réception utilisée précédemment. En principe, le message envoyé à vous-même doit y figurer : affichez le message.

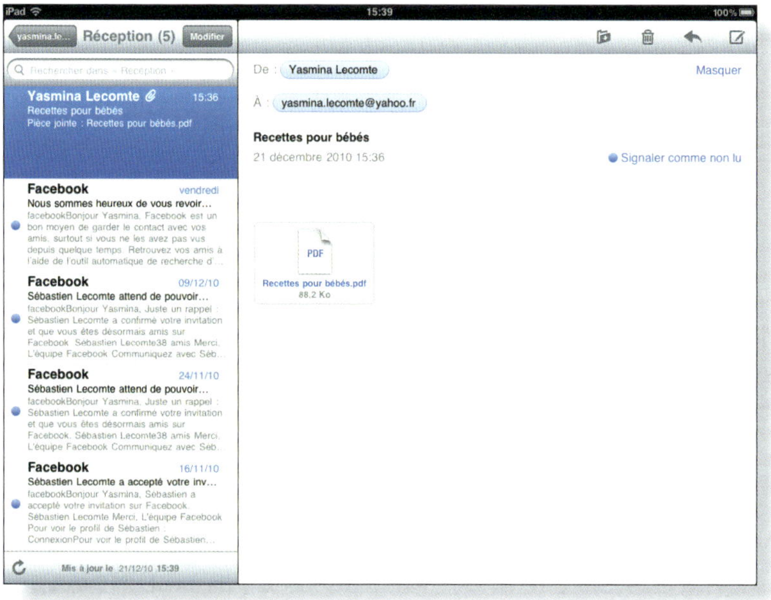

Touchez la pièce jointe. Le document est téléchargé et affiché dans **Mail**.

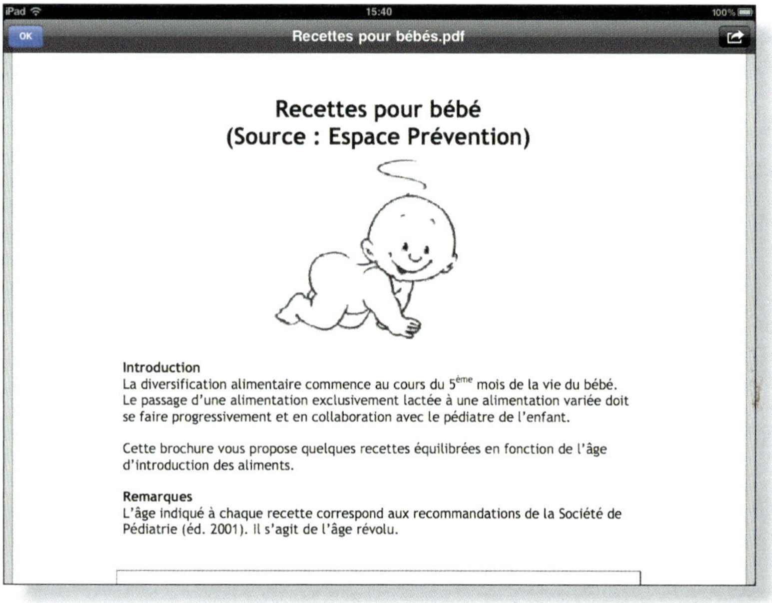

Si le document est dans un format supporté par une autre application que **Mail**, comme **iBooks** pour les PDF, par exemple, vous pourrez l'ouvrir dans l'application correspondante. Touchez le bouton **Action** puis **Ouvrir dans...** La liste des applications supportant ce type de document apparaît.

Ce bouton permet aussi d'imprimer le document (à condition de disposer d'une imprimante compatible avec AirPrint ; consultez le chapitre 3 pour plus d'informations à ce sujet.)

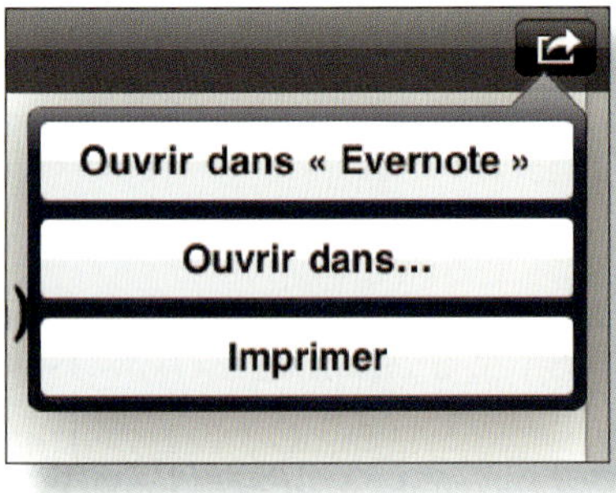

Note Au sujet des PDF : si vous ouvrez le document dans **iBooks,** vous pourrez ensuite l'y retrouver dans votre bibliothèque de documents personnels. Touchez **PDF** en haut de la bibliothèque.

Notez que les fonctionnalités disponibles pour les documents de ce type sont limitées : vous pouvez utiliser les signets sur une page donnée, par exemple, mais la table des matières, même si elle existe dans le document PDF, ne sera pas exploitable par iBooks.

Or, c'est exactement ce que propose le troisième projet : créer vos propres livres électroniques au format ePub et ainsi bénéficier de toutes les fonctionnalités propres à ce format spécial et reconnu par iBooks.

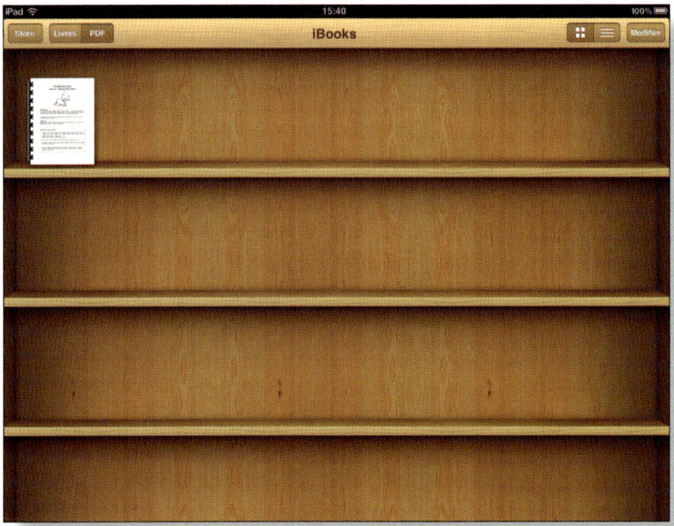

Projet 3. Créer vos propres livres électroniques

La boutique de livres iBook Store donne accès à de nombreux ouvrages, de tous genres, gratuits et payants. Mais comment faire si vous souhaitez tout simplement transférer *vos propres textes* afin de les lire sur l'iPad ?

La méthode est certes légèrement complexe, mais elle permet de profiter pleinement de toutes les fonctionnalités propres aux livres électroniques (table de matières, recherche dans le texte, *etc.*). Elle est donc idéale pour les documents volumineux ou conséquents : thèses et mémoires, rapports, livres personnels en tous genres, manuels et modes d'emploi, *etc.*

La procédure se déroule en quatre étapes : télécharger le logiciel **Calibre** sur votre ordinateur et convertir votre document au format ePub (format des livres électroniques), puis transférer le document sur l'iPad grâce à iTunes et, enfin, l'ouvrir avec **iBooks**.

Étape 1 : Téléchargez le logiciel Calibre

Pour créer un livre électronique au format ePub, il vous faut tout d'abord un logiciel spécial, sur votre ordinateur, qui convertira le document original. Il en existe un particulièrement réputé et gratuit : **Calibre**.

Pour le télécharger, rendez-vous sur la page Web dédiée au programme :

`http://calibre-ebook.com/download`

Téléchargez le logiciel et installez-le sur votre ordinateur.

Note La page de téléchargement est en anglais mais le logiciel est bien disponible en français !

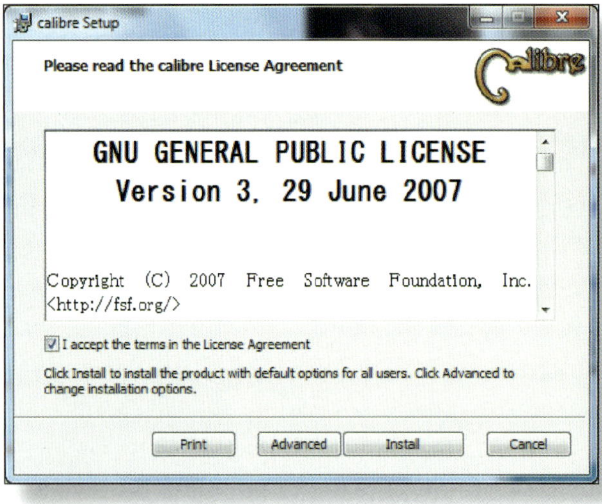

À la fin de l'installation, cliquez sur **Finish** : Calibre se lance.

Étape 2 : Convertissez le document en livre électronique avec Calibre

Dans Calibre, cliquez sur le bouton **Ajouter** puis sélectionnez le document à convertir. Calibre traite (plus ou moins bien) la majorité des formats texte. Dans l'exemple, le document est tout simplement le manuel utilisateur de l'iPad fourni par Apple sur le Web, au format PDF.

Patientez pendant l'ajout du document à votre bibliothèque Calibre. Puis cliquez sur **Convertir**. Vous pouvez conserver les options de publication par défaut et cliquer sur **OK** pour lancer la conversion du document.

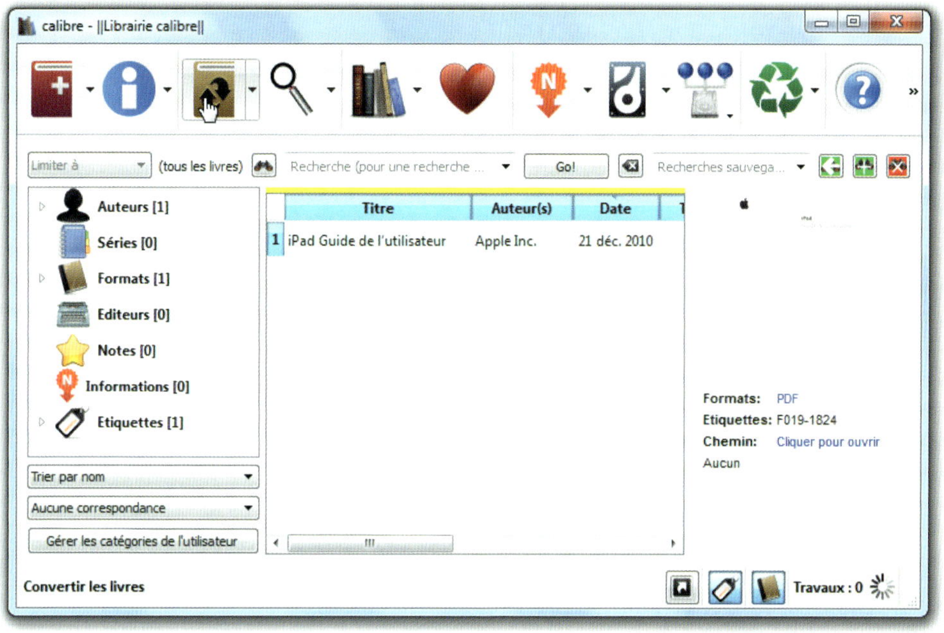

À la fin de l'opération, dans Calibre, cliquez sur **Chemin : cliquez pour ouvrir** afin de lancer l'explorateur de fonctions et d'accéder au dossier dans lequel votre livre électronique au format ePub a été généré.

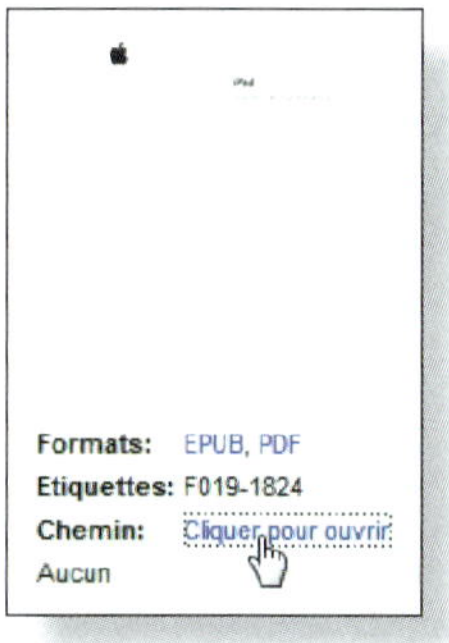

Projet 4. Créer et gérer votre bibliothèque de livres électroniques

Une fois vos livres électroniques créés sur votre ordinateur, vous souhaiterez les transférer sur l'iPad pour pouvoir les lire avec l'application iBooks. Ceci est relativement simple, encore faut-il savoir que c'est possible : iTunes reconnaît en effet les livres électroniques au format ePub et les classe dans une bibliothèque (Livres), exactement comme la musique et les vidéos.

Le transfert des livres électroniques ressemble ensuite en tout point au transfert de musique ou de vidéos. Vous devez, comme d'habitude, procéder en plusieurs étapes : d'abord créer votre bibliothèque de livres dans iTunes, puis synchroniser cette dernière avec votre iPad.

Étape 1 : Créez votre bibliothèque de livres électroniques dans iTunes

Pour créer votre bibliothèque de livres électroniques dans iTunes, cliquez sur le menu **Fichier**, puis sur **Ajouter le fichier à la bibliothèque,** et sélectionnez un ou plusieurs fichiers au format ePub dans vos dossiers de documents.

Astuce Vous pouvez aussi faire glisser les fichiers au format ePub directement depuis l'explorateur de fichiers vers iTunes ! C'est la raison pour laquelle vous avez ouvert le dossier correspondant à la fin du projet précédent. Faites glisser le document directement dans la fenêtre iTunes pour l'ajouter à la bibliothèque de livres.

Patientez pendant qu'iTunes ajoute les fichiers sélectionnés à vos bibliothèques. À la fin de l'opération, vous pourrez voir vos livres électroniques dans la bibliothèque **Livres** d'iTunes.

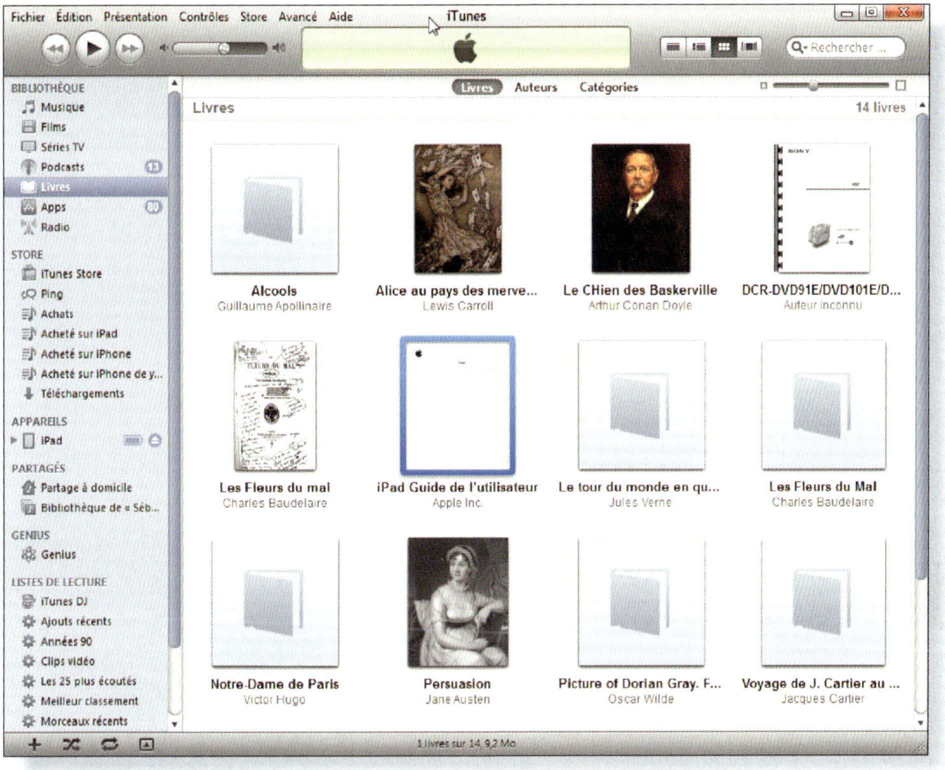

Étape 2 : Synchronisez votre bibliothèque de livres électroniques avec l'iPad

Comme vous savez désormais le faire, pour synchroniser votre bibliothèque de livres, connectez l'iPad à votre ordinateur à l'aide du câble fourni. Cliquez sur **iPad** dans la section **Appareils** de la barre à gauche.

Cliquez sur l'onglet **Livres** et activez l'option **Synchroniser les livres,** puis sélectionnez **Tous les livres**. Cliquez sur le bouton **Appliquer** en bas d'écran pour lancer la synchronisation.

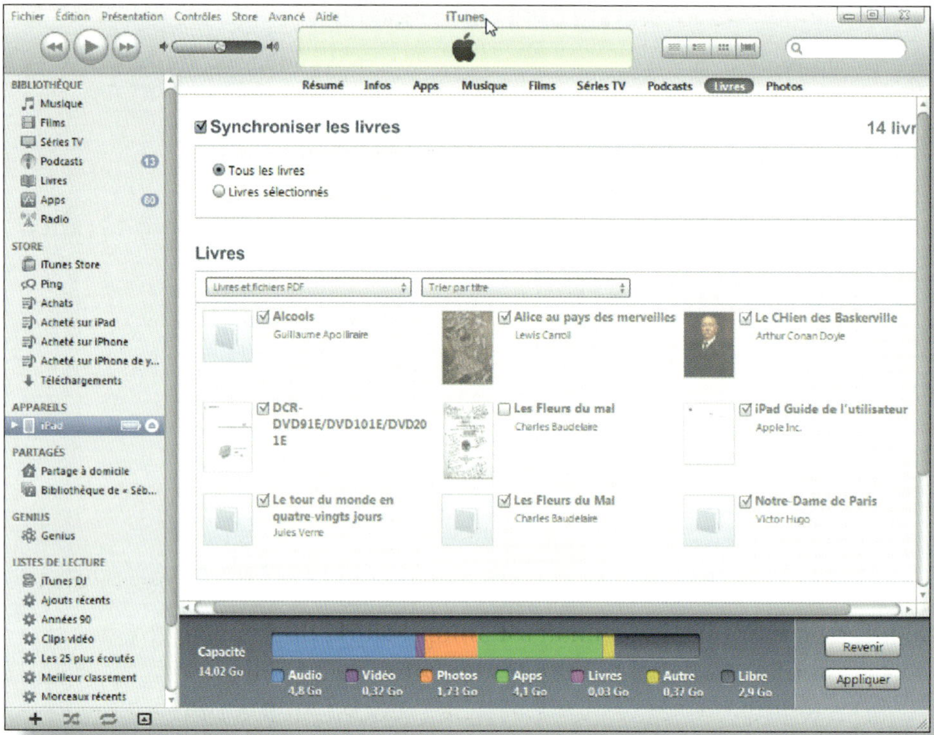

À la fin de l'opération, lancez iBooks et vérifiez que vos livres figurent désormais bien dans votre bibliothèque.

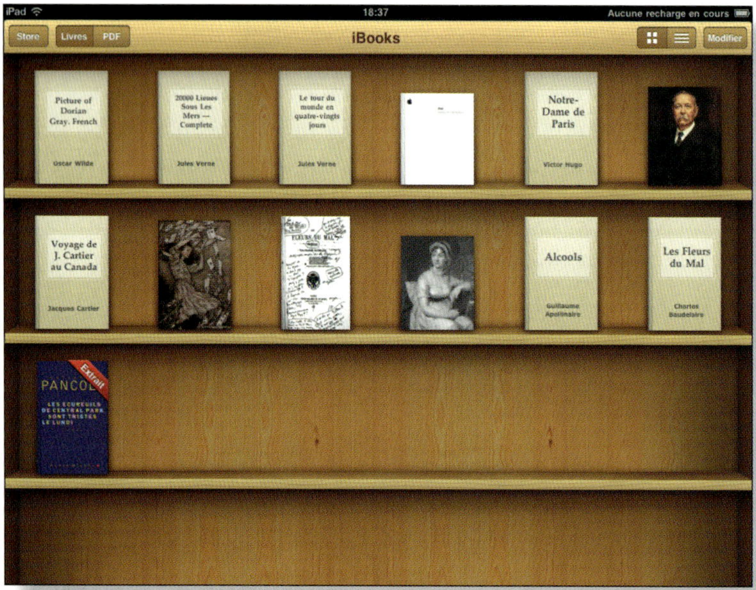

Touchez simplement la couverture d'un livre pour l'ouvrir.

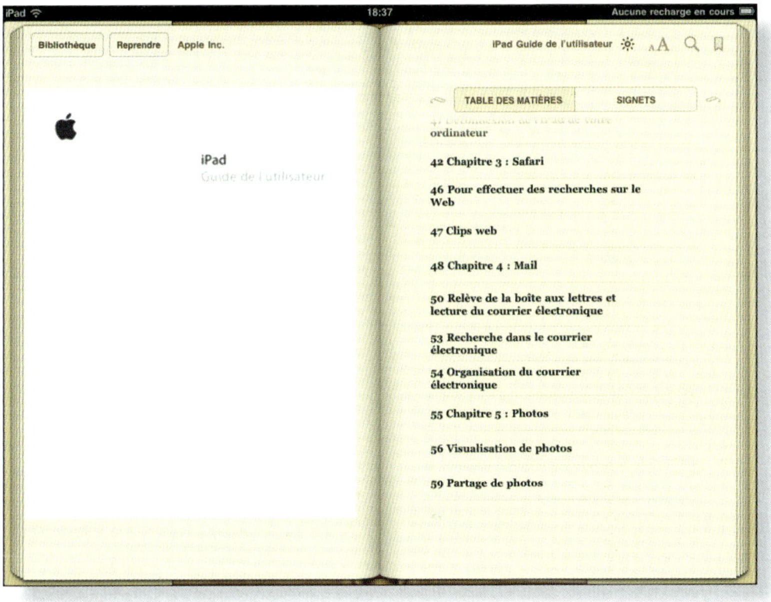

Étape 3 : Gérez votre bibliothèque sur l'iPad

Pour terminer ce projet, un mot sur l'organisation de vos livres, qui deviendront vite nombreux : n'oubliez pas que vous pouvez réorganiser votre bibliothèque iBooks et supprimer des livres à tout moment. Touchez **Modifier** en haut à droite de la bibliothèque.

Faites glisser les couvertures pour modifier le classement des ouvrages. Touchez la croix en haut à droite d'une vignette pour supprimer l'ouvrage de la bibliothèque.

Note Supprimer un ouvrage de la bibliothèque iBooks ne signifie pas que l'ouvrage sera définitivement effacé. Il sera en effet toujours présent dans votre bibliothèque de livres iTunes. Vous pourrez donc le réintégrer dans iBooks par la suite si vous le souhaitez.

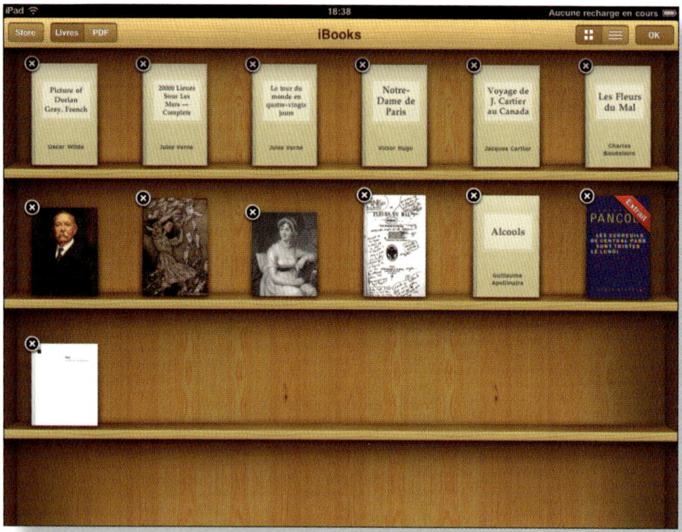

Pour afficher la bibliothèque sous la forme d'une liste d'ouvrages et effectuer une recherche dans vos titres, touchez le bouton **Liste**, juste à gauche de **Modifier**.

Utilisez les boutons en bas d'écran pour classer les livres par titres, auteurs ou catégories. Touchez **Étagère** pour afficher les ouvrages dans l'ordre d'apparition dans votre bibliothèque.

Touchez le bouton **Grille** à gauche du bouton **Liste** pour revenir à l'affichage graphique, par étagères.

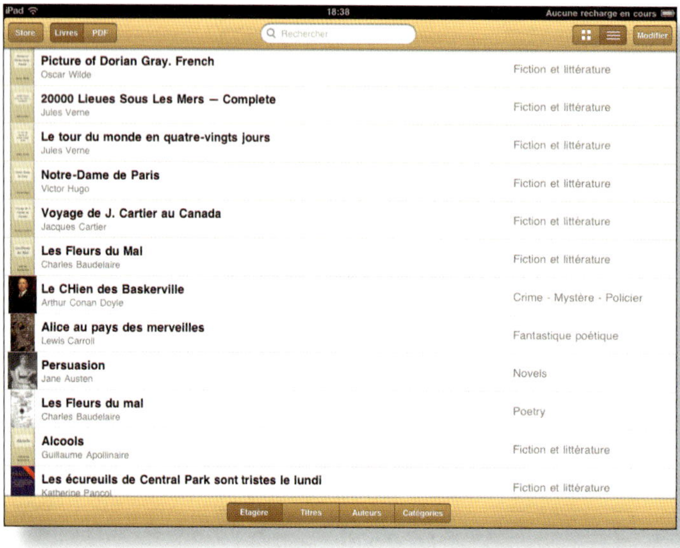

Projet 5. Gérer une liste de choses à faire ou d'invités grâce à l'iPad

Ce projet est le premier d'une série ludique mais sérieuse, pour gérer de bout en bout une petite fête sur votre iPad. Commençons par le début : listons les invités et les choses à faire pour organiser cette fête. Ensuite, nous préparerons une invitation et l'enverrons aux convives.

Étape 1 : Téléchargez Check Off

L'application **Notes** de l'iPad est sympathique mais quelque peu rudimentaire. Par exemple, elle ne permet pas de gérer une liste de choses à faire, avec possibilité de « cocher » les éléments au fur et à mesure de leur réalisation.

Heureusement, il existe de nombreuses applications sur l'App Store pour compléter l'iPad dans ce sens. **Check Off** est l'une d'elles. Gratuite, simple et efficace, elle permet de rester organisé !

Check Off

Gratuit   GoReedGo.com   Productivité

Étape 2 : Créez la liste des invités et choses à faire dans Check Off

Une fois l'application installée, lancez-la en touchant son icône. Commencez par créer une nouvelle liste et touchez son nom pour l'éditer.

Créez ensuite des sections pour chaque liste (invités, choses à faire, liste des courses, *etc.*). Dans chaque section, ajoutez les éléments de la liste : il suffit de saisir l'élément sur le clavier puis de toucher **Retour** pour le valider et en ajouter un nouveau.

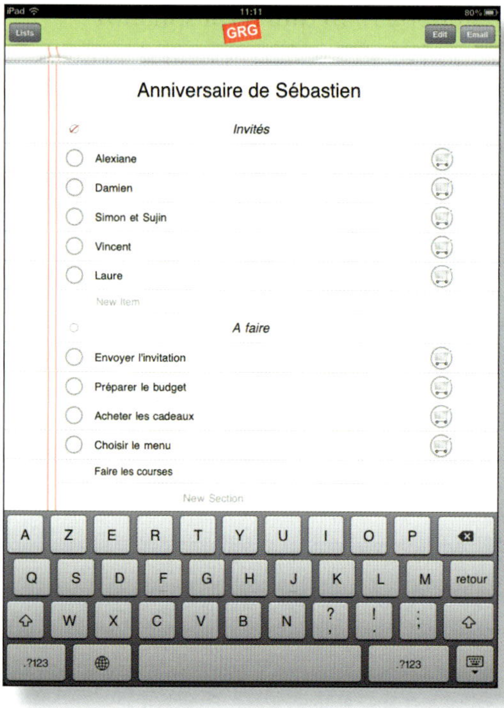

La liste est automatiquement enregistrée au fur et à mesure de la saisie. Pour supprimer des éléments ou modifier leur ordre, touchez le bouton **Edit** en haut à droite.

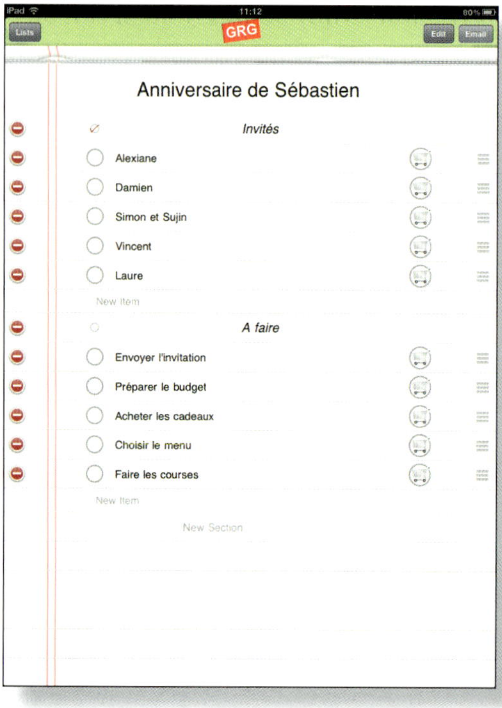

Dès à présent, vous pouvez « cocher » les éléments de la liste, pour suivre les réponses à vos invitations, par exemple, ou la réalisation de chacune des tâches listées.

Vous pouvez cocher ou décocher les éléments un par un, en touchant le cercle situé à côté de leur nom, ou tous les éléments d'une section, en touchant le cercle situé à côté de son nom.

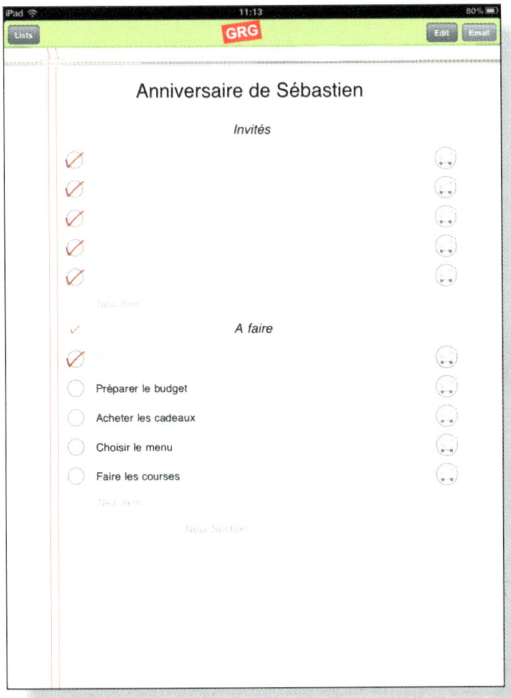

Étape 3 : Partagez vos listes par e-mail

Une fois vos listes dressées, vous pouvez les envoyer par e-mail, à vous-même pour mémo, ou à une tierce personne chargée d'organiser la fête avec vous, par exemple. Touchez **Email** en haut à droite de la fenêtre et indiquez l'adresse du destinataire avant d'expédier le message.

Vous pouvez ensuite appuyer sur le bouton Accueil pour quitter l'application **Check Off** et passer à la suite.

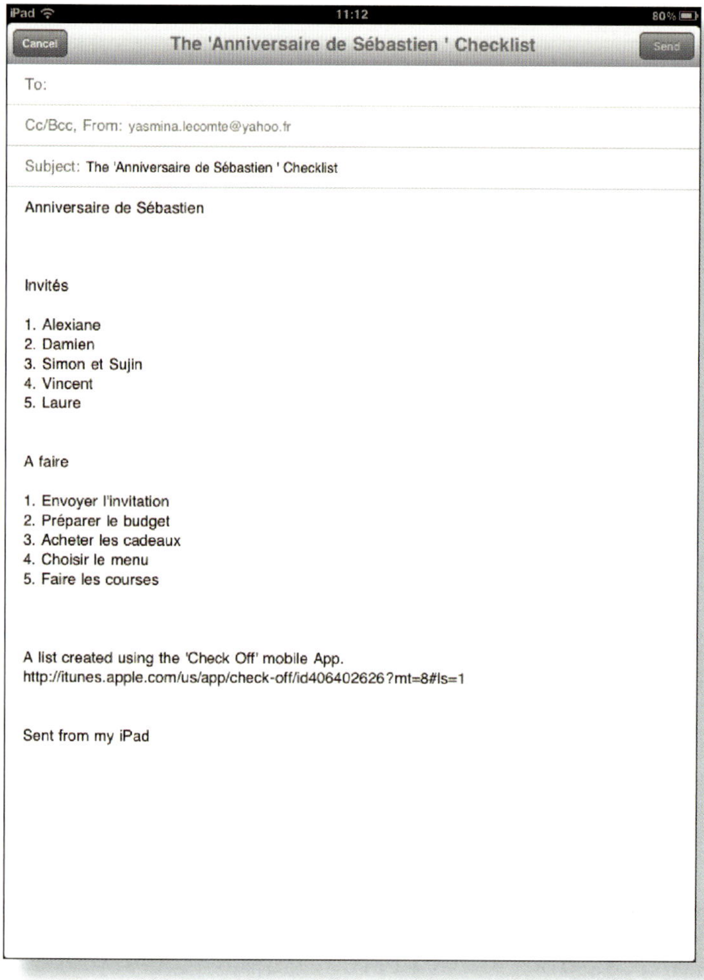

Étape 4 : Ajoutez la fête à votre agenda

Cette dernière étape s'adresse à ceux dont l'emploi du temps est si chargé qu'ils pourraient oublier leur propre fête !

C'est très simple : lancez l'application **Calendrier** et touchez la date ciblée puis le bouton **+**. Indiquez les détails de l'événement. Vous pouvez éventuellement paramétrer une alarme pour voir un rappel de 1 jour à 5 minutes avant le début de l'événement.

iPad
13:27
70%
Calendriers
Jour
Semaine
Mois
Liste
Rechercher
juin 2011
Annuler
Modifier
OK
Fête d'anniversaire de Sébastien
Paris
Commence
sam. 18 juin 19:00
Se termine
23:55
Récurrence
jamais
Alarme
aucune
Notes
Supprimer l'événement
Fête d'annive...
retour
.?123

Projet 6. Créer et envoyer une invitation pour une fête avec Pages

Il est temps de passer à la première tâche de notre liste : créer et envoyer l'invitation à notre fête. Nous allons utiliser **Pages**, l'outil de traitement de texte d'Apple pour l'iPad, avec un petit coup de pouce de la part des applications **Photos** et **Plans**, puis partager le document créé grâce à **Mail**.

Étape 1 : Téléchargez Pages pour iPad

Pages est l'application permettant de créer des documents texte élaborés et élégants sur l'iPad. C'est la version repensée pour l'iPad du programme de traitement de texte pour Mac et l'équivalent de Microsoft Word sur PC. Cherchez l'application sur l'App Store et installez-la sur votre iPad.

Pages

7,99 €   Apple Inc.   Productivité

Étape 2 : Créez l'invitation dans Pages

Lancez **Pages** et touchez le bouton **Nouveau document** en haut à gauche. **Pages** est installé avec toute une série de modèles de documents et l'un d'entre eux est justement un modèle d'invitation. Faites glisser vers le bas pour voir ce modèle et touchez la vignette pour créer un nouveau document fondé sur **Invitation**.

Pages crée un nouveau document. À vous de le personnaliser !

Commencez par toucher le bouton dans le coin inférieur droit de la photo pour la modifier. Vous pouvez alors naviguer dans votre bibliothèque de photos pour en choisir une. Touchez simplement la photo de votre choix pour l'intégrer dans le document.

Astuce Si vous n'avez pas synchronisé les photos et que vos bibliothèques soient vides, envoyez-vous une photo à vous-même par message électronique, puis ouvrez **Mail** et affichez le message. Touchez alors longuement la photo, puis **Enregistrer**. Et voilà ! La photo est désormais enregistrée dans votre bibliothèque et disponible pour votre invitation. Vous pouvez aussi copier-coller la photo directement dans **Pages**.

Touchez et faites glisser les points situés sur le cadre de la photo pour la déplacer ou la redimensionner. Vous pouvez même faire pivoter l'image : touchez l'image (et non les points sur le cadre) avec deux doigts et faites glisser !

Touchez ensuite les zones de texte pour les éditer. Vous pouvez aussi coller du texte copié depuis une autre application ou une page Web. Remarquez les contrôles et outils permettant de personnaliser l'apparence du texte, en haut de la fenêtre.

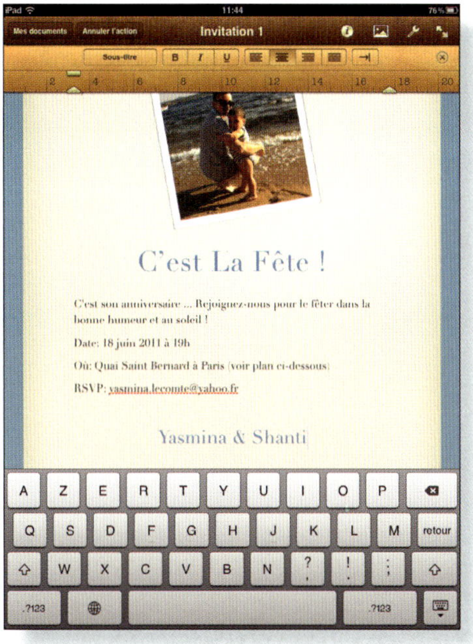

Étape 3 : Ajoutez un plan à l'invitation

Nous allons à présent ajouter une carte à l'aide de l'application **Plans**. Appuyez sur le bouton Accueil deux fois de suite rapidement et touchez **Plans** dans la barre des tâches en bas d'écran. **Plans** se lance.

Astuce Juste avant de quitter **Pages** pour **Plans**, pour être encore plus rapide, vous pouvez copier l'adresse du lieu concerné. Vous pourrez ensuite la coller directement dans le champ d'adresse de **Plans**.

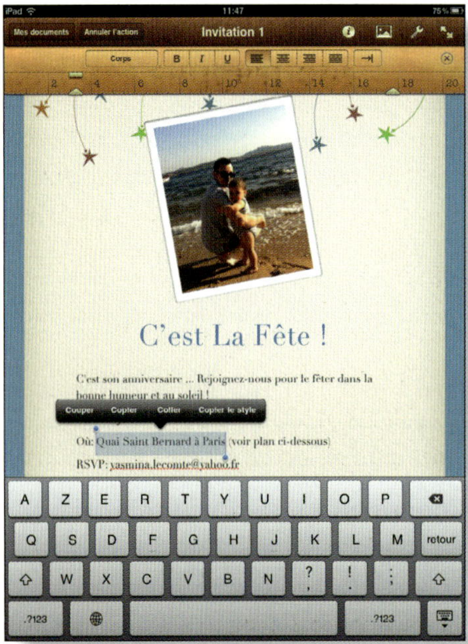

Saisissez (ou collez) l'adresse dans **Plans** puis touchez **Rechercher**. Le plan du quartier s'affiche.

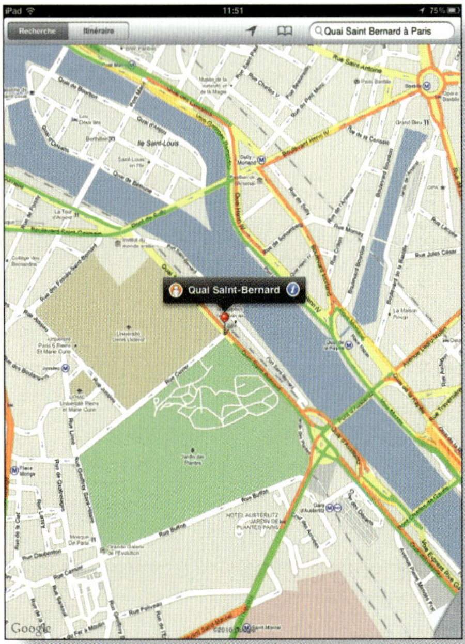

Faites une capture d'écran de ce qui est affiché sur l'écran de votre iPad : pour cela, appuyez simultanément sur le bouton Accueil et le bouton de démarrage. Hop, une image de l'écran est enregistrée dans votre bibliothèque !

Revenez à Pages et touchez le bouton **Insérer une image**. La capture d'écran se trouve dans vos **Photos enregistrées**. Touchez-la pour l'insérer dans le document.

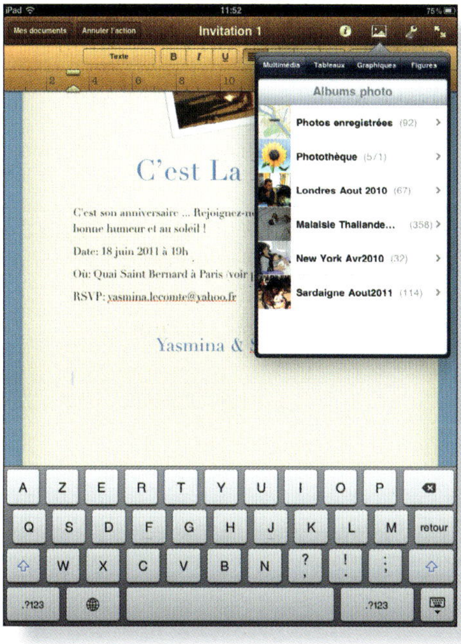

Une fois encore, vous pouvez la redimensionner et la déplacer à votre guise. Utilisez éventuellement le bouton **Annuler l'action** dans la partie supérieure de l'écran en cas d'erreur de manipulation.

Affinez et fignolez votre invitation si vous le souhaitez. C'est terminé ? Il est temps désormais de l'envoyer à vos invités.

Étape 4 : Envoyez l'invitation par message électronique

Touchez **Mes documents** pour revenir à la liste de vos documents **Pages**. Le document est automatiquement sauvegardé.

Pour partager l'invitation par e-mail, touchez le bouton **Envoyer** en bas d'écran, puis **Envoyer par courrier.**

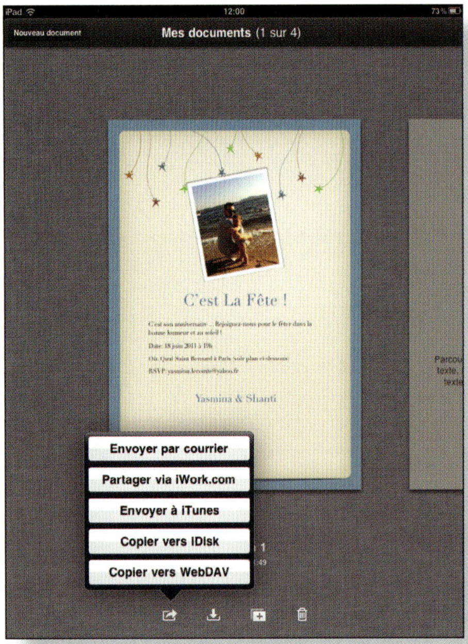

Vous pouvez alors choisir le format de document à envoyer. Le format le plus « universel » est sans aucun doute PDF, supporté par la plupart des ordinateurs et tablettes à l'heure actuelle. **Touchez le format souhaité.**

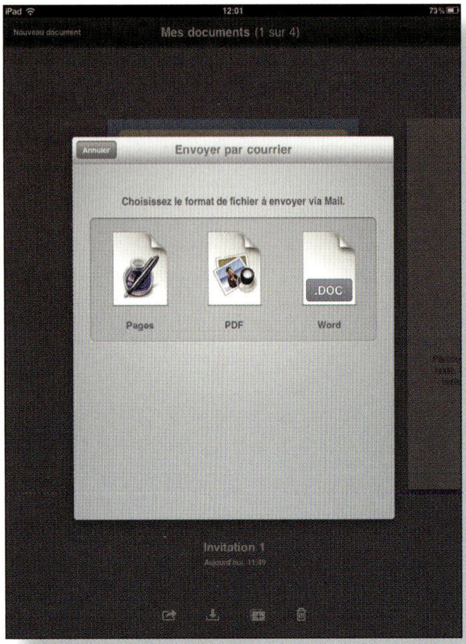

Un nouveau message est créé, avec le document en pièce jointe.

Indiquez les adresses des destinataires dans le champ **À :**, séparées par des virgules. Si vous utilisez le carnet d'adresses de l'iPad, cela sera particulièrement rapide. N'oubliez pas que vous pouvez modifier le sujet du message et éditer son contenu. Touchez **Envoyer** pour l'expédier.

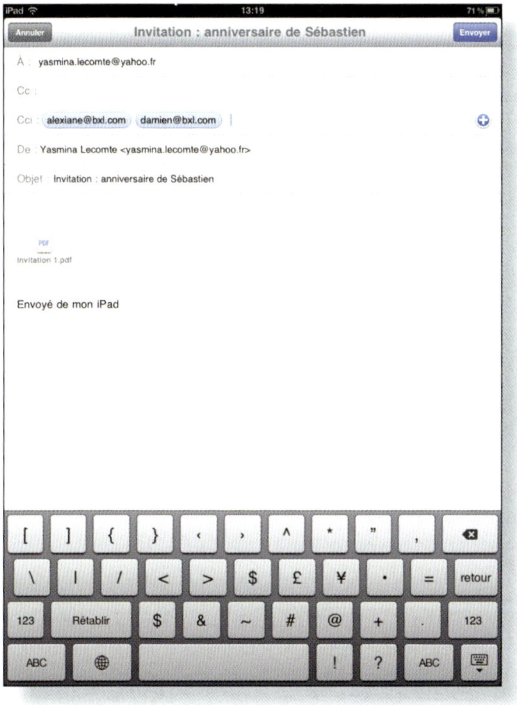

Note Appuyez sur le bouton Accueil deux fois rapidement pour lancer l'application **Check Off** (voir projet précédent) et ainsi consulter la liste des invités, afin de n'oublier personne !

Astuce Pour préserver la confidentialité de votre liste d'invités et leurs adresses de messagerie, vous pouvez envoyer l'invitation en copie cachée à tout le monde : touchez **Cc :/Cci :** puis indiquez les adresses dans le champ **Cci :**. Mettez votre propre adresse dans le champ **À :**.

Et voilà ! Pour voir à quoi ressemble votre invitation dans la boîte aux lettres de vos invités, vous pouvez afficher le message que vous venez d'expédier dans **Mail**. Touchez la pièce jointe pour la télécharger et l'afficher.

Note D'ailleurs, si vous lancez **Mail**, vous verrez que le message apparaît dans **Boîte d'envoi** tant que l'expédition du message n'est pas terminée. Attention, le document créé dans **Pages** peut être volumineux et il est préférable d'être connecté en Wi-Fi pour l'envoyer.

Projet 7. Gérer le budget de la fête avec Numbers

Continuons notre préparation de la fête avec un projet consistant à gérer le budget. C'est l'occasion de découvrir et d'utiliser un autre outil de la suite bureautique d'Apple : **Numbers. Numbers** est un tableur simple et puissant, analogue au programme Microsoft Excel sous Windows, par exemple. Les documents créés dans Excel sont d'ailleurs compatibles avec cette application et si vous avez conçu une feuille de calcul au format XLS sur votre PC, vous pourrez la lire et même la modifier sur l'iPad avec Numbers.

Dans ce projet, nous allons voir comment récupérer et éditer un document créé sur votre ordinateur à l'aide d'un tableur, pour l'éditer et l'imprimer sur l'iPad.

Étape 1 : Créez la feuille de calcul sur votre ordinateur avec votre tableur habituel

Pour plus de facilité, vous allez d'abord créer le document sur ordinateur, à l'aide de votre tableur préféré : **Excel** de la suite Microsoft Office, **Calc** d'Open Office ou encore **Numbers** sur Mac.

Créez simplement un classeur et, selon votre expertise avec les tableurs, utilisez des formules pour automatiser les calculs.

Enregistrez le document au format .xls, .xlsx ou .numbers, selon le programme utilisé.

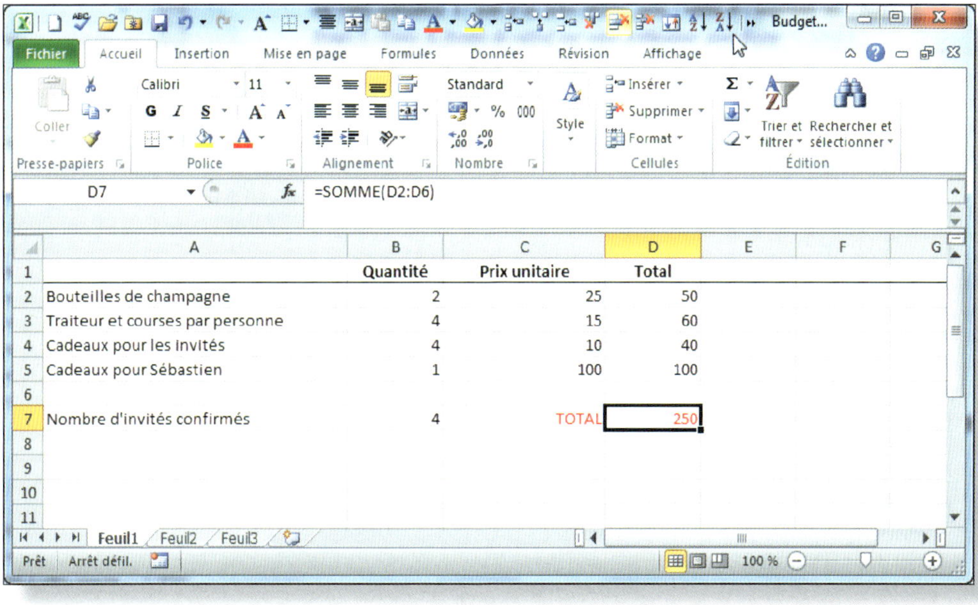

Étape 2 : Envoyez le document sur votre iPad

Une fois le document préparé et enregistré, envoyez-le-vous, depuis votre ordinateur, par courrier électronique. Cette technique a été plusieurs fois décrite et fait l'objet du projet 2.

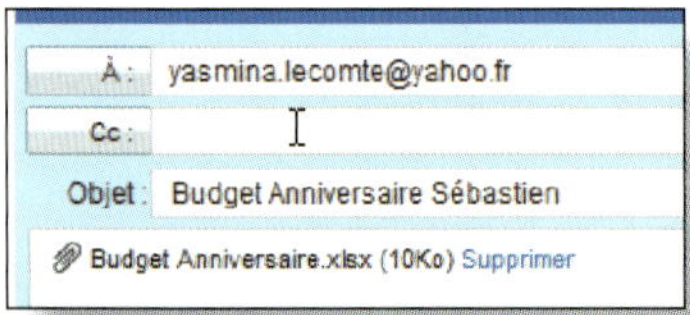

Étape 3 : Téléchargez Numbers

Il vous faut à présent télécharger l'application **Numbers** sur l'App Store.

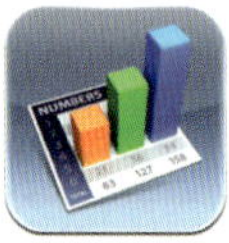

Numbers

7,99 € Apple Inc. Productivité

Étape 4 : Ouvrez et modifiez le classeur avec Numbers pour iPad

Une fois **Numbers** installé sur votre iPad, vous pouvez y ouvrir le classeur. Lancez **Mail** et affichez le message que vous venez de vous envoyer, avec le classeur en pièce jointe.

Touchez la pièce jointe pour l'afficher, puis le bouton **Action**. Touchez le bouton **Ouvrir dans « Numbers »**.

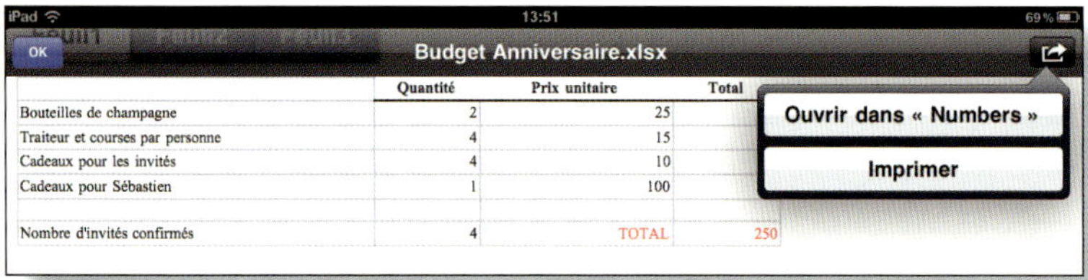

L'application **Numbers** s'ouvre. Vous pouvez éditer le document. Touchez longuement une cellule pour modifier son contenu. Notez que tous les calculs sont automatiquement mis à jour lorsque nécessaire.

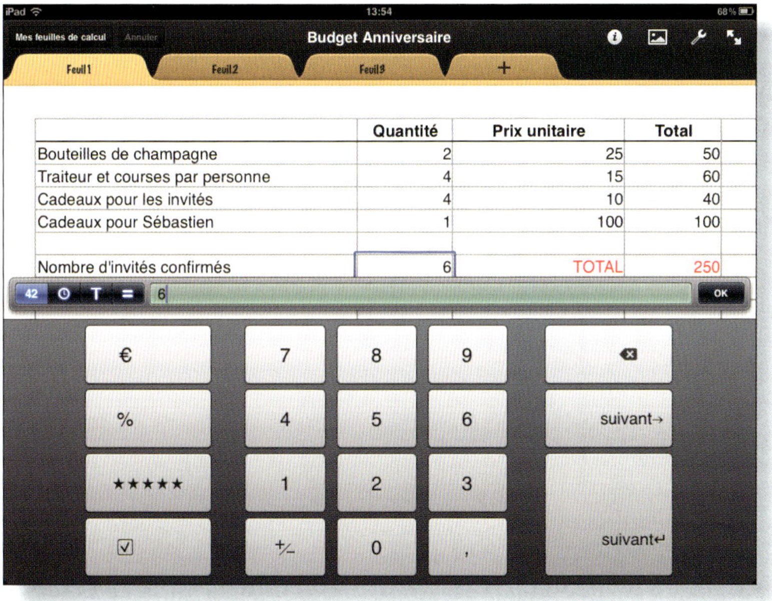

Comme dans tout tableur, vous pouvez créer un graphique à partir de vos données, par exemple.

Sélectionnez une plage de cellules (faites glisser les points bleus pour étendre la sélection en cours), puis touchez le bouton **Insérer** et, enfin, **Graphiques**. Touchez un type de graphique.

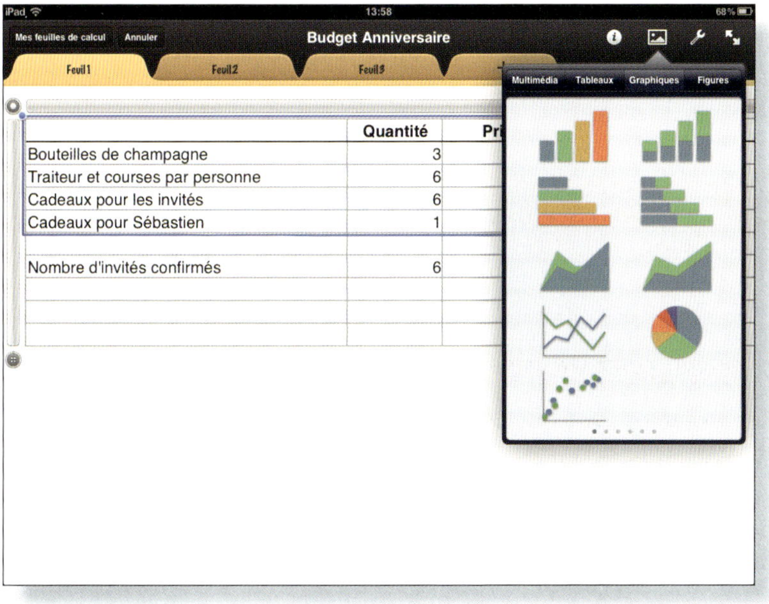

Étape 5 : Imprimez la feuille de calcul

Pour imprimer la feuille de calcul, touchez le bouton **Outils** puis **Imprimer**.

Un aperçu avec impression s'affiche. Choisissez l'orientation (portrait ou paysage) puis touchez le bouton **Imprimer**.

Cette opération suppose que vous disposez d'une imprimante compatible avec AirPrint (consultez le chapitre 3 pour plus d'informations à ce sujet).

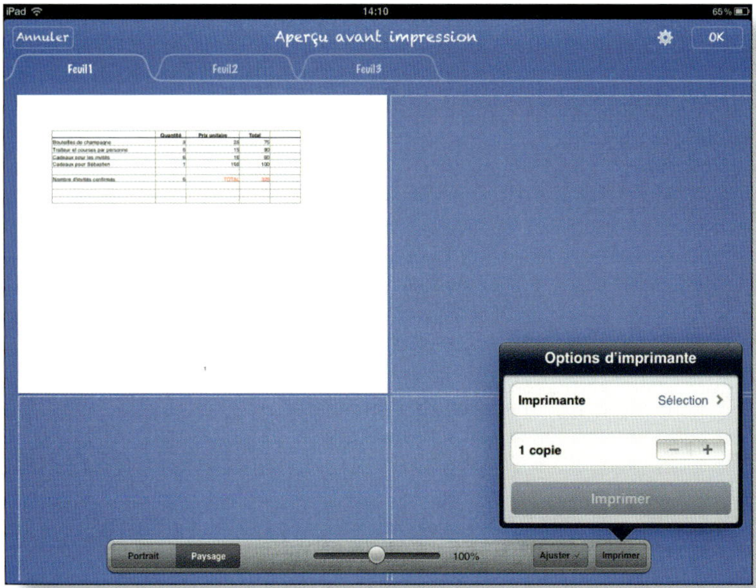

Si vous ne disposez pas d'une imprimante compatible, cela se complique un peu, mais reste possible dans de nombreux cas, car les principaux concepteurs d'imprimantes (Canon, Epson, HP et Lexmark) ont tous ou presque créé une application dans ce but.

Tout d'abord, clarifions un point : il faut évidemment une imprimante sans fil, donc relativement récente, pour pouvoir espérer imprimer depuis l'iPad qui n'a aucun port permettant de connecter une imprimante filaire !

Si c'est bien le cas de votre imprimante, vous trouverez en principe sur l'App Store une application dédiée à l'impression depuis l'iPad.

Rendez-vous sur l'App Store et saisissez le nom du fabricant de votre imprimante dans le champ de recherche. Téléchargez l'application correspondant à votre imprimante.

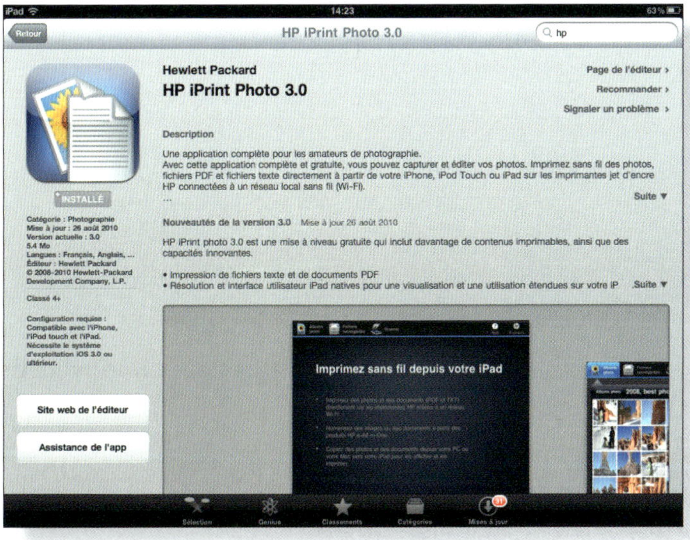

Lancez ensuite l'application et suivez les instructions.

Dans le cas de l'application HP, par exemple, le bouton **Ouvrir dans** de Mail offre une nouvelle option et permet d'imprimer rapidement toutes sortes de documents.

Note

Si le concepteur de votre imprimante ne propose pas d'application pour imprimer depuis l'iPad ou si, malgré tout, votre imprimante n'est pas reconnue, vous pouvez toujours vous envoyer les documents par e-mail à vous-même depuis l'iPad et ouvrir les pièces jointes sur un ordinateur, pour ensuite les imprimer... Ce qui n'est pas très pratique, reconnaissons-le !

Projet 8. Faire des achats en ligne avec les applications iPad d'Amazon et eBay

Passons à la tâche suivante de l'organisation de notre fête ! Ce projet rapide vous propose de faire un peu de shopping en ligne sur l'iPad.

Bien que vous puissiez en théorie visiter n'importe quel site marchand avec Safari pour faire vos achats, deux des leaders incontestables de la vente en ligne ont créé des applications très pratiques pour l'iPad, qui méritent une mention spéciale : Amazon et eBay.

Optimisées pour l'iPad, les applications **WindowShop** d'Amazon et **eBay pour l'iPad** vous permettront de faire vos achats d'une manière totalement nouvelle.

Nous vous laissons découvrir ces applications étonnantes !

eBay pour l'iPad

Gratuit eBay Inc. Style de vie

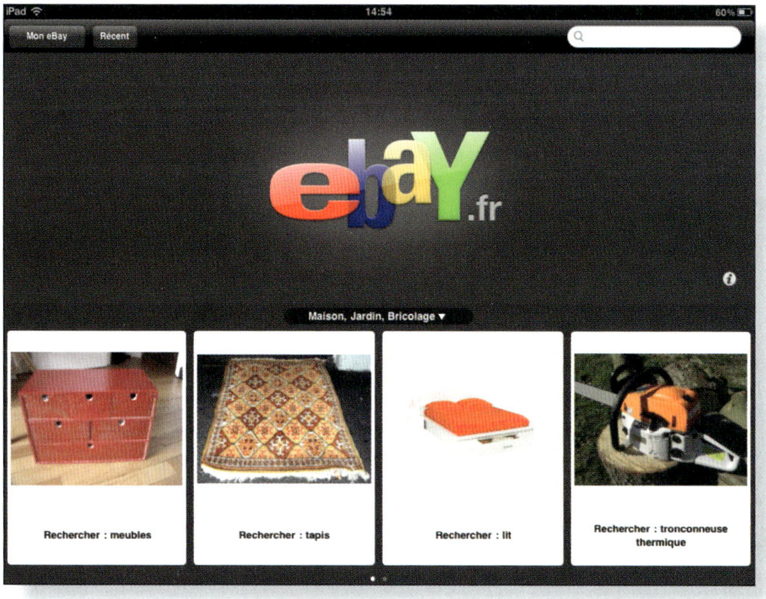

Windowshop

Gratuit Amazon Style de vie

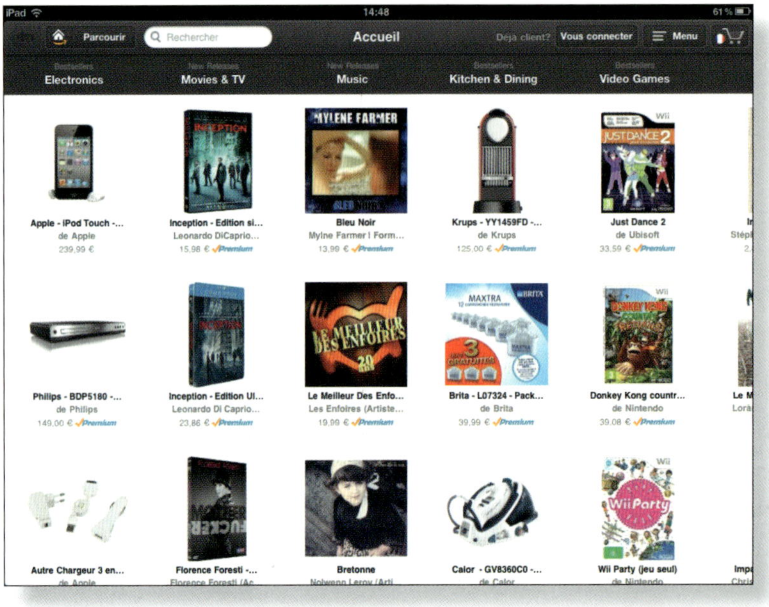

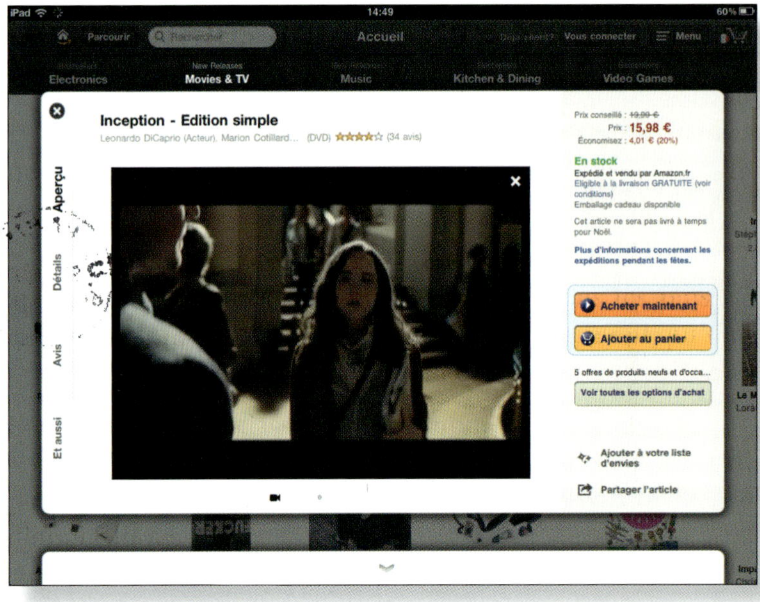

Projet 9. En cuisine avec l'iPad ...

Continuons à préparer notre petite fête grâce à l'iPad ! Nous allons maintenant voir que la tablette est aussi une alliée de choc en cuisine, qu'il s'agisse de choisir et réaliser une recette, bien sûr, mais aussi de dresser une liste de commissions puis de faire vos courses en ligne.

Il existe beaucoup d'applications dédiées à la cuisine sur l'App Store pour iPad. Parmi nos préférées :

Cookineo Pas à pas

Gratuit Domolib Style de vie

Cette application est non seulement très agréable, idéale pour les débutants comme les cordons bleus, mais surtout très pratique. Elle propose des recettes étape par étape (avec photos) et un module de création automatique de listes de courses, en fonction du nombre de convives. De plus, fini les calculs complexes : toutes les quantités sont mises à jour en un clin d'œil, il suffit de faire glisser le curseur du nombre d'invités. En bonus : vous devez juste claquer des doigts ou frapper dans vos mains pour passer à l'étape suivante de la recette ! Génial pour ne pas salir l'iPad ou si on a les mains prises. Enfin, la cerise sur le gâteau : c'est une application gratuite (mais fournie avec un nombre limité de recettes : il faut acheter des *packs* pour en obtenir d'autres). C'est l'application que nous allons utiliser dans ce projet.

iGourmand

2,39 € PGP - Axel Springer France Style de vie

Une excellente application, très esthétique et pleine de bonnes idées, comme le calendrier des saisons, les idées de menus et les conseils pour choisir les vins. Les recettes en vidéo sont particulièrement alléchantes ! L'application est fournie avec 50 recettes, et vous pourrez compléter votre collection en téléchargeant des *packs* directement au sein de l'application : recettes minceur, recettes, ultrafaciles ou express, recettes végétariennes, *etc.* Notez qu'il existe aussi une version gratuite, **iGourmand Lite**, qui permet de découvrir quelques recettes et le fonctionnement de l'application.

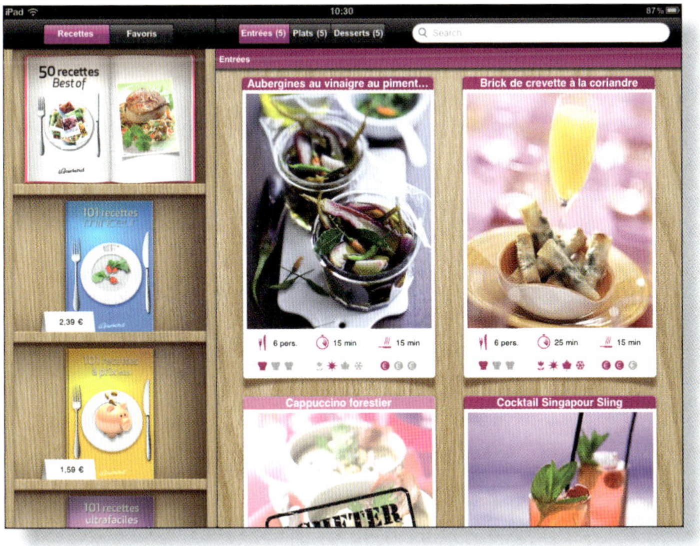

Larousse Pâtissier

7,99 €   Éditions Larousse   Style de vie

Un must absolu pour tous les amateurs de bons desserts, c'est l'adaptation sur iPad du livre maintes fois primé, *Le Petit Larousse pâtissier*. L'application est compatible iPad, iPod et iPad.

CuisineAZ

Gratuit CuisineAZ Style de vie

Un magazine culinaire spécialement conçu pour l'iPad. L'esthétique est recherchée et les recettes sont simples mais efficaces.

Epicurious Recipes & Shopping List

Gratuit Condé Nast Digital Style de vie

Le top du top des applications consacrées à la gastronomie sur l'iPad, mais disponible uniquement en anglais pour le moment.

Étape 1 : Téléchargez Cookineo Pas à pas

Cookineo Pas à pas a été présentée à la section précédente. Rendez-vous sur l'App Store et téléchargez-la.

Cookineo Pas à pas

Gratuit Domolib Style de vie

Étape 2 : Choisissez les recettes et dressez la liste de courses

Lancez l'application **Cookineo Pas à pas**. La liste des recettes disponibles s'affiche par types de plats (dans la zone **La carte**). Parcourez les recettes et faites votre choix ! Vous pouvez acheter de nouvelles recettes en touchant **Plus de recettes** en bas d'écran.

Touchez ensuite la vignette de résumé d'une recette (qui indique la durée estimée de préparation et le temps de cuisson) pour voir le détail.

Avant même de nous lancer dans la réalisation de la recette, préparons notre liste de courses. Commencez par faire glisser le curseur indiquant le nombre de personnes dans la partie droite de la fenêtre : hop, toutes les quantités sont recalculées et mises à jour dans la liste des ingrédients !

Touchez **Ajouter à ma liste de courses**. Recommencez cette procédure pour ajouter tous les plats de votre menu à la liste de courses.

Bien sûr, il est possible que vous disposiez déjà d'une partie des ingrédients nécessaires dans vos placards : l'application y a pensé. Touchez le bouton **Les courses** puis **Ingrédients**. Ici sont listés tous les ingrédients dont vous aurez besoin, avec les quantités précises pour vos recettes. Vous pouvez aussi ajouter des éléments manuellement en touchant **Ma liste**.

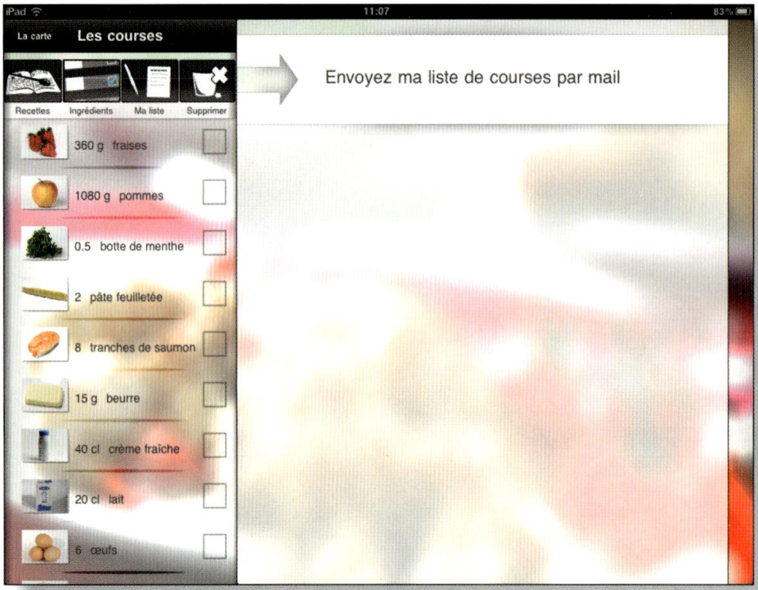

Touchez à présent **Envoyez ma liste de courses par mail**. Un message est automatiquement créé avec votre liste de courses. Vous pouvez vous envoyer la liste à vous-même ou la partager avec un tiers.

Vous pouvez aussi utiliser cette fonction pour copier-coller le contenu de la liste ou une partie dans une autre application, comme **Notes** (cliquez ensuite sur **Annuler** puis **Effacer le brouillon** pour supprimer le message). Cela sera pratique pour consulter votre liste de courses à tout moment (plus rapide que de relancer Cookineo puis de charger la liste) ou encore imprimer cette liste.

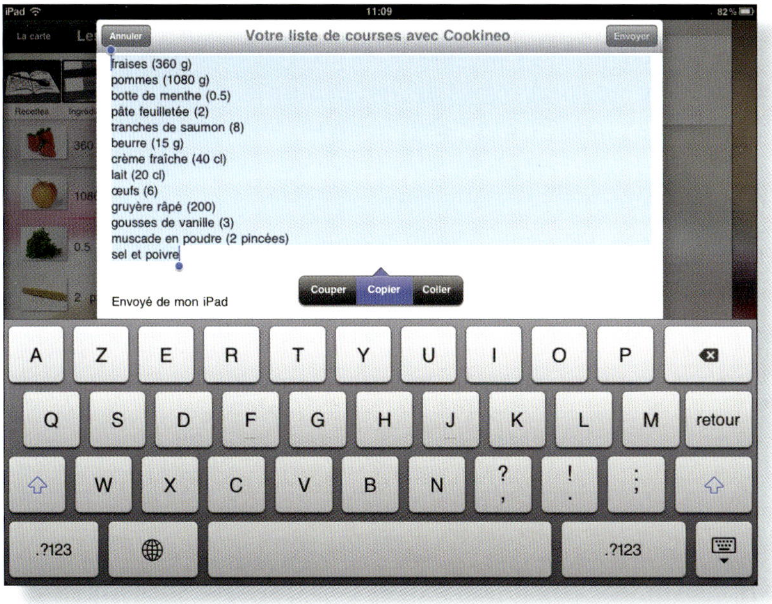

Étape 3 : Faites vos courses sur l'iPad

Pour l'étape suivante, tout dépend de vos habitudes : si vous préférez vous rendre au marché ou dans une grande surface, aucun problème ! Si vous avez l'habitude de faire vos courses en ligne sur des sites comme Auchandirect.fr, Ooshop.fr ou encore Houra.fr, lancez **Safari** et à vous de jouer ! Certains sites permettent de coller directement le contenu d'une liste dans la zone de recherche : c'est pratique, surtout si vous avez suivi l'étape précédente et copié votre liste dans **Notes**. Dans tous les cas, n'oubliez pas qu'il suffit de revenir à **Notes** pour consulter votre liste de courses.

Il ne vous reste plus qu'à attendre la livraison pour passer en cuisine !

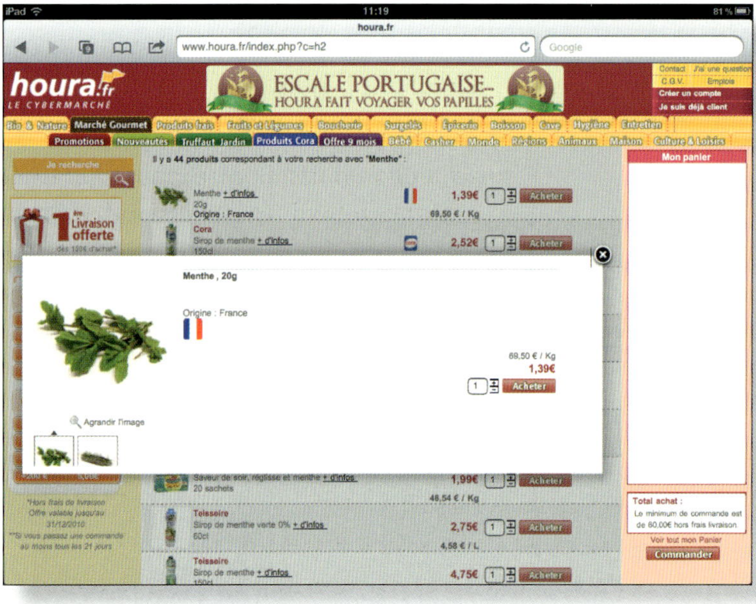

Étape 4 : Aux fourneaux avec l'iPad !

Il est temps de passer à l'action. Avant de vous lancer, préparer le terrain est essentiel. N'oubliez pas que l'iPad est une machine fragile, sensible à l'humidité comme à la chaleur. Trouvez l'endroit idéal dans votre cuisine, où il ne risque ni les chutes, ni les accidents, tout en restant accessible : vous devez pouvoir toucher l'écran et, surtout, le voir.

Néanmoins, comme nous l'avons déjà indiqué, avec Cookineo, il n'est pas nécessaire de toucher l'écran régulièrement pendant la réalisation de la recette, ce qui est vraiment pratique lorsque l'on cuisine ! En effet, l'application est dotée d'une fonction magique et presque inimaginable il y a encore quelques années : vous pouvez passer à l'étape suivante sans même toucher l'écran, en claquant des doigts ou en frappant dans les mains.

Astuce Encore une fois, l'étui de protection pour iPad d'Apple est un choix judicieux, puisqu'il fait aussi office de support, avec une inclinaison idéale pour la lecture ou le visionnage de vidéos.

Relancez l'application Cookineo et touchez **Les courses** pour afficher votre sélection de recettes. Affichez le contenu d'une recette, puis touchez le bouton de lecture pour voir sa réalisation, étape par étape. Pour passer d'une étape à l'autre, faites du bruit : frappez dans vos mains ou sifflez, cela fonctionne ! Vous pouvez aussi utiliser les flèches situées de part et d'autre de l'écran.

Vous pouvez voir toutes les étapes de la recette en touchant **Voir la liste des étapes en bas** à droite de l'écran.

Le reste dépend de vos talents de cuisinier ! C'est terminé ? Vous pouvez désormais vous atteler à la suite de la préparation de votre fête et vous occuper de l'ambiance et de la musique.

Projet 10. Musique ! L'iPad joue au DJ pour vous

Pour continuer cette série de projets consacrés à la fête, voyons comment utiliser l'iPad pour jouer au DJ dans votre propre salon ! Bien sûr, le plus simple consiste à brancher votre iPad sur des enceintes (le son natif de l'iPad seul ne sera pas assez puissant pour remplir une pièce, même peu bruyante) et à programmer une liste de lecture sur l'iPod (comme expliqué au chapitre 9). Si vous ne disposez pas d'enceintes pour votre iPad ou souhaitez éviter les branchements inutiles, il y a une solution, aussi efficace que simple.

Il existe en effet une application qui permet de contrôler la musique jouée depuis votre ordinateur (Mac ou PC) avec iTunes ou votre Apple TV, grâce à l'iPad, à distance, *via* votre réseau Wi-Fi, donc sans vous déplacer. Comme son nom en anglais l'indique, **Remote** transforme votre iPad en télécommande !

Cela sous-entend bien sûr que vous disposiez d'une installation sonore sur votre ordinateur ou possédiez le boîtier Apple TV.

Étape 1 : Téléchargez Remote sur l'App Store

Première étape incontournable de ce projet, télécharger l'application **Remote** (développée par Apple), sur l'App Store.

Remote

Gratuit Apple Inc. Divertissement

Étape 2 : Activez le partage et saisissez le code de sécurité

Lancez **Remote**. Pour utiliser cette application, vous devez l'autoriser à accéder à votre ordinateur. Commencez par toucher **Activer le partage à domicile**. Dans la fenêtre **Partage**, saisissez votre identifiant Apple et votre mot de passe (ceux de votre compte utilisateur iTunes ou App Store).

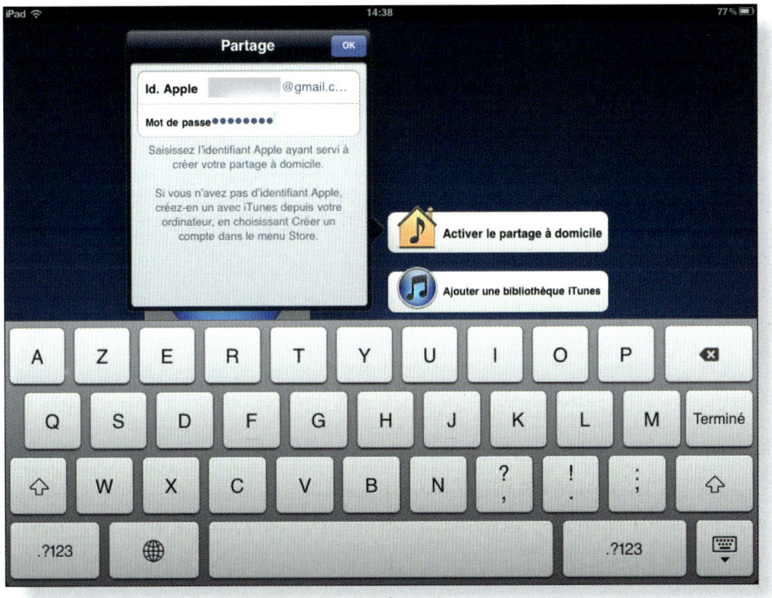

Vous devez ensuite activer le partage sur la machine cible :

- PC ou Mac : lancez iTunes et cliquez sur **Avancé >> Activer le partage à domicile**.
- Apple TV : dans la section **Ordinateurs** du menu principal, sélectionnez **Activer le partage à domicile**.

À nouveau, saisissez votre identifiant Apple et votre mot de passe lorsque cela vous est demandé.

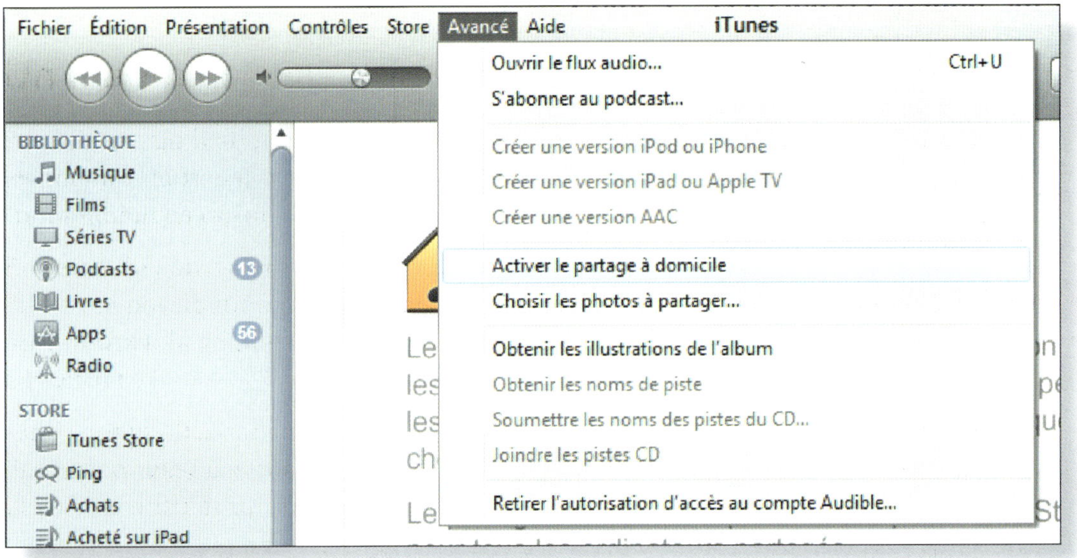

Le partage à domicile est désormais activé ! Cliquez sur **Terminé**. Recommencez cette procédure sur toutes les machines avec lesquelles vous souhaitez effectuer un partage : un autre ordinateur, Apple TV. Vous pouvez en effet accéder à plusieurs bibliothèques grâce à l'application **Remote**.

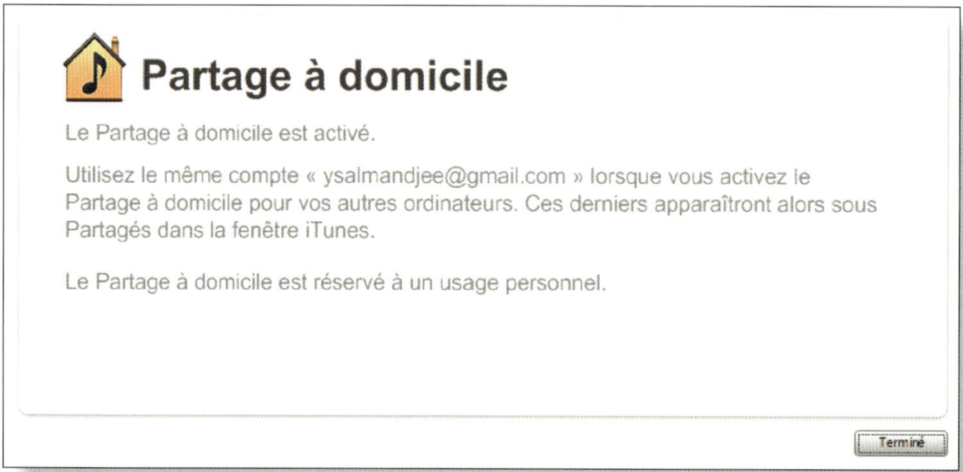

Retour sur l'iPad : touchez **OK** pour fermer la fenêtre **Partage**. Vous devez désormais voir un accès vers votre bibliothèque iTunes.

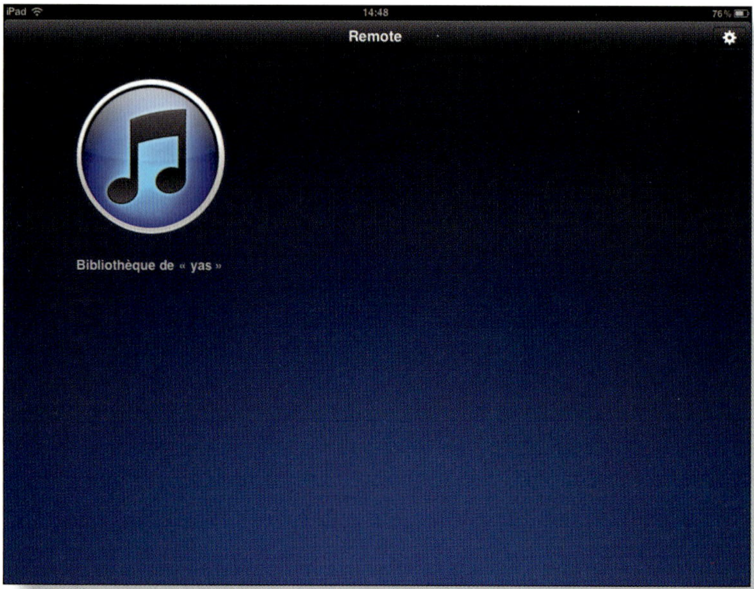

Étape 3 : Musique !

Touchez la bibliothèque de votre choix. Et voilà ! Vous accédez désormais à toute votre musique. **Remote** joue le rôle d'une télécommande et vous pouvez agir sur iTunes en touchant l'écran, exactement de la même manière que vous le feriez avec votre souris sur votre ordinateur avec iTunes.

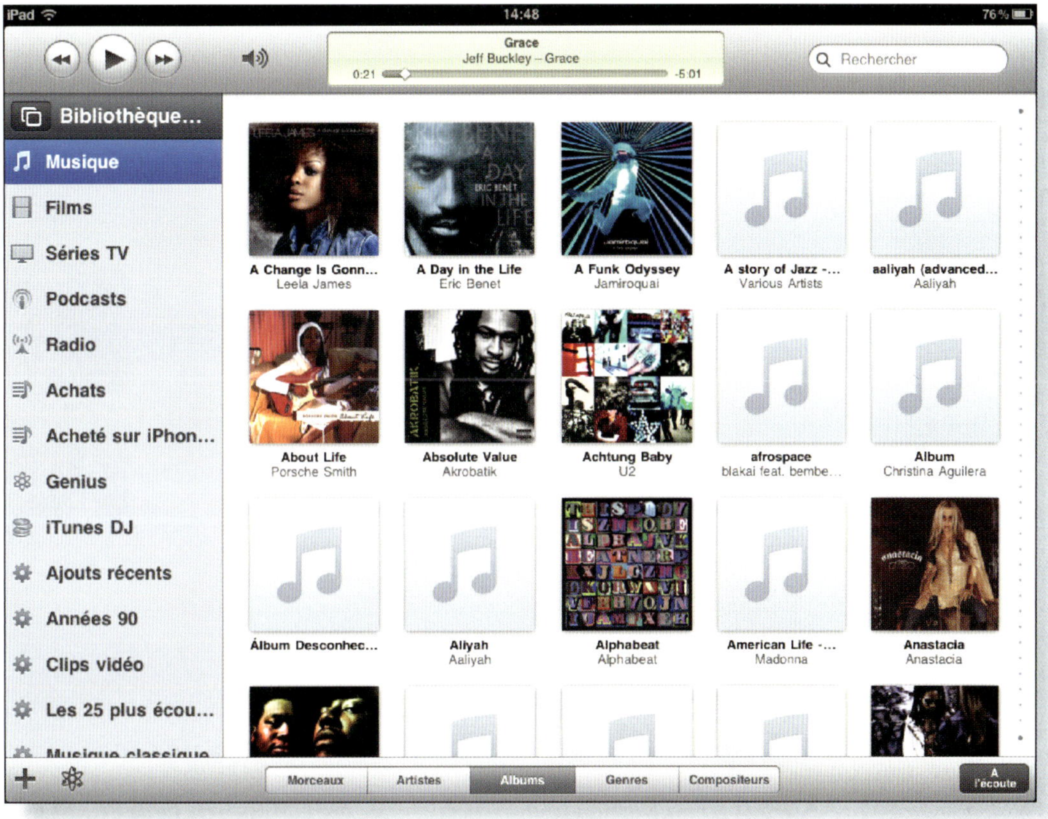

Vous pouvez ainsi contrôler iTunes à distance depuis l'iPad. Comprenons-nous bien : si vous lancez la lecture d'un morceau sur l'iPad *via* **Remote**, celui-ci est joué non pas *sur l'iPad* mais bien *sur l'ordinateur* ou *l'Apple TV* !

iPad
14:50
75 %
You Give Me Something
Jamiroquai – A Funk Odyssey
0:03
-3:20
Rechercher
Bibliothèque...
Musique
Films
Séries TV
Podcasts
Radio
Achats
Acheté sur iPhon...
Genius
iTunes DJ
Ajouts récents
Années 90
Clips vidéo
Les 25 plus écou...
A Funk Odyssey
Jamiroquai
1 morceau, 3 mn.
You Give Me Something
3:24
A Change Is Gonn...
Leela James
aaliyah (advanced...
Aaliyah
About Life
Porsche Smith
Album
Christina Aguilera
Álbum Desconhec...
Aliyah
Aaliyah
Alphabeat
Alphabeat
American Life -...
Madonna
Anastacia
Anastacia
Morceaux
Artistes
Albums
Genres
Compositeurs
À l'écoute

Fichier Édition Présentation Contrôles Store Avancé Aide
iTunes
You Give Me Something
Jamiroquai — A Funk Odyssey
Rechercher
Ping
Achats
Acheté sur iPad
Acheté sur iPhone
Acheté sur iPhone de y...
Téléchargements
APPAREILS
iPad
PARTAGÉS
Partage à domicile
GENIUS
Genius
LISTES DE LECTURE
iTunes DJ
Ajouts récents
Années 90
Clips vidéo
Les 25 plus écoutés
Meilleur classement
Morceaux récents
Musique classique
Favoris de Shanti
Jamiroquai
A Funk Odyssey
Jamiroquai
Nom
Durée
Artiste
Album
Genre
Classement
Lectures
You Give Me Something
3:24
Jamiroquai
A Funk Odyssey
Funk
1 morceau, 3,3 minutes, 3,2 Mo

Cela signifie donc que vous pouvez tout contrôler : choix des morceaux ou listes de lecture, pause, mais aussi volume, par exemple, à l'aide de l'iPad. Y compris depuis une autre pièce de la maison, votre jardin, ou confortablement installé dans un fauteuil, sans vous déplacer ! Tout simplement génial.

Note

Dans le genre « télécommande », signalons l'excellente application **FreeTéléc**, qui ravira les propriétaires d'une Freebox (et dépannera les étourdis qui perdent régulièrement leur télécommande d'origine ou oublient de changer les piles). Cette application, conçue à l'origine pour l'iPhone mais fonctionnant parfaitement sur l'iPad, reproduit exactement sur l'écran l'interface de la télécommande Freebox. Il suffit de toucher un bouton pour reproduire le même effet que le bouton correspondant sur la télécommande, *via* le réseau Wi-Fi. Il n'est donc même pas indispensable de « pointer » vers la box comme avec une télécommande classique !

Projet 11. Une présentation époustouflante avec l'application Keynote !

Ce projet peut s'inscrire dans la continuité des précédents mais aussi dans un tout autre contexte, y compris professionnel. Nous allons en effet voir comment utiliser l'iPad pour créer une présentation sous la forme de diapositives, type « PowerPoint », mais nous n'allons justement *pas* utiliser le logiciel PowerPoint.

L'équivalent sur iPad se nomme en effet Keynote. Il permet de créer, du bout des doigts, des présentations très élégantes et professionnelles, avec des effets et animations vraiment convaincants, voire même stupéfiants, et en quelques secondes !

A la fin de ce projet, nous verrons comment projeter la présentation créée directement depuis l'iPad, mais vous aurez besoin pour cela d'un accessoire spécifique, non fourni avec l'iPad mais disponible dans les boutiques Apple et sur le site Web de la marque : l'adaptateur VGA.

Étape 1 : Téléchargez Keynote pour iPad

Keynote est l'application permettant de créer des présentations de qualité sur l'iPad. C'est la version repensée pour l'iPad du programme du même nom pour Mac et l'équivalent de Microsoft PowerPoint sur PC. Cherchez l'application sur l'App Store et installez-la sur votre iPad.

Keynote

7,99 € Apple Inc. Productivité

Étape 2 : Créez la présentation dans Keynote

Lancez **Keynote**. Si vous le souhaitez, vous pouvez effectuer un tour d'aperçu des fonctionnalités de cette application en touchant la diapositive qui apparaît au démarrage. Sinon, touchez le bouton Nouvelle présentation en haut à gauche de l'écran.

La liste des modèles disponibles s'affiche. Touchez l'un d'entre eux pour le sélectionner. Vous pourrez personnaliser ce thème par la suite.

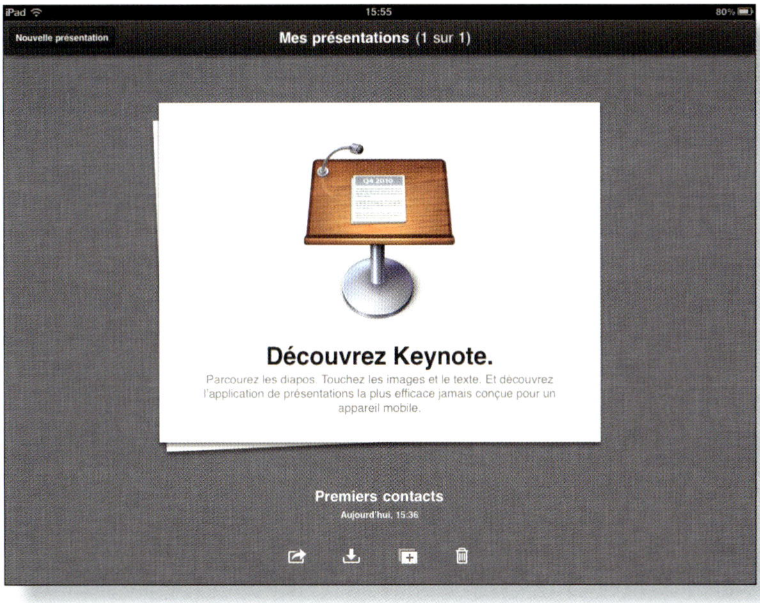

La nouvelle présentation fondée sur le thème choisi est créée. Vous pouvez désormais l'éditer.

Étape 3 : Éditez la présentation Keynote

Le principe est simple : vous pouvez tout modifier (éditer le texte, remplacer une photo, changer de couleur, *etc.*).

Selon les éléments, il faut soit toucher deux fois rapidement le bloc (pour du texte, par exemple), soit toucher les points bleus situés sur le cadre de l'objet (pour les photos).

La démarche est intuitive mais demande un peu d'entraînement, et pour comprendre comment fonctionne un thème, il n'y a qu'une méthode : essayer !

Pour ajouter une nouvelle diapositive, touchez le bouton + dans la zone située sous la vignette représentant la première diapo, dans la marge à gauche de l'écran.

Pour modifier l'ordre des diapositives, faites glisser les vignettes dans cette zone. Vous pouvez aussi couper ou copier une diapo pour la coller, ou simplement la supprimer : touchez la vignette pour voir le menu.

Étape 4 : Ajoutez des effets et des animations

Agrémenter vos présentations de photos est particulièrement simple et la création d'effets spectaculaires est vraiment facilitée : touchez le bouton **Info** après avoir sélectionné une photo dans la diapositive et vous verrez, par exemple, les différents styles et dispositions possibles. Dans le menu **Options de style**, vous pouvez paramétrer encore plus d'effets.

Le menu **Insertion** permet quant à lui d'ajouter facilement des photos, mais aussi des tableaux et des graphiques, utiles dans les présentations professionnelles ou les soutenances, par exemple, ou encore des symboles (flèches, bulles, formes, *etc.*)

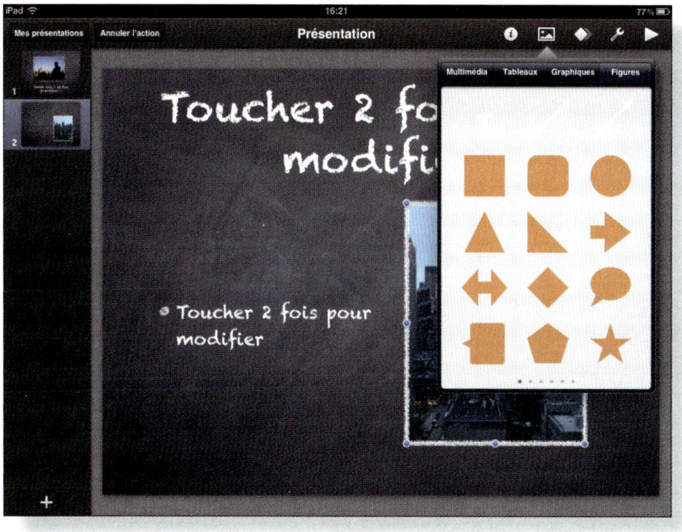

Plus puissant encore, l'outil d'animation permet de définir d'impressionnants effets de transition pour vos images ou diapos. Touchez un objet puis le bouton **Animation**. Vous avez alors la possibilité de définir un effet pour *l'entrée*, c'est-à-dire l'apparition de l'élément quand la diapositive s'affiche, et un effet pour *la sortie*, de la même manière. Vous pouvez définir un effet d'entrée ou de sortie, ou les deux.

Touchez le bouton **+** de la zone **entrée**. Les différents effets de transition s'affichent. Touchez-en un pour le tester. Il s'exécute immédiatement et vous serez probablement bluffé par la facilité de réalisation d'un tel « show » ! Si l'effet vous convient, vous pouvez en paramétrer les réglages (vitesse, angle de rotation, *etc.*) en touchant **Options**. Sinon, choisissez-en un autre. Recommencez pour l'effet de sortie, éventuellement. Touche **OK** en haut à droite de l'écran pour valider votre animation.

Terminez de préparer votre présentation en ajoutant autant de diapositives que nécessaire.

Nous allons immédiatement voir la présentation et tester l'animation : touchez le bouton **Lecture** en haut à droite de l'écran. Les commandes sont masquées et la lecture débute. Pour passer d'une diapo à l'autre, c'est vous qui contrôlez : touchez l'écran. De même pour lancer une animation et la terminer : chaque fois que vous touchez l'écran, la présentation avance d'une étape.

Vous pouvez revenir à l'édition de votre présentation si certains détails ne vous conviennent pas.

C'est terminé ? Bravo, vous allez désormais pouvoir faire votre présentation devant votre public !

Au préalable, si vous le souhaitez, vous pouvez imprimer ou exporter la présentation.

Étape 5 : Imprimez ou exportez la présentation Keynote

Cette étape est facultative si vous comptez projeter directement la présentation depuis l'iPad.

Le menu **Outils** permet d'imprimer la présentation ou d'ajouter des notes sous une diapo (qui seront visibles par l'intervenant uniquement).

Touchez **Mes présentations** pour revenir à l'écran d'accueil de **Keynote**. Touchez le bouton en bas à gauche de votre présentation pour la partager en l'exportant au format Keynote, Microsoft PowerPoint ou PDF, l'envoyer grâce à **Mail**, ou encore la publier sur iWork.com. Enfin, vous pouvez l'envoyer à iTunes et ainsi la retrouver sur votre ordinateur, dans l'onglet **Apps**, lorsque l'iPad est connecté.

Étape 6 : Projetez la présentation

Dans cette dernière étape, c'est à vous de jouer ! Pour projeter directement la présentation depuis votre iPad à l'aide d'un téléviseur, d'un moniteur ou d'un projecteur équipé d'une entrée vidéo dite « VGA », il faut impérativement disposer d'un petit accessoire vendu par Apple en complément de l'iPad, appelé *adaptateur connecteur Dock vers VGA iPad.*

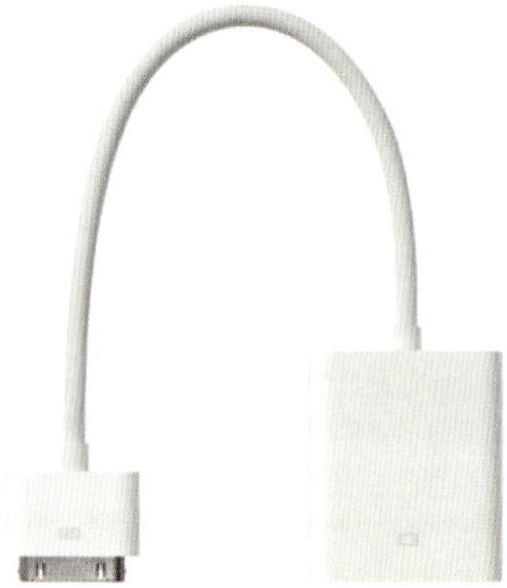

Note Cet accessoire (qui coûte une trentaine d'euros) sera vite rentabilisé car il vous permettra non seulement d'afficher des présentations, comme expliqué dans ce projet, mais aussi de connecter votre iPad à votre téléviseur pour regarder des vidéos YouTube ou des diaporamas de vos photos ! Attention, il ne permet pas l'accès aux autres applications de l'iPad.

Connectez simplement le câble à votre iPad d'un côté et à votre écran ou projecteur de l'autre, et le tour est joué !

Astuce **Keynote** est aussi capable de lire le format ppt (PowerPoint de Microsoft Office). Vous pouvez donc utiliser la technique présentée précédemment pour transférer une présentation créée sur un ordinateur vers l'iPad, puis l'ouvrir et la projeter grâce à **Keynote**.

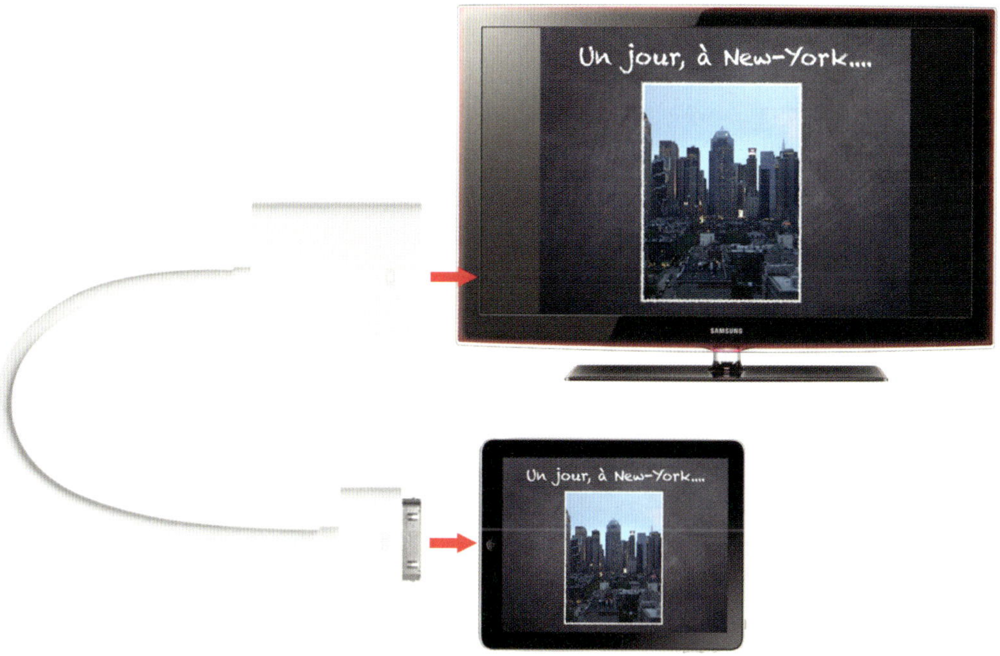
Un jour, à New-York....
SAMSUNG
Un jour, à New-York....

Projet 12. Préparer et réserver un voyage

Ah, les voyages ! Certains d'entre nous adorent les organiser, d'autres préfèrent les vivre, mais tout le monde ou presque sera d'accord : les vacances et les voyages font partie des plus grands plaisirs de la vie.

Nous allons voir dans ce projet comment organiser un voyage de A à Z : de la préparation jusqu'à la découverte guidée sur place, en passant par la réservation, car tout cela est non seulement possible, mais très agréable grâce à l'iPad.

Étape 1 : Choisissez une destination (au hasard ?) et renseignez-vous

La première étape consiste à choisir votre destination, si ce n'est déjà fait, et à vous renseigner sur celle-ci grâce à l'iPad. Si vous n'avez aucune idée, voici quelques pistes pour trouver l'endroit de vos prochaines vacances :

Fotopedia Heritage

Gratuit Fotonauts Inc Voyages

Laissez-vous tenter par un site classé au patrimoine mondial de l'humanité par l'Unesco, en parcourant les photos de ces lieux somptueux grâce à l'application **Fotopedia Heritage**.

Google Earth

Gratuit Google Voyages

Le budget et la distance ne sont pas une contrainte ? Revisitez le jeu du pointage au hasard sur le planisphère grâce au globe terrestre virtuel proposé par l'application **Google Earth**, qu'on ne présente plus ! L'adaptation pour iPad est fantastique.

Note Pour les anglophones seulement, signalons aussi la jolie application **1000 EXPERIENCES** de Lonely Planet, qui donne des idées de voyages hors des sentiers battus, par thèmes et en photos. Splendide !

Pour vous renseigner sur une destination, le plus efficace sera probablement à ce stade d'effectuer une recherche sur Google ou Wikipédia. Rappel : dans l'écran de recherche de l'iPad, après avoir saisi un terme, touchez **Rechercher sur le Web** ou **Rechercher dans Wikipedia** pour lancer la recherche et ouvrir **Safari** sur la page de résultats.

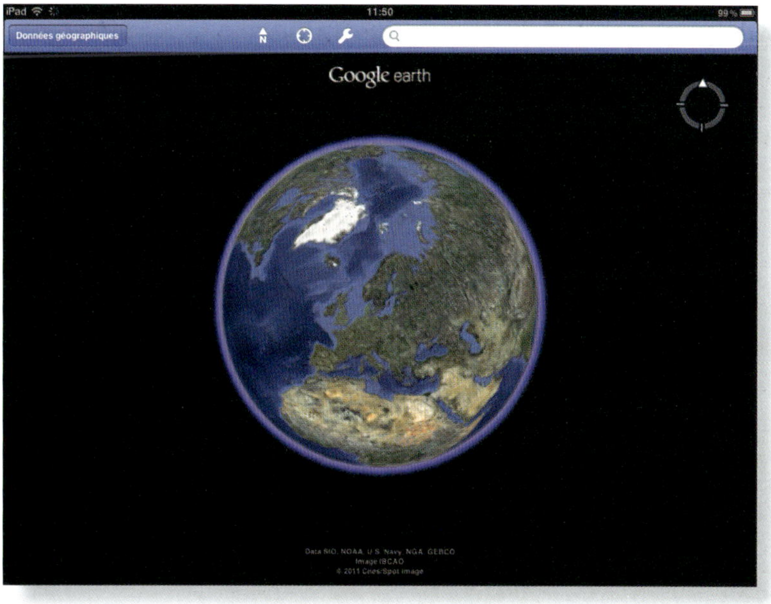

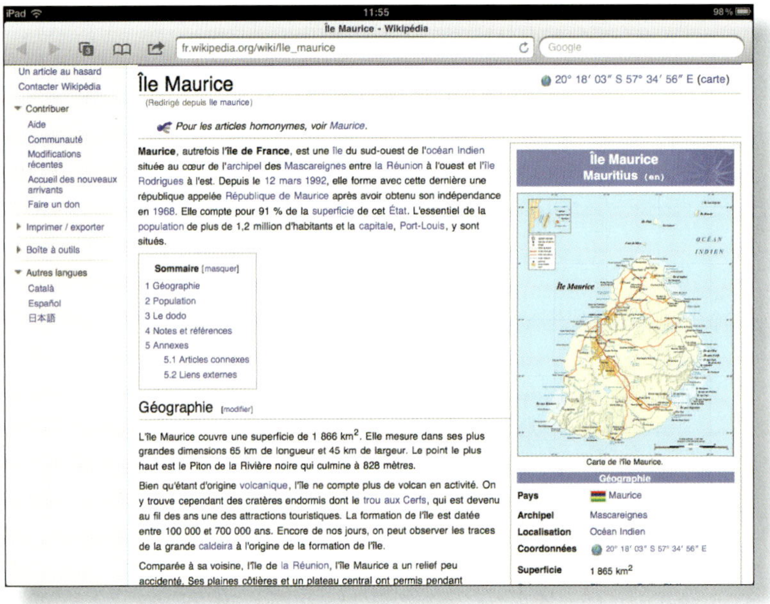

Trip Advisor

Gratuit   Trip Advisor LLC   Voyages

Enfin, pour obtenir des informations sur les hôtels de la région ciblée, ne passez pas à côté de l'excellente application **Trip Advisor**, qui donne accès à des milliers d'avis d'utilisateurs du monde entier sur les hébergements. Vous pourrez même y trouver des suggestions d'activités sur le lieu recherché.

Étape 2 : Réservez et suivez votre voyage jusqu'au départ

Vous êtes décidé ? Il est temps de passer à l'action et de réserver votre voyage. Voici quelques applications qui vous y aideront :

Liligo

Gratuit Liligo.com Voyages

Liligo.com permet de vérifier les prix des billets d'avion. Fondée sur le site Internet du même nom, l'application compare plus de 250 sites de voyages en une seule opération ! Les compagnies *low cost* sont aussi incluses. Très bien conçue, simple à utiliser et rapide, l'application est un modèle d'ergonomie et d'efficacité. Les prix sont affichés, taxes et frais inclus : les mauvaises surprises sont donc évitées ! Il est aisé de trier et filtrer les résultats selon vos souhaits. Ensuite, en fonction des marchands, vous pourrez réserver directement par téléphone ou par le Web, avec Safari.

SNCF Direct

Gratuit SNCF Voyages

SNCF Direct est l'application officielle de la SNCF. Elle permet de consulter les horaires en temps réel des trains (grandes lignes et transiliens) au départ de nombreuses gares. Vous pouvez recevoir une alerte dès que l'horaire de votre train (ou son retard) est annoncé. L'application offre toute une série de petits services pratiques : repérer les gares à proximité, afficher la liste des services disponibles dans une gare (commerces, parkings, guichets, *etc.*) ou le plan des environs de la gare. Pour acheter des billets, un bouton dans l'application vous mènera au site Voyages-sncf.com, avec **Safari**.

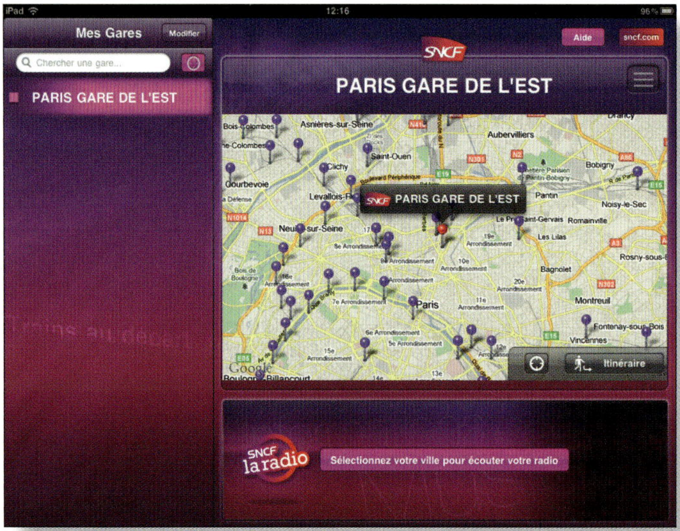

Booking.com

Gratuit Booking.com Voyages

Booking.com est l'application de la centrale de réservation d'hôtels en ligne du même nom. Elle donne accès à plus de 100 000 hôtels au meilleur prix. Grâce à l'application iPad, la recherche et la réservation d'une chambre sont simplifiées : choisissez votre destination, entrez vos dates de voyage et sélectionnez un hôtel.

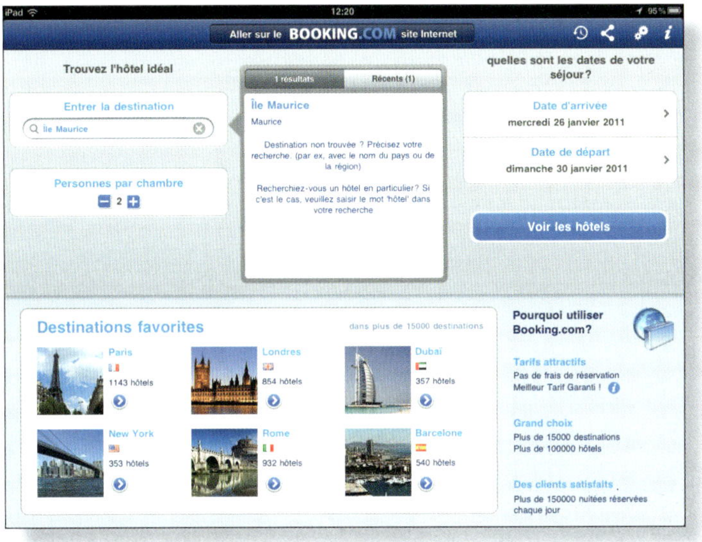

FlightTrack

3,99 € Ben Kazez Voyages

FlightTrack est une application intelligente et très pratique, car très complète. Elle affiche en temps réel l'état des vols dans le monde entier pour près de 1 500 compagnies aériennes, ce qui est déjà colossal ! Vous pouvez afficher la carte d'un vol en temps réel. Elle permet aussi de vérifier la porte d'embarquement, de connaître les retards et les annulations, de consulter le type d'appareil, et même sa vitesse et son altitude dans certains pays. Très efficace et bien conçue, elle donne la possibilité de garder en mémoire les segments de vol de votre choix pour une consultation rapide. Les amoureux des aéroports comme les stressés du voyage en avion apprécieront. L'application est de plus compatible avec l'iPhone !

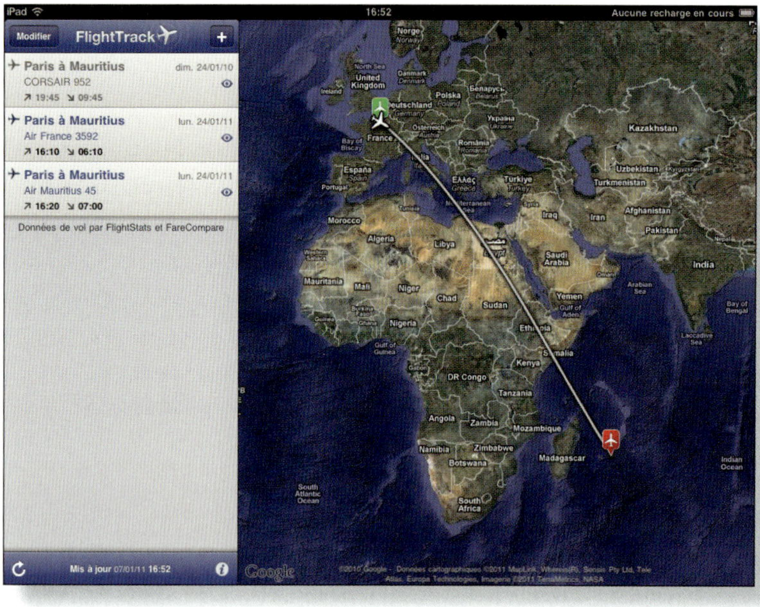

Étape 3 : Utilisez l'iPad comme guide de voyage

Tout est prêt ? Les bagages sont terminés, le jour J est arrivé ? N'oubliez pas d'emporter votre iPad, surtout ! Vous pourrez l'utiliser sur place, pour vous orienter par exemple, grâce à **Plans** (consultez le chapitre 12 pour plus d'informations sur l'utilisation de l'iPad à l'étranger). Vous pouvez aussi faire le plein de romans avec iBooks.

Juste avant de partir, n'oubliez pas de télécharger un guide de voyage pour votre destination. Plus léger qu'un livre imprimé, l'iPad vous permet d'emporter toute une pile de guides et d'ouvrages, et bien sûr de les consulter hors connexion.

De plus, les guides sur iPad ne sont pas comparables aux simples guides de voyages traditionnels, puisqu'ils peuvent tirer pleinement parti des capacités de géolocalisation, par exemple. Certains argueront qu'un guide de voyage sur iPad n'a pas le charme d'un vieil exemplaire papier, corné et annoté, usé au fond d'un sac ou d'une valise. Par ailleurs, avec un guide imprimé, aucune chance de tomber en panne de batterie ! C'est vrai, mais chaque solution a ses avantages et ses inconvénients.

Pour savoir si un guide existe sur votre prochaine destination de voyage, saisissez simplement le nom du pays ou de la ville dans le champ de recherche de l'App Store.

Voici deux collections bien connues de guides de voyages disponibles sur l'iPad :

Collection Guides du Routard pour iPad

4,99 € Cyberterre Voyages

Le célèbre éditeur de guides de voyages traditionnels a fait récemment une arrivée remarquée sur l'App Store. Et pour cause, les applications de l'éditeur sont de véritables *city guides* avec un contenu de qualité, comparable à celui des guides imprimés, mais optimisé pour l'iPhone. Idéal lorsqu'on apprécie ces guides, mais aussi de voyager léger ! Plusieurs titres sont proposés à l'heure actuelle, de Paris à New York, en passant par Bruxelles, Londres, Venise ou Barcelone, et la collection devrait s'étendre rapidement. Espérons que l'éditeur proposera aussi bientôt des guides de pays complets ! Un seul regret : si vous utilisez un iPad et un iPhone, les applications, disponibles pourtant séparément sur chacune de ces machines, ne sont pas compatibles.

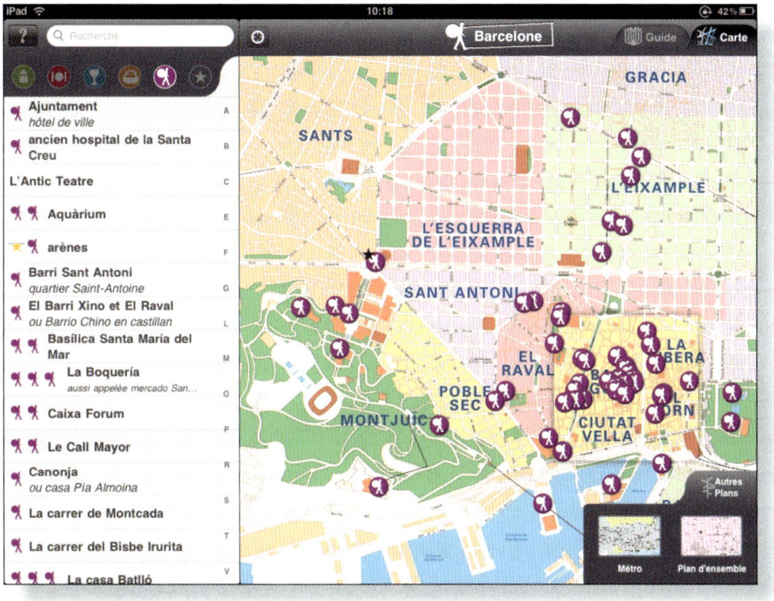

Collection Le Petit Futé

1,59 à 5,99 € miLibris Voyages

Une autre collection de guides de voyages traditionnels désormais présente sur l'iPad. De très nombreux titres sont disponibles, des villes et des régions de France aux contrées lointaines, en passant par le tourisme à thème (écoutourisme, gastronomie, voyages avec les enfants, *etc.*). Attention : les « applications » sont de simples reproductions des guides papier et n'apportent pas de réelle valeur ajoutée sur l'iPad.

Note

Zinio et **Relay** sont deux applications qui vous permettront de lire des magazines sur l'iPad. Les applications sont gratuites mais chaque numéro de la publication de votre choix vous sera facturé.

Projet 13. Révéler l'artiste qui est en vous !

Composer une œuvre d'art ou un morceau de musique du bout des doigts, retoucher une photo en quelques secondes avant de l'envoyer à ses amis, vous pensiez que tout cela n'existait que dans les films ? Eh bien détrompez-vous, l'iPad a redonné ses lettres de noblesse à l'expression « avoir des doigts de fée » ! Voici quelques applications qui vous permettront d'expérimenter la création artistique avec l'iPad.

Photos et peinture

Retoucher des photos prend un sens totalement différent lorsqu'il s'agit d'utiliser ses doigts ! Pour certains, cela sera plus compliqué qu'avec une souris, alors que d'autres feront preuve d'une agilité inattendue. Il existe sur l'App Store plusieurs applications de retouche d'images et de peinture, plus ou moins complexes. Tout utilisateur pourra néanmoins réaliser de spectaculaires effets grâce à certaines dont l'usage est aussi simple que spectaculaire, comme Color Effects.

Astuce Rappel : pour pouvoir éditer rapidement une photo, envoyez-vous-la par e-mail depuis l'ordinateur où elle est stockée, puis touchez-la longuement pour l'enregistrer dans la bibliothèque d'images.

PhotoPad

Gratuit Zagg Photographie

PhotoPad est une application de retouche d'images simple mais aux effets puissants, qui vous permettront de sauver bien des photos. Spécialement conçue pour l'iPad, elle est de plus gratuite ! Un *must*.

Ouvrez une image se trouvant dans votre bibliothèque puis choisissez un outil dans la colonne de gauche. L'application permet de recadrer, peindre, remplir une zone, faire pivoter, redimensionner ou encore supprimer l'effet yeux rouges de la photo sélectionnée. Faites glisser vers le bas pour voir les effets et réglages de couleurs, ainsi que les filtres. Tout en bas de l'écran, touchez **email** pour partager la photo après sa retouche.

Pixels Pro

7,99 € Diesel Softworks Photographie

Pixels Pro est une application très élaborée pour la création graphique et la retouche d'images sur iPad. Elle offre des fonctionnalités qui rappellent Photoshop (dont la gestion de sélections et de calques, par exemple), mais avec une interface pensée pour l'iPad, très réussie. Pixels Pro supporte d'ailleurs le format PSD. Vous pouvez partir d'une toile vierge et peindre du bout des doigts ou importer une photo depuis votre bibliothèque. Cette application s'adresse aux utilisateurs expérimentés, ayant déjà l'habitude de dessiner ou de « travailler avec les pixels ». Elle pourra sembler complexe, voire obscure, aux débutants.

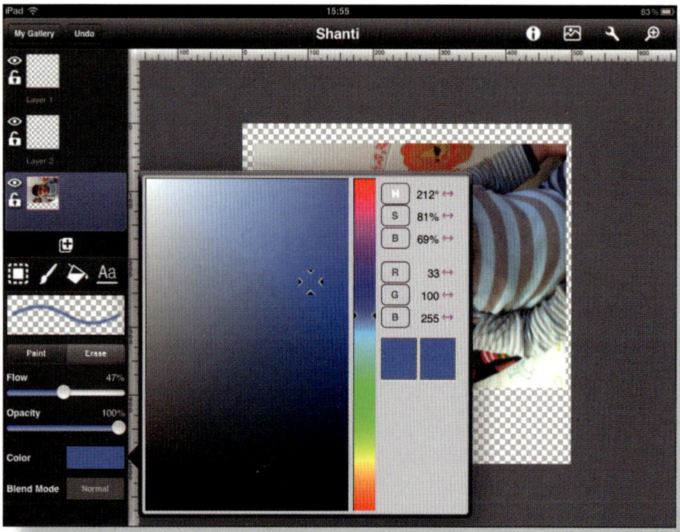

Astuce Pour voir ce dont Pixels Pro est capable avant d'acheter l'application, téléchargez Pixels Lite, qui offre exactement les mêmes fonctionnalités mais limite l'utilisation à une toile.

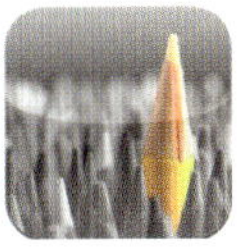

Color Effects

Gratuit Daniel Cota Photographie

Color Effects est une application de retouche d'images simple et ludique, dotée d'une seule fonction : elle permet de passer une photo en noir et blanc, pour n'en conserver qu'une partie en couleurs et ainsi créer un effet de contraste intéressant.

Le résultat est souvent impressionnant, surtout vu la simplicité de l'interface et à condition de choisir une photo dont les contours sont assez bien délimités. La photo ouverte est convertie en noir et blanc. Touchez alors le bouton en couleur en bas à droite et ajustez l'épaisseur de votre pinceau. « Peignez » ensuite du bout du doigt la zone à passer en couleur. Vous pouvez annuler la dernière action à l'aide du bouton en bas à gauche, ou repasser des zones en noir et blanc en touchant le bouton noir et blanc.

Vous pouvez ensuite enregistrer votre création dans la bibliothèque de photos. En bonus, vous pourrez partager vos œuvres aisément sur Facebook ou par e-mail : touchez le bouton **Réglages** en haut à gauche.

Astuce Pour zoomer, utilisez la technique habituelle. Ensuite, pour vous déplacer dans l'écran, touchez-le simultanément avec deux doigts et faites glisser.

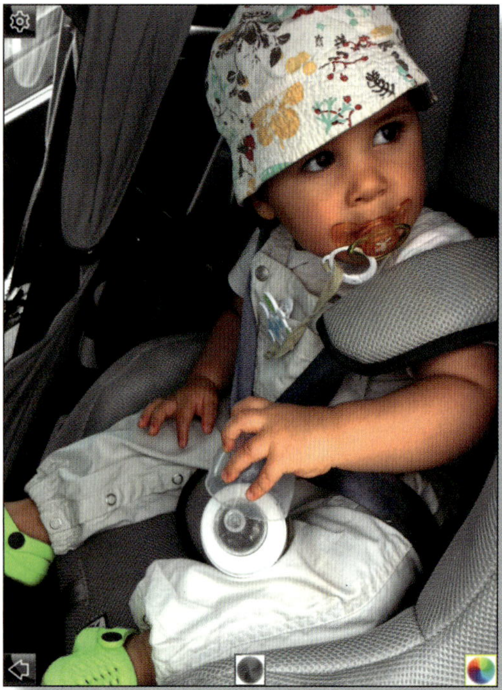

Composer de la musique sur iPad

Le saviez-vous ? Le groupe Gorillaz a publié en 2010 le tout premier album (presque) entièrement composé grâce à un iPad ! Presque, car ils ont dû enregistrer quelques voix et d'autres instruments avec un ordinateur, mais tout le reste, pour les quinze titres, a été fait grâce à des applications iPad. C'est donc la preuve qu'il est possible de composer des œuvres musicales du bout des doigts... Voici quelques exemples d'applications qui vous y aideront.

Note Vous pouvez écouter le dernier album de Gorillaz gratuitement sur le Web : `http://thefall.gorillaz.com`

iOrgel HD

2,39 € allm Musique

iOrgel HD recrée sur votre iPad la petite boîte à musique de votre enfance ! Grâce à ses quarante-huit notes, vous pouvez inventer vos propres musiques et les partager ensuite.

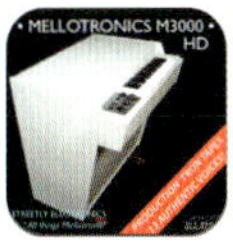

Mellotronics M3000 HD

9,99 € omenie Musique

Savez-vous ce qu'est un mellotron ? Si vous lancez une recherche Wikipédia sur ce mot (depuis votre iPad, bien entendu), vous verrez qu'il s'agit d'un « instrument de musique polyphonique à clavier lisant les sons sur des bandes magnétiques (…) largement utilisé dans les années 1970, notamment par les formations de rock progressif ».

Les temps changent et le mellotron est désormais très difficile à trouver… Sauf sur l'iPad ! Il existe en effet une application reproduisant exactement ses effets si particuliers : Mellotronics M3000 HD. Unique.

Note Signalons pour terminer que l'iPad est aussi un excellent compagnon pour les musiciens équipés et leurs instruments. Citons entre autres les applications :

- **FourTrack** : un séquenceur audio multipiste qui permet d'enregistrer voix, instruments, *etc.*, *via* le micro, puis de séquencer les enregistrements pour en faire des morceaux complets, à retravailler dans un séquenceur sur PC ou Mac (comme Garage Band).
- **GuitarToolKit** : une application très complète puisqu'elle joue le rôle d'accordeur, de métronome et de bibliothèque d'accords. Contrairement à ce que son nom laisse penser, elle conviendra à tout type d'instruments à cordes : guitares, basse, banjo, mandoline, *etc.*
- **iRealBook** : la « bible » des grilles d'accords, surtout destinée aux musiciens de jazz. On y trouve les grilles d'accords de tous les standards jazz, bossa-nova, *etc.*, pouvant être interprétées aussi bien par un pianiste, un guitariste, un saxophoniste, entre autres.
- **BeatMaker** : un studio mobile de création de musique, plutôt orienté électro.
- **Amplitube** : un simulateur d'ampli de guitare (son utilisation nécessite l'achat un adaptateur spécial appelé **iRig**, pour connecter sa guitare à l'iPad).

Projet 14. Faire jouer à l'iPad le rôle de baby-sitter !

Il peut être étonnant d'observer un enfant en bas âge manipuler un iPad. La rapidité avec laquelle certains d'entre eux comprennent son fonctionnement et apprivoisent les différentes applications est tout simplement stupéfiante. Elle en dit long aussi sur le « génie » d'Apple en ce qui concerne l'ergonomie et la simplicité d'usage !

Si tant est que vous acceptiez que votre enfant ou bébé s'en serve (sous votre surveillance, bien sûr), l'iPad peut ainsi se révéler un excellent allié pour occuper votre progéniture, à la maison, mais aussi dans des salles d'attente, en voyage ou en voiture.

Voici une sélection d'applications particulièrement adaptées pour utiliser l'iPad en famille, pour simplement passer le temps et jouer, mais aussi apprendre et progresser en s'amusant !

Note N'oubliez pas que certaines applications peuvent produire du son. Si vous devez rester silencieux, utilisez le commutateur situé près des boutons de volume. Le port d'un casque audio n'est pas recommandé pour les jeunes enfants.

La machine à sons

1,59 € Sérendipité Éditions Jeux

La machine à sons est une collection d'applications très jolies et bien conçues pour l'iPad. Le principe est simple et efficace : touchez une vignette pour entendre le son produit par l'animal, l'instrument de musique, et ainsi de suite.

L'interface est simple et agréable : même un tout-petit saura utiliser l'application. Les choix thématiques et les sons associés sont excellents : instruments de musique, animaux de la ferme, moyens de transport originaux. La version « exotique » de l'application, appelée **Sons du Monde**, est aussi très réussie.

À noter : l'application utilise la langue choisie dans les réglages de votre iPad. Vous pouvez donc l'utiliser en anglais ou en espagnol, par exemple, en changeant l'option dans les réglages le temps d'une partie.

Les Ptits Incollables

3,99 € PlayBac Jeux

Les Ptits Incollables est une application destinées aux enfants de 3 à 4 ans. Elle propose des petits modules spécialement conçus pour l'iPad, en relation avec les notions abordées en petite section de maternelle : jeux d'observation, coloriages, labyrinthes, *etc.*

Tom le chat qui parle pour iPad

Gratuit   Outfit7   Divertissement

Tom le chat qui parle est l'une des applications préférées de nombreux enfants et bébés assez chanceux pour que leurs parents leur prêtent de temps à autre leur iPhone. Voici désormais la version pour iPad !

Le concept est simple : Tom le chat répète tout ce qu'il entend de sa voix légèrement stridente. Il est aussi sensible au toucher : vous pouvez lui caresser le ventre pour le faire ronronner ou lui donner une petite claque pour l'assommer !

Note — **Tom le chat qui parle pour iPad** est une application gratuite, certes, mais affublée de publicités très énervantes, en permanence. Pour obtenir des scènes supplémentaires et enlever toute publicité, vous pouvez « mettre l'application à niveau », c'est-à-dire payer (2,39 €) un *upgrade*, directement depuis l'application.

SmackTalk! HD

0,79 €   Marcus Satellite   Divertissement

Une application qui fait parler un hamster, un chiot ou un chaton ? Mieux encore, elle ne se contente pas de les faire parler : elle les fait répéter tout ce que vous dites, des chansons et même vos fous rires ! Vous pouvez enregistrer jusqu'à cinq messages différents par animal. Vraiment très drôle !

Le fonctionnement de **SmackTalk!** n'est pas évident de prime abord. Lancez l'application et commencez par choisir votre animal préféré. Le hamster est incontestablement la star de cette application, mais il y a d'autres espèces disponibles : faites glisser sur les côtés.

Dès à présent, si vous parlez pendant une dizaine de secondes, la petite bête répétera tout, à sa manière et immédiatement après vous. Vous pouvez bien sûr parler, mais aussi chanter, crier ou rire ! Pour réécouter le dernier enregistrement, touchez **Say Again !**.

Comptines pour iPad

2,39 € E-MAGIN Musique

Comptines pour iPad est l'application du portail musical pour enfants bien connu des parents : **www.comptines.net**. L'application offre plus de cent comptines connues, une vingtaine de jolies berceuses et de boîtes à musique, à emporter partout avec vous !

De *À la claire fontaine* jusqu'à *La Licorne*, sans oublier notre préférée du moment, *La Famille tortue*, elles y sont toutes. Le plus : les interprétations sont modernes et agréables.

Note Il vous faudra télécharger les morceaux sur l'iPad suite au premier démarrage de l'application si vous souhaitez pouvoir les lire hors connexion. Touchez **Télécharger**.

Baby Piano HD

1,59 € Dream Cortex Enseignement

Baby Piano HD propose un joli piano virtuel. Deux modes sont disponibles : les notes de musique et les sons d'animaux. Trois chansons d'apprentissage permettent à l'enfant de découvrir le solfège et de s'entraîner. Une application joyeuse et colorée qui fera la joie des bébés mélomanes !

Note **Baby Piano HD** existe en version **Lite** (gratuite).

Projet 15. Transformer l'iPad en console de jeux

Avec l'iPad, les jeux vidéo prennent une toute nouvelle dimension. Le grand écran tactile et sonore, couplé au capteur de mouvement et à la légèreté de l'iPad, est idéal pour les concepteurs de jeux les plus innovants !

Et lorsqu'on connaît le prix des jeux disponibles sur consoles « classiques », on se rend compte que l'iPad est une véritable aubaine pour tous ceux qui aiment les jeux vidéo... et même les autres, qui finissent par succomber tôt ou tard devant l'ingéniosité et l'élégance de certains concepts.

Voici une sélection de jeux à essayer absolument !

Super Monkey Ball

5,99 € SEGA Jeux

Super Monkey Ball est un jeu de plate-forme où vous dirigez un petit singe coincé dans une bulle. Faites-le rouler, attrapez les bananes, évitez de tomber dans le vide pour atteindre le niveau suivant !

Grâce au capteur de mouvement de l'iPad, le jeu se contrôle en inclinant l'écran. Fabuleux !

Angry Birds HD

3,99 € Clickgamer.com Jeux

Le principe : vous devez « lancer » des oiseaux sur des constructions en tous genres, afin de détruire les vilains cochons verts !

Logique, géométrie, précision : c'est beaucoup plus complexe et intelligent qu'il n'y paraît, et il vous faudra une bonne dose de patience pour terminer certains niveaux du jeu. Le jeu est très bien conçu, avec des graphismes et des bruitages de bon niveau. Potentiel addictif élevé et idéal pour se défouler après une journée bien remplie !

Cocoto Kart Online

2,99 € Eurocenter Jeux

Cocoto Kart Online est un jeu de courses de voitures en 3D. Graphisme et jouabilité excellents, c'est fun, coloré et on peut même jouer à plusieurs ! Ce jeu rappelle le mythique Mario Kart et promet des heures de course endiablée grâce à ses nombreux circuits, tous aussi beaux et suprenants les uns que les autres.

Cette version HD est encore plus magique : avec l'iPad entre les mains, tel un volant de course, le jeu prend une tout autre dimension. Génial !

Pinball HD

2,39 € OOO Gameprom Jeux

Les jeux de flippers pour l'iPad sont nombreux et variés, plus ou moins réussis, plus ou moins jolis. Pinball HD, avec son graphisme 3D très élégant, sa jouabilité aboutie et ses trois ambiances différentes, tire habilement son épingle du jeu.

Tap Tap Radiation

Gratuit Tapulous Jeux

Tap Tap est un concept génial et déclinable à l'infini : au son de votre chanson préférée, tapotez sur l'écran de votre iPad en rythme.

Effets visuels super réussis et tubes du moment font de ce jeu un des grands *hits* sur l'App Store, totalement mérité !

Optimisé pour l'écran de l'iPad, Tap Tap Radiation et ses boules incandescentes offrent une expérience sensorielle fabuleuse !

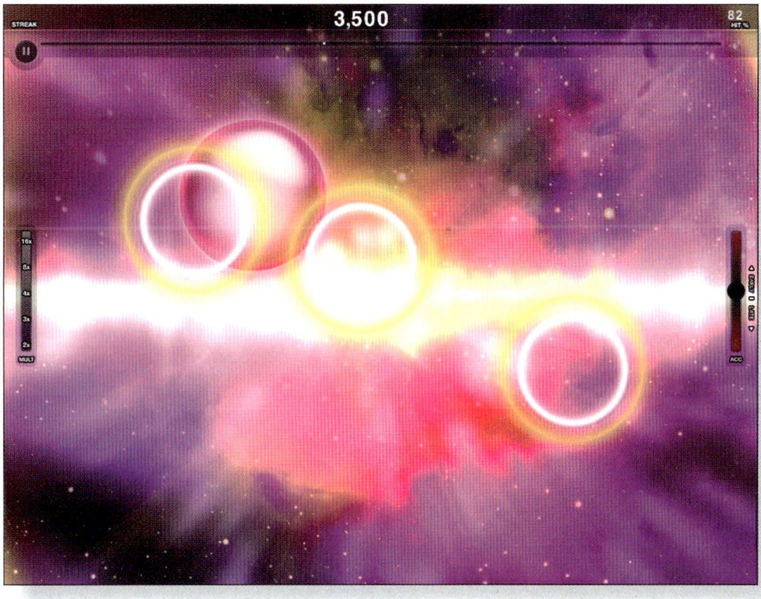

AirHockey

0,79 € Acceleroto Jeux

Le air hockey est un jeu à la croisée du hockey sur glace et du billard. Peut-être avez-vous déjà vu ces drôles de tables à coussin d'air, sur lesquelles un palet semble flotter, poussé par les joueurs munis de sortes de maillets circulaires, à chaque extrémité de la table ?

Avec l'application AirHockey, l'écran tactile de l'iPad offre une nouvelle jeunesse à ce jeu très populaire ! Et donne une taille confortable à la surface de jeu !

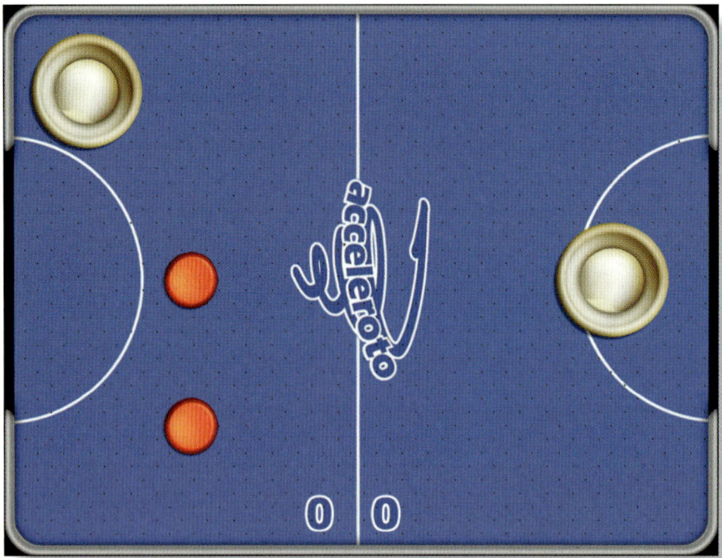

Labyrinth 2 HD

3,99 € Illusion Labs Jeux

Le principe est simple : vous dirigez une bille dans un labyrinthe en bougeant l'iPad. Ce jeu remporte un énorme succès sur l'App Store. Pourquoi un tel engouement ? Parce qu'il exploite une facette unique de l'iPad : le capteur de mouvement.

La taille de l'écran rend le jeu très réaliste et périlleux, puisqu'il faut tenir votre plateau à deux mains.

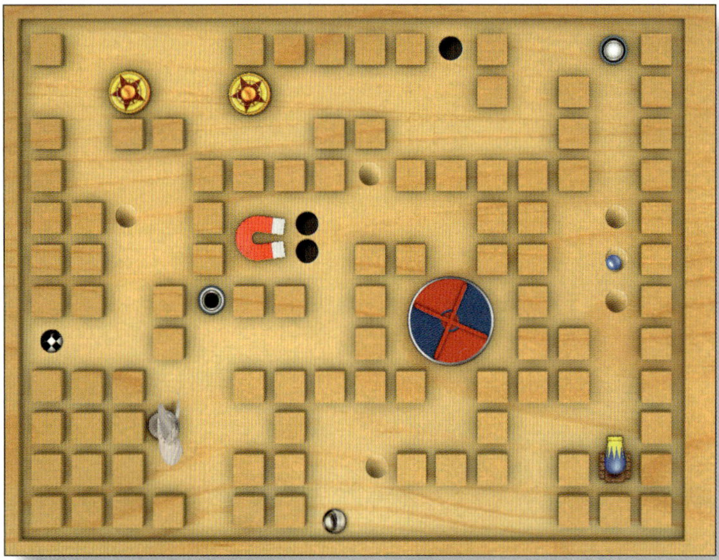

Scrabble® pour iPad

3,99 € Electronic Arts Nederland BV Jeux

Les amateurs de jeux de lettres sont unanimes : woooooaw ! L'adaptation du Scrabble® pour l'iPad est tout simplement brillante. Jouez entre amis ou affrontez l'ordinateur, mais aussi laissez-le vous donner un petit coup de pouce si besoin…

Avec une ergonomie exceptionnelle et des graphismes élégants, sans fioritures, le jeu est un vrai plaisir.

TETRIS® pour iPad

3,99 € Electronic Arts Jeux

TETRIS® est l'un des plus célèbres jeux vidéo sur les consoles portables. Passage sur l'iPad réussi, avec un jeu haut en couleur, qui utilise astucieusement l'écran tactile.

Solitaire

Gratuit MobilityWare Jeux

Que celui qui n'a jamais fait une petite partie de Solitaire pour passer le temps au bureau ou à la maison se manifeste ! Ce jeu de cartes en solo est devenu un classique sur ordinateur, il est en passe d'en devenir un aussi sur l'iPad !

Il existe en fait de très nombreuses applications sur l'App Store, dans tous les styles et à tous les prix, pour jouer au Solitaire. Parmi elles, notre préférée est la basique et efficace Solitaire. En français, simple d'utilisation, elle est en tout point semblable à la version pour ordinateur.

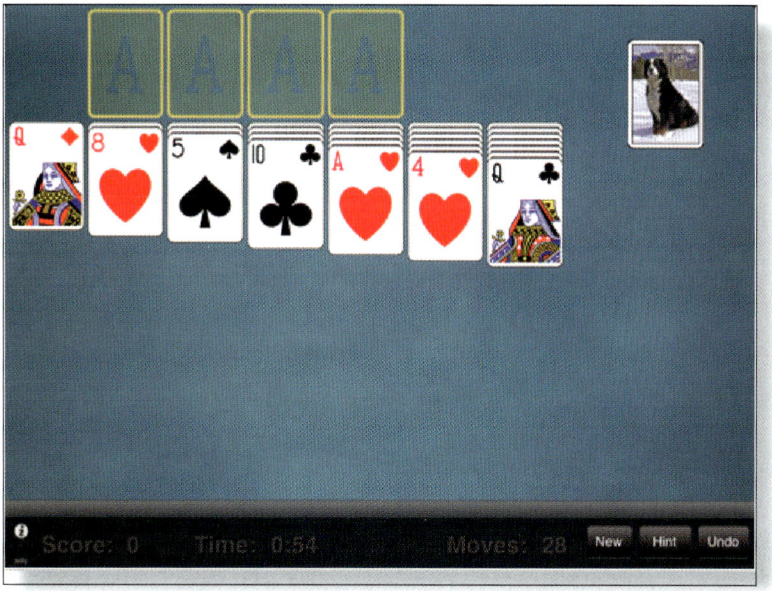
Score: 0
Time: 0:54
Moves: 28
New
Hint
Undo

PARTIE IV
BIEN CONFIGURER ET SAUVEGARDER L'IPAD

Chapitre

12

Réglages importants et personnalisation de l'iPad

Dans ce chapitre

- Accéder aux réglages
- Changer de fond d'écran
- Protéger votre iPad par mot de passe
- Quelques réglages importants
- Paramétrer la recherche Spotlight
- L'iPad en voyage et à l'étranger

Ajuster les réglages de l'iPad

L'application Réglages centralise la majorité des options importantes pour votre iPad. De nombreux réglages généraux et paramétrages d'applications ont déjà été évoqués dans les chapitres portant sur ces applications. Ce chapitre propose une synthèse ou des approfondissements lorsque c'est nécessaire, ainsi que la présentation d'autres réglages essentiels.

L'application Réglages permet en outre :

- de changer de fond d'écran ;
- de choisir un mot de passe pour protéger l'iPad ;
- de définir la durée du verrouillage automatique ;
- de paramétrer la recherche Spotlight ;
- de se connecter en Wi-Fi et modifier les options de réseau.

Touchez simplement **Réglages** sur l'écran d'accueil de l'iPad pour accéder aux options.

Note Pour certaines applications, une partie des réglages peut s'effectuer au sein même de l'application et non *via* **Réglages**.

Changer de fond d'écran

Le choix d'un nouveau fond d'écran transformera complètement votre iPad ! À vrai dire, il s'agit même de choisir deux fonds d'écrans, car vous pouvez personnaliser le fond de l'écran d'accueil, celui qui affiche les icônes, mais aussi l'écran de veille, lorsque l'iPad est verrouillé. Ce sujet a été abordé au cours du chapitre 8, consacré aux photos, mais savez-vous que vous pouvez aussi utiliser l'un des fonds d'écrans offerts par Apple ?

Pour changer de fond d'écran :

1. Touchez l'icône **Réglages** sur l'écran d'accueil.
2. Touchez **Luminosité et fond d'écran** dans la liste des réglages à gauche.
3. Touchez la zone **Fond d'écran**.

Note Vous pouvez en profiter pour ajuster la luminosité de l'écran. Néanmoins, il est préférable de conserver l'option **Réglage automatique** : la luminosité de l'écran de l'iPad s'ajustera ainsi automatiquement en fonction de la luminosité ambiante.

4 Pour utiliser une photo personnelle, touchez le nom d'un album. Pour utiliser l'un des fonds d'écrans prédéfinis, touchez **Fond d'écran**.

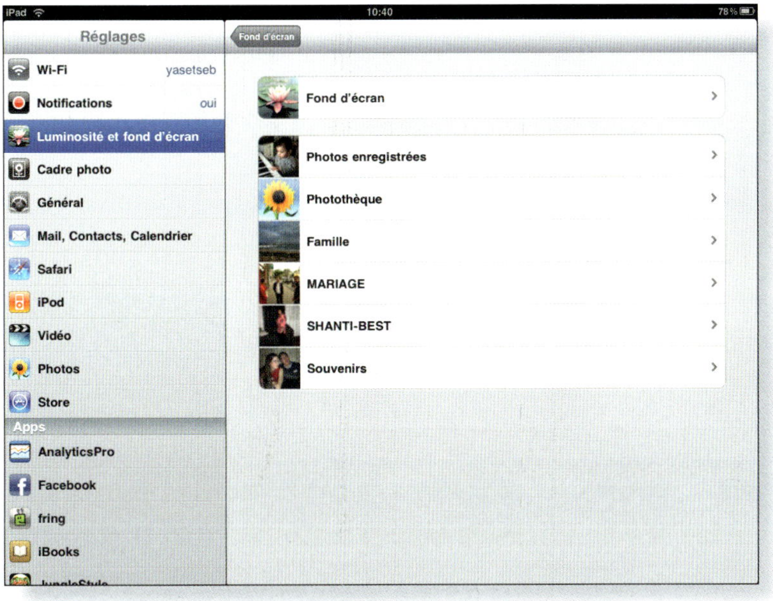

5 Touchez une vignette pour sélectionner la photo.

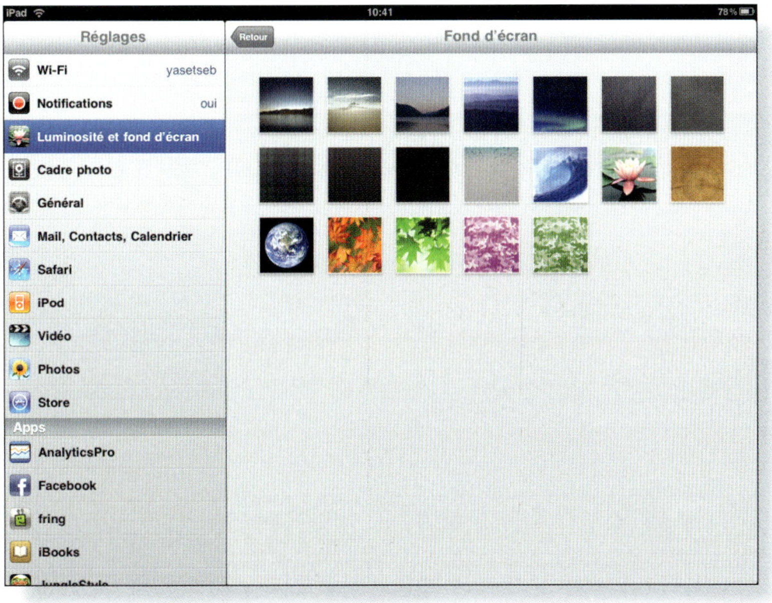

6 Choisissez quel écran sera affecté par ce nouveau fond d'écran : l'écran de veille (touchez **Écran verrouillé**), l'écran affichant les icônes (touchez **Écran d'accueil**) ou les deux (touchez **Les deux**).

Voici ce que cela produit comme résultat :

Écran verrouillé

Écran d'accueil

Note Notez que la photo sera automatiquement recadrée (et non étirée, heureusement) pour s'adapter à la taille de l'écran lorsque vous passez du mode portrait au mode paysage et inversement.

Il existe une autre manière de changer de fond d'écran, lorsque vous parcourez votre bibliothèque d'images. Cette technique a été présentée dans le chapitre 8 (consultez la section « Exploitez vos photos »). Voici un rappel :

1 Touchez **Photos** pour voir votre bibliothèque d'images.

2 Affichez la photo en plein écran en touchant sa vignette.

3 Touchez l'écran pour voir les commandes.

4 Touchez .

5 Dans le menu d'options, touchez **Utiliser en fond d'écran**.

6 Touchez **Écran verrouillé**, **Écran d'accueil** ou **Les deux** pour utiliser la photo comme fond d'écran pour l'iPad verrouillé, pour l'écran d'accueil ou pour les deux.

Protéger l'iPad par mot de passe

En plus du code PIN, qui protège uniquement les fonctions liées à la carte SIM et donc à la téléphonie, vous pouvez ajouter un niveau de sécurité supplémentaire en protégeant votre iPad par mot de passe.

Il est vrai que le code PIN ne protège que très partiellement l'iPad ! Sans même déverrouiller la carte SIM, il reste possible d'accéder à tout ce qui ne concerne pas la téléphonie sur votre iPad : messagerie, photos, musique, notes, *etc.* Tout ou presque, en somme !

Pour utiliser un mot de passe, appelé *code de verrouillage* sur l'iPad :

1 Touchez **Réglages**.

2 Touchez **Général**.

3 Touchez **Verrouillage par code**.

4 Touchez **Activer le code**.

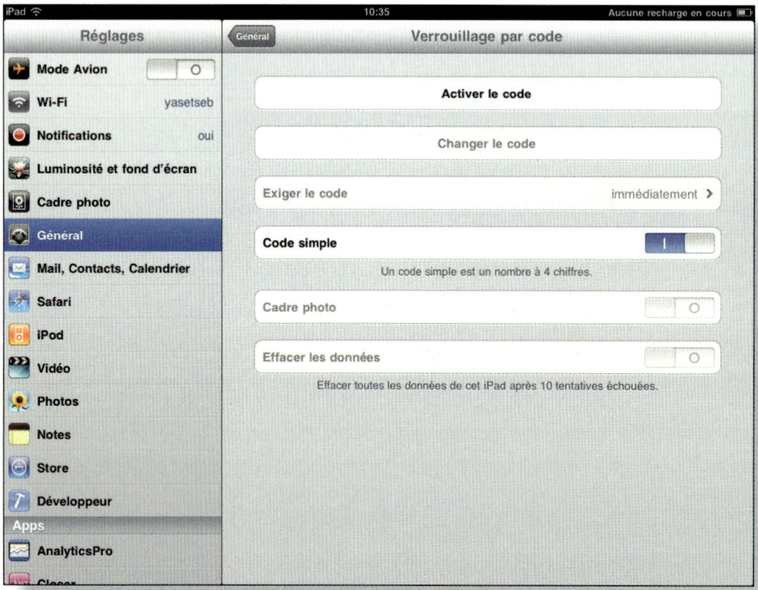

5 À l'aide du clavier numérique, saisissez votre code secret à quatre chiffres, deux fois de suite. Le code est immédiatement activé.

Astuce Si vous préférez utiliser un mot ou toute une série de caractères au lieu d'un code à quatre chiffres, désactivez l'option **Code simple**. Vous pourrez alors saisir un mot de passe contenant des lettres et/ou des chiffres.

6 Touchez éventuellement **Exiger le code** pour choisir un délai avant la demande de saisie du mot de passe : immédiatement (à chaque déverrouillage de l'iPad), ou après 1, 5, 15 minutes, 1 heure ou 4 heures.

7 Si vous désactivez l'option **Cadre photo**, le bouton permettant de lancer la fonction **Diaporama** depuis l'écran verrouillé disparaîtra. Vous pouvez ainsi restreindre l'accès au diaporama lorsque l'iPad est verrouillé.

8 Enfin, si votre iPad contient des données très confidentielles, vous pouvez envisager l'option **Effacer les données** : au bout de dix essais de saisie du code infructueux, toutes les données de votre iPad seront automatiquement effacées. Attention aux trous de mémoire tout de même !

Dès lors, à chaque déverrouillage de l'iPad (ou selon le délai choisi dans les réglages) et à chaque accès au réglage du mot de passe (que cela soit pour désactiver le code ou le modifier), vous devrez saisir votre code à quatre chiffres.

Vous pouvez désactiver la protection par code ou modifier le mot de passe à tout moment en revenant aux réglages. Touchez **Réglages**, **Verrouillage par code**, puis **Désactiver le code** ou **Changer le code**. Il est tout à fait normal que vous deviez saisir le mot de passe courant avant toute opération visant à le modifier.

Quelques réglages importants

Ajuster le verrouillage automatique

Par défaut, l'iPad passe en veille automatiquement au bout de deux minutes. L'écran s'assombrit et se verrouille automatiquement. Ceci a deux avantages : non seulement cela permet d'économiser la batterie, mais de plus, cela évite les manipulations involontaires sur l'écran tactile !

Si cette durée ne vous convient pas, vous pouvez la modifier :

1 Touchez **Réglages**.

2 Touchez **Général.**

3 Touchez **Verrouillage automatique**.

4 Choisissez une durée de 2 à 15 minutes. Touchez **jamais** afin que l'iPad ne se mette jamais en veille seul.

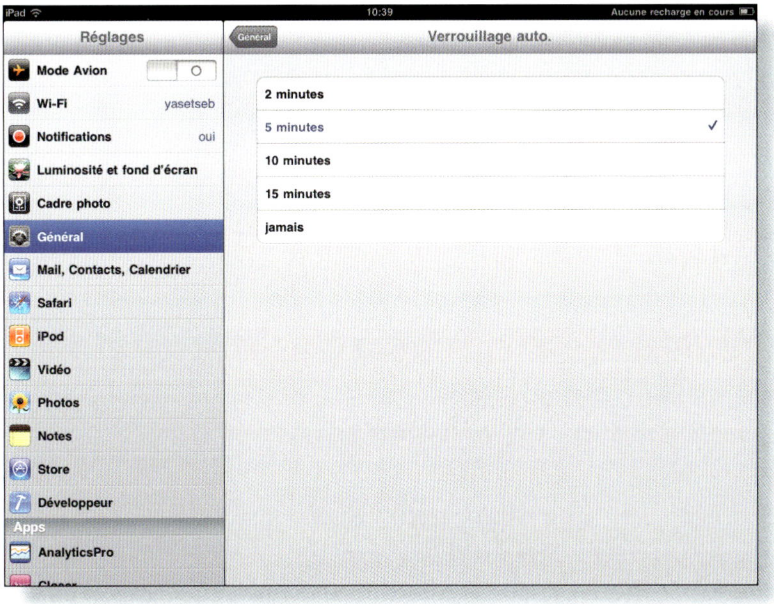

Note Lorsque vous souhaitez le mettre en veille avant la durée choisie (pensez-y lorsque vous rangez votre iPad dans votre poche ou dans votre sac !) ou si vous avez sélectionné l'option **jamais,** vous pouvez bien sûr verrouiller *manuellement* votre iPad. Appuyez à tout moment sur le bouton de situé sur le dessus de l'iPad. Consultez le chapitre 1 pour plus d'informations à ce sujet.

Ajuster les alertes sonores

Pour changer les réglages relatifs aux sons émis par votre iPad :

1 Touchez **Réglages** puis **Général**.

2 Touchez **Sons.**

3 Faites glisser le curseur pour ajuster le volume de la sonnerie.

4 Vous pouvez paramétrer l'iPad pour qu'un son soit émis à l'arrivée d'un nouveau courrier, à l'émission d'un courrier, lors d'une alerte de calendrier, lorsque l'iPad se verrouille et, enfin, à chaque action sur le clavier (cette option n'étant pas vraiment recommandée si vous utilisez votre iPhone dans des lieux publics !). Activez les options de votre choix en touchant les curseurs correspondants.

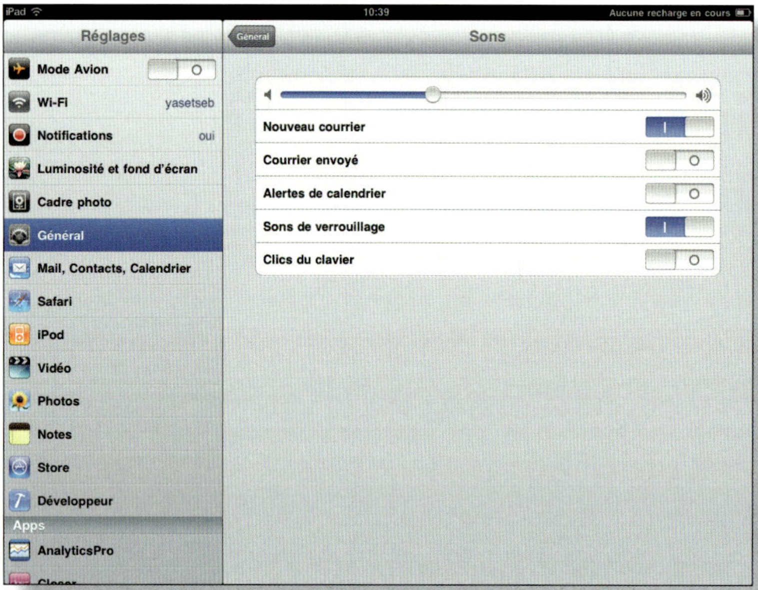

Afficher des renseignements sur l'iPad

Vous pouvez obtenir des informations sur l'iPad, comme le nombre de morceaux, vidéos et photos stockés, le nombre d'applications installées, l'espace disponible, les numéros de série et de modèle, entre autres. Pour cela :

1 Touchez **Général**.

2 Touchez **Information**.

Les informations s'affichent.

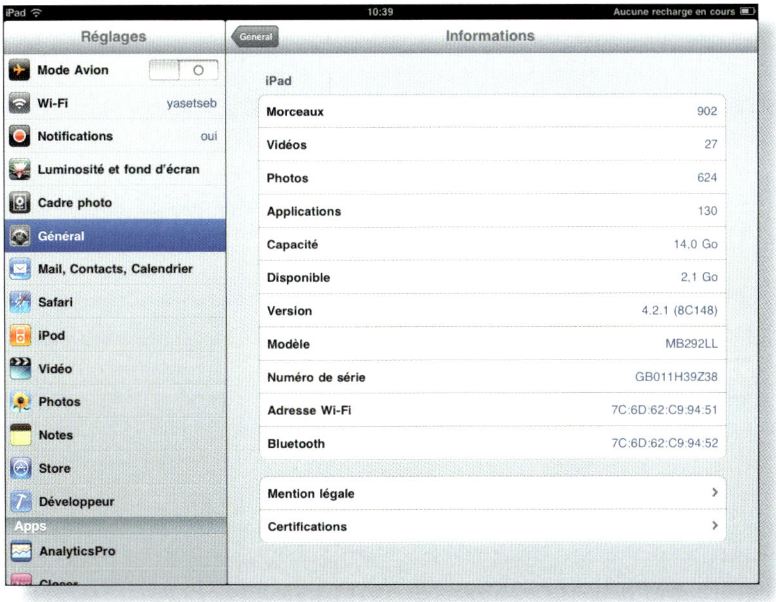

3 Revenez à la section **Général** des réglages, et activez l'option **Niveau de la batterie** en bas d'écran afin d'afficher le niveau de charge de la batterie dans la barre d'état de l'iPad, à côté de l'icône de la batterie.

Paramétrer la recherche Spotlight

La recherche dans l'iPad a été présentée au chapitre 3. C'est un outil très utile et indispensable pour retrouver un élément de n'importe quel type dans le contenu de votre iPad : contacts, messages, musique, notes, applications, *etc.*

Vous réaliserez cependant rapidement qu'il n'est pas utile d'inclure certains éléments dans la recherche, car non seulement ils ralentissent le traitement de votre requête, mais de plus, les résultats ne vous intéressent pas ! Mieux encore, vous pouvez choisir l'ordre dans lequel les éléments sont triés dans les résultats de la recherche.

Sachez dans ce cas qu'il est possible de restreindre la recherche à un ou plusieurs types d'éléments donnés :

1 Touchez **Réglages**.

2 Touchez **Général**.

3 Touchez **Recherche Spotlight**.

4 Sélectionnez les types d'éléments inclus dans la recherche : touchez un élément pour le cocher ou le décocher

5 Pour redéfinir l'ordre de classement des résultats, touchez un élément et faites glisser pour réorganiser la liste.

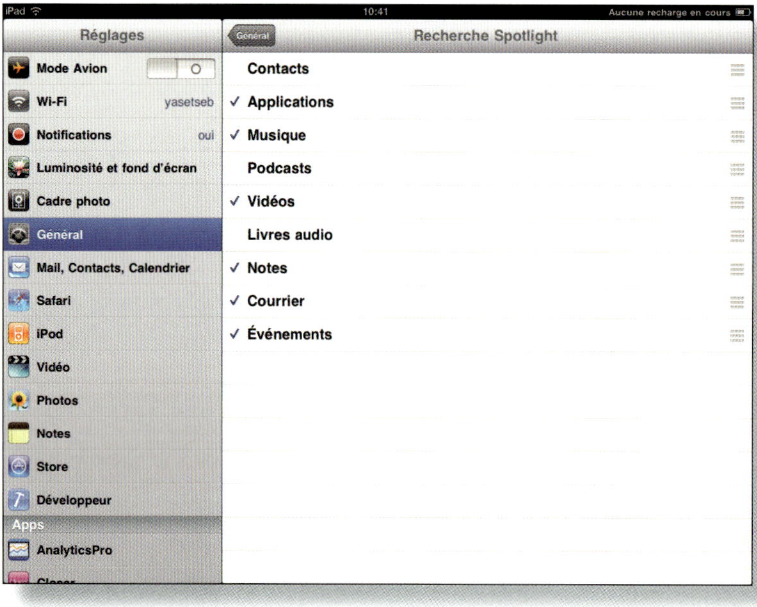

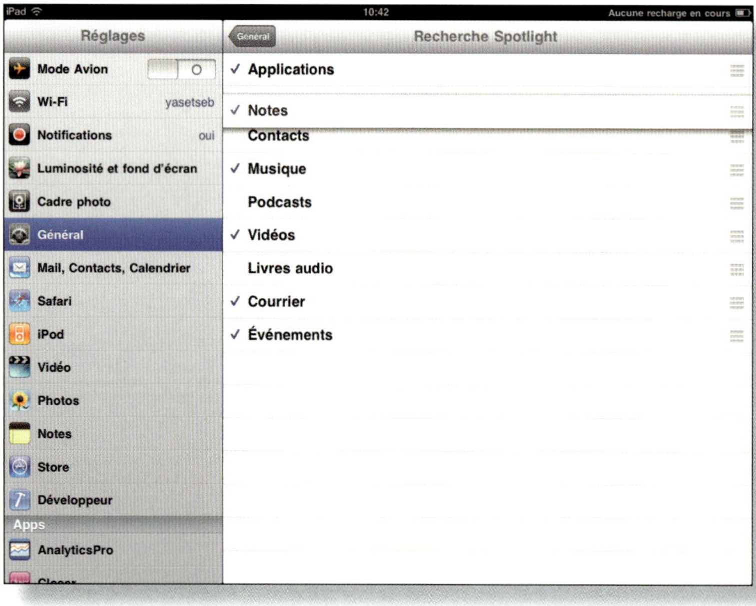

Désactiver les corrections orthographiques

Les suggestions et corrections du dictionnaire de l'iPad peuvent parfois être très utiles, et vous faire gagner du temps en complétant automatiquement les mots lors de la saisie, mais peuvent aussi devenir très exaspérantes dans certaines situations.

Imaginons par exemple que vous deviez écrire un message en langue étrangère : l'iPad ne saura pas s'adapter et corrigera systématiquement vos écrits, en francisant ou en ajoutant des accents inappropriés ! De même, si vous saisissez un message contenant beaucoup de noms propres que l'iPad ne connaît pas. Notez toutefois que vous pouvez activer un ou plusieurs claviers internationaux si vous utilisez souvent une ou plusieurs langues étrangères.

Astuce Si vous utilisez souvent un mot et souhaitez l'ajouter au dictionnaire de l'iPad, voici comment faire : lancez Safari et touchez le champ **Google**. Saisissez le mot en question et lancez la recherche. Dès lors, le mot est enregistré !

Pour désactiver les corrections orthographiques :

1. Touchez **Réglages**.
2. Touchez **Général**.
3. Touchez **Clavier** en bas d'écran.
4. Désactivez l'option **Correction auto**.
5. Vous pouvez aussi empêcher l'iPad d'ajouter des majuscules au début des phrases, de ce qu'il pense être un nom propre ou la première lettre du nom de l'un de vos contacts. Désactivez l'option **Majuscules auto**.
6. Pour ajouter des claviers internationaux, touchez **Claviers internationaux** puis sélectionnez les langues à ajouter. Attention : plus vous aurez de claviers différents et plus il vous faudra de temps pour passer de l'un à l'autre.

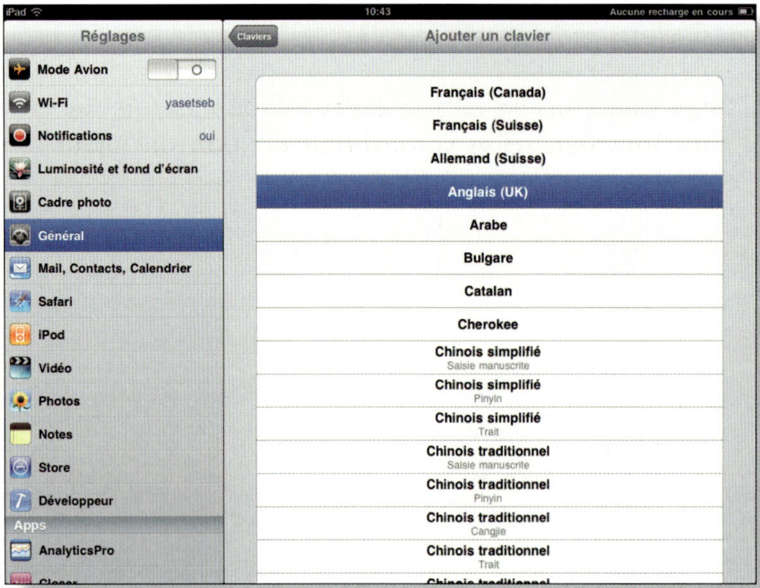

7 Dès que vous activez plus de deux claviers internationaux, un bouton spécial fait son apparition dans le clavier : . Touchez ce bouton pour basculer entre les différents claviers internationaux activés au cours de la saisie.

L'iPad en voyage et à l'étranger

L'utilisation de l'iPad en voyage ou en déplacement à l'étranger mérite qu'on s'y attarde quelques instants. En effet, selon votre forfait et votre opérateur, certains services seront indisponibles et d'autres seront facturés en supplément de votre forfait iPad habituel. Vous devez donc savoir modifier certains paramètres pour éviter les mauvaises surprises sur votre facture !

Utiliser le mode Avion

Le *mode Avion* désactive les fonctions « sans fil » de l'iPad : 3G, Wi-Fi et Bluetooth. Autrement dit, vous ne pouvez plus recevoir ou émettre de données réseau, consulter la messagerie, naviguer sur le Web ou accéder à toutes les applications utilisant Internet (dont la météo, les cours de la Bourse, YouTube). Vous pouvez toutefois toujours utiliser l'iPod, visualiser des photos, *etc.*

Note Le mode Avion permet à l'iPad d'être en conformité avec les réglementations aériennes… en avion, comme son nom l'indique ! Il est en fait aussi très utile à l'étranger, lorsque vous ne souhaitez pas vous connecter à Internet, même par le réseau Wi-Fi.

Pour activer le mode Avion :

1 Touchez **Réglages**

2 Touchez le curseur **Mode Avion**.

Lorsque le mode Avion est activé, l'icône  apparaît dans la barre d'état en haut d'écran.

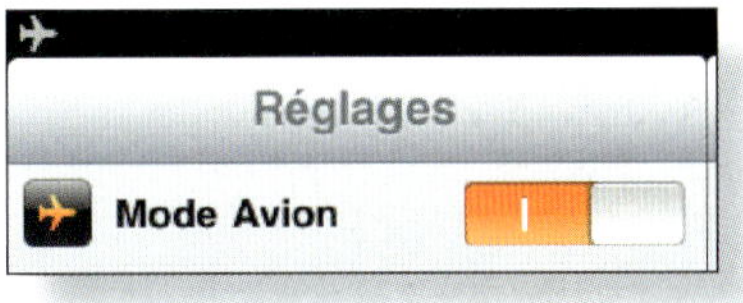

Pensez à désactiver le mode Avion, exactement de la même manière que vous l'avez activé, lorsque vous n'en aurez plus besoin !

Astuce Pour recharger votre iPad à l'étranger, n'oubliez pas que le câble fourni vous permet d'utiliser n'importe quel ordinateur équipé d'une prise USB, alors qu'un chargeur secteur requiert un adaptateur correspondant au pays visité.

Modifier les options de réseau

Le réseau 3G est disponible un peu partout dans le monde. Si vous ne bénéficiez pas d'un accès gratuit à l'étranger, vous pouvez désactiver le mode 3G. Vous pouvez aussi désactiver tout accès à Internet lorsque vous vous trouvez dans une zone non couverte par le réseau de votre opérateur avec l'option **Données à l'étranger**.

Astuce Notez aussi que la connexion à un réseau 3G est gourmande en énergie. Vous pourrez prolonger sensiblement l'autonomie de la batterie de votre iPad en désactivant l'accès 3G.

Pour désactiver la 3G :

1 Redémarrez l'iPad.

2 Faites glisser le curseur **Déverrouiller**.

3 Lorsque s'affiche le message « Carte SIM verrouillée », appuyez sur le bouton **OK**.

La barre d'état de l'iPad affiche désormais « SIM verrouillée » en lieu et place du nom de votre opérateur de téléphonie, ce qui confirme que la 3G est désactivée. Pour la réactiver, répétez les étapes 1 à 3 précédentes en appuyant cette fois sur **Déverrouiller**.

Se connecter en Wi-Fi

Bien plus rapide que la connexion au réseau 3G ou EDGE, le Wi-Fi a aussi l'avantage d'être souvent disponible gratuitement, dans de nombreux lieux publics en France et à l'étranger. La connexion au réseau Wi-Fi a été présentée en détail au chapitre 2. Voici un rappel.

1 Pour commencer, vous devez activer le mode Wi-Fi : touchez **Réglages**, **Wi-Fi** puis touchez le curseur **Wi-Fi**.

2 La liste des réseaux Wi-Fi disponibles s'affiche.

3 Pour rejoindre un réseau, touchez son nom et saisissez éventuellement le mot de passe demandé. Dans certains cas, la connexion n'est pas sécurisée, mais dès que vous rejoignez le réseau Wi-Fi, un écran spécial d'identification apparaît. Vous devez alors y saisir un identifiant et un mot de passe.

Lorsque l'iPad est connecté à un réseau Wi-Fi, l'icône apparaît dans la barre d'état en haut d'écran.

Astuce Les réseaux Wi-Fi publics gratuits sont nombreux autour de vous ! Les bibliothèques et les restaurants McDonald's, par exemple, proposent ce type d'accès. Il existe même des applications pour l'iPad permettant de localiser les points d'accès gratuits autour d'une adresse donnée, dans le monde entier, comme Free Wi-Fi Finder (disponible gratuitement sur l'App Store).

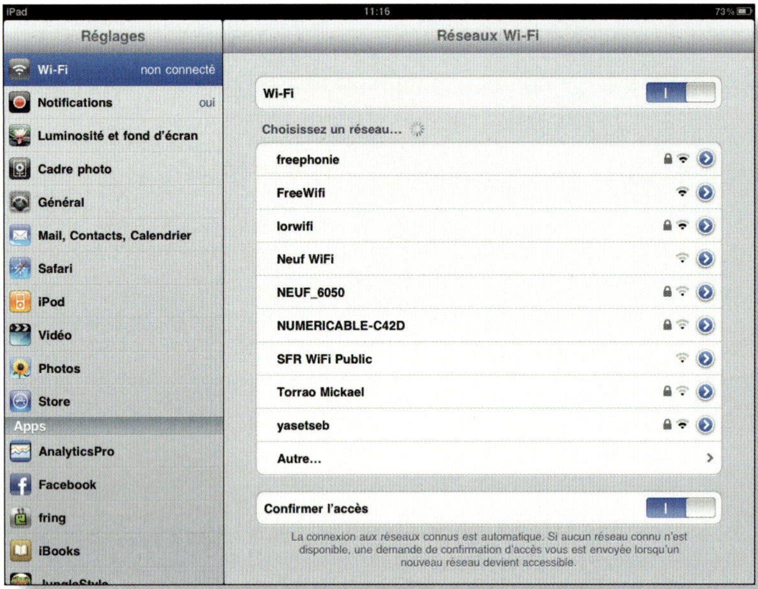

Réduire la consommation de données

En l'absence de Wi-Fi et si vous devez impérativement utiliser le réseau 3G à l'étranger, prenez tout de même soin de limiter au maximum votre consommation. Certaines fonctions de l'iPad, présentées précédemment, sont très pratiques lorsque l'on est connecté en permanence ou que le volume de données n'a aucune importance. Puisque ce n'est pas le cas, généralement, à l'étranger, pensez à les désactiver :

- Désactivez la fonction **Push** dans les réglages de Mail. Celle-ci oblige l'iPad à être connecté quasiment en permanence à votre serveur de messagerie. Touchez **Réglages**, puis **Mails, Contacts, Calendrier** et, enfin, **Nouvelles données**. Désactivez **Push** et choisissez **Manuellement** dans la zone **Récupération des données**.

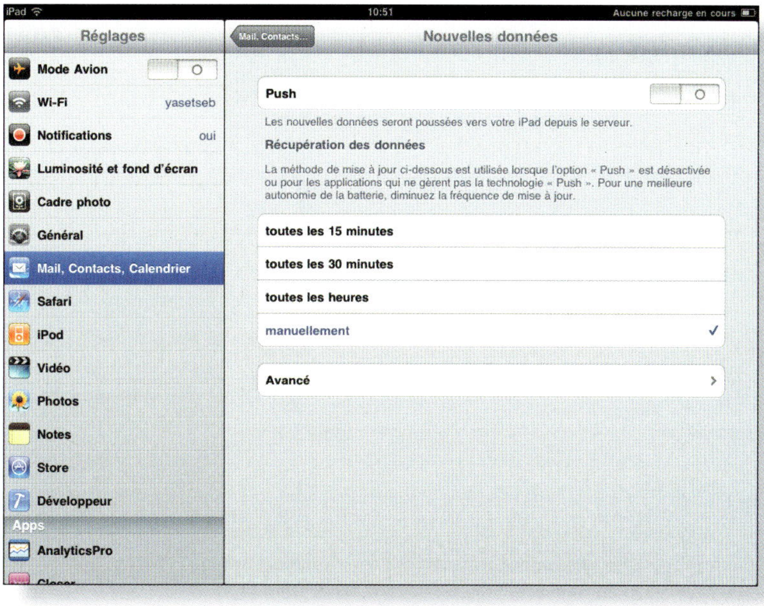

- Désactivez le chargement automatique des images dans les courriers électroniques reçus. Vous pourrez les consulter ultérieurement. Touchez **Réglages**, puis **Mails, Contacts, Calendrier**, et désactivez l'option **Charger les images**

Astuce À l'étranger, il est aussi judicieux d'économiser au maximum la batterie de votre iPad, surtout s'il n'est pas évident pour vous de le recharger. Ces conseils vous seront donc utiles à plus d'un titre, puisque la désactivation du Push ou le chargement des images demandent de l'énergie à l'iPad. Désactivez aussi l'option Bluetooth : touchez **Réglages**, **Général**, **Bluetooth**.

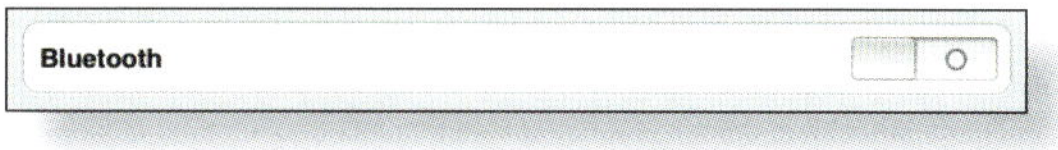

Régler l'heure manuellement

Dans certains pays, l'heure n'est pas automatiquement réglée car tous les fournisseurs de réseau cellulaire ne gèrent pas cette fonction.

Dans ce cas, pour régler manuellement l'heure de l'iPad :

1 Touchez **Réglages.**

2 Touchez **Général**.

3 Touchez **Régler la date et l'heure**.

4 Utilisez les menus déroulants pour ajuster les heures et les minutes. Vous pouvez aussi modifier la date : touchez la date affichée puis utilisez les menus de réglages pour la changer.

Astuce Touchez **Fuseau horaire** pour ajuster l'heure en fonction d'un fuseau horaire. Saisissez le nom de la ville recherchée puis touchez son nom.

Saisissez le nom d'une ville située dans le même fuseau horaire si celle que vous recherchez n'est pas listée par l'iPad.

Note Si votre voyage à l'étranger exige aussi la prise de notes ou la rédaction de messages en langue étrangère, pensez à ajouter le clavier international correspondant. Vous pouvez aussi éventuellement désactiver la correction orthographique.

Chapitre 13

Mise à jour et sauvegardes

Dans ce chapitre

- Mettre à jour le système
- Sauvegarder l'iPad
- Restaurer l'iPad à partir d'une sauvegarde
- Réinitialiser l'iPad

De l'importance des mises à jour et des sauvegardes

L'iPad est un peu comme un ordinateur : certains composants logiciels ont besoin d'être mis à jour. C'est le cas des applications et du système d'exploitation, le fameux iOS, par exemple. La procédure est heureusement toujours très simple grâce à iTunes.

Par ailleurs, pour une raison ou une autre (dépannage, cession de votre iPad à un tiers ou achat d'un nouvel iPad, par exemple), vous devrez peut-être un jour réinitialiser ou restaurer votre iPad. Ces manipulations sont elles aussi simplifiées avec iTunes.

Mettre à jour le système

Le système d'exploitation de votre iPad est régulièrement mis à jour et amélioré par Apple. Pour bénéficier des évolutions proposées, qui peuvent toucher le fonctionnement général de l'iPad comme les applications de base, vous devez installer les mises à jour lorsqu'elles sont disponibles.

Définition Le système d'exploitation régit les applications de base et toutes les fonctionnalités essentielles de votre iPad (du copier-coller aux fonds d'écrans, en passant par l'affichage des icônes ou les menus de réglages et les fonctions d'allumage ou d'extinction). Le nom du système d'exploitation de l'iPad est iOS. iOS est à l'iPad ce que Windows est à un PC ou Mac OS à un ordinateur Macintosh. Le système d'exploitation est aussi appelé « logiciel de l'iPad » dans iTunes.

Nouveauté Les évolutions majeures d'iOS accompagnent généralement la sortie d'un nouveau modèle d'iPad. Les mises à jour importantes font l'objet d'un changement de numéro. Ainsi, l'arrivée de l'iPad sur le marché coïncide avec le passage d'iOS 3 à iOS 4. Les mises à jour mineures correspondant quant à elles à des changements de version d'un même numéro d'iOS : quelques mois après la sortie d'iOS 4, par exemple, la mise à jour iOS 4.0.2 est proposée.

Installez les mises à jour d'iOS

La mise à jour du système d'exploitation de l'iPad se fait très simplement, car à chaque connexion à iTunes, une vérification rapide des mises à jour disponibles est effectuée. Si une nouvelle version d'iOS est disponible, iTunes vous propose de l'installer immédiatement.

Vous devez prendre certaines précautions avant d'installer un nouvel iOS, car cette manipulation peut supprimer certains contenus non transférés.

Voici comment procéder :

1 À l'aide du câble USB, connectez votre iPad à votre ordinateur.

2 Lancez iTunes.

3 Si une mise à jour d'iOS est détectée, une fenêtre s'affiche et vous propose de mettre à jour le système.

4 Vous pouvez ne pas installer la mise à jour (cliquez sur **Annuler**), la télécharger uniquement (mais cela n'est pas très pratique puisque vous devrez, de toutes façons l'installer ensuite), ou directement télécharger et installer la mise à jour. Cliquez sur **Téléch. et installer**.

5 À ce stade, il est fort possible qu'iTunes vous indique qu'il faut transférer vos achats depuis l'iPad afin d'éviter de perdre des données.

6 Dans ce cas, cliquez sur **Annuler**. Cliquez ensuite sur **Fichier** puis sur **Transférer les achats de « iPad »**. Patientez pendant le transfert des données depuis l'iPad vers iTunes.

Définition Le transfert des achats consiste à copier dans iTunes les éléments (musique, applications, *etc.*) que vous avez achetés sur l'iTunes Store ou l'App Store directement depuis votre iPad.

7 Une fois le transfert terminé, si la mise à jour d'iOS ne démarre pas automatiquement, cliquez sur l'onglet **Résumé** puis sur le bouton **Rechercher les mises à jour** dans la zone **Version**. Cliquez à nouveau sur **Téléch. et installer**.

8 La mise à jour débute. Tout est fait automatiquement : iTunes télécharge et installe le nouveau logiciel sur votre iPad. Cela peut être plus ou moins long, selon l'importance de la mise à jour. Patientez tant que l'indicateur de progression du téléchargement est visible en haut de la fenêtre iTunes.

9 À la fin de la mise à jour, la pomme réapparaît dans la zone de notification d'iTunes et, généralement, votre iPad redémarre. C'est terminé ! Vous pouvez utiliser votre iPad mis à jour immédiatement.

Astuce Quelle est la version actuelle d'iOS installée sur votre iPad ? Pour le savoir, connectez l'iPad à votre ordinateur et lancez iTunes. Dans l'onglet **Résumé**, vous pourrez voir la version de votre iOS (**Version du logiciel**).

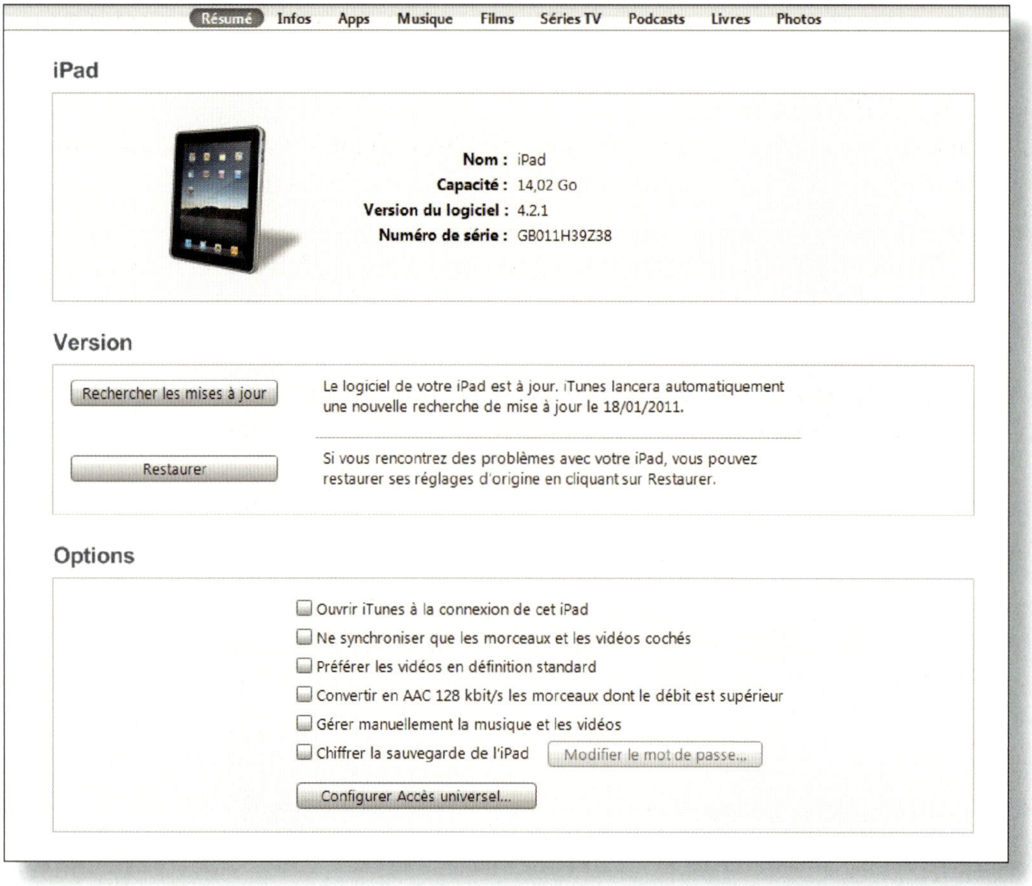

Mettre les applications à jour

Les applications téléchargées sur l'App Store font souvent elles aussi l'objet de mises à jour par leur concepteur.

Il peut s'agir d'une petite mise à jour fonctionnelle, d'une évolution majeure de l'application, ou d'une mise à niveau lorsqu'un nouvel iOS est publié (vous constaterez d'ailleurs que la plupart des applications sont mises à jour peu de temps après la publication d'une nouvelle version d'iOS).

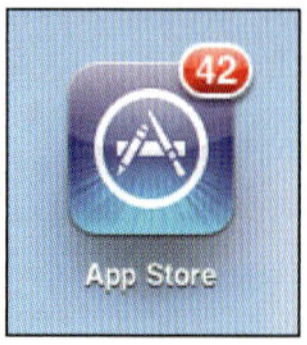

Dans tous les cas, la mise à jour des applications se fait *via* l'application App Store de votre iPad. Une pastille rouge indiquant le nombre de mises à jour disponibles s'affiche sur l'icône de l'application.

Pour mettre à jour toutes les applications, touchez l'icône **App Store**, puis le bouton **Mises à jour** en bas d'écran.

La liste des applications proposant une mise à jour s'affiche. Vous pouvez voir pour chacune des applications en quoi consiste la mise à jour proposée : touchez la ligne correspondante.

Touchez **Tout mettre à jour** pour lancer le téléchargement et l'installation des mises à jour. Vous devez saisir votre identifiant et votre mot de passe App Store.

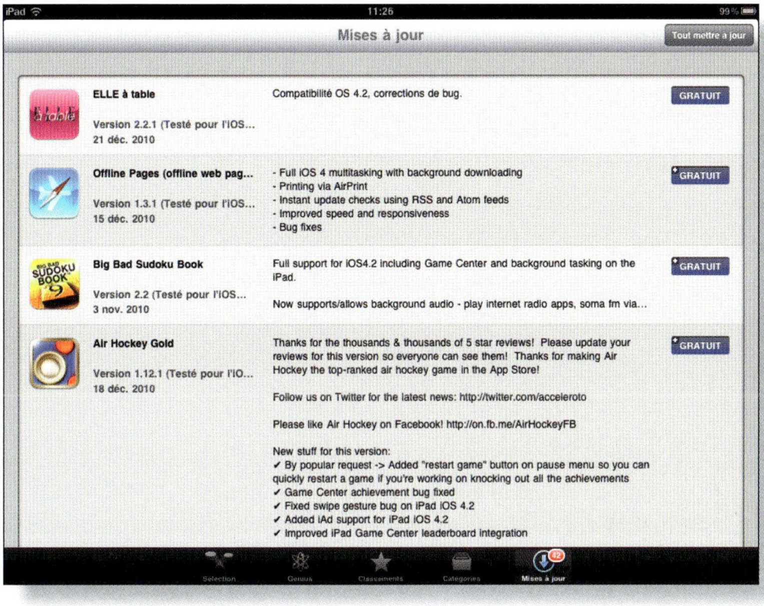

Note Préférez une connexion Wi-Fi pour télécharger les mises à jour, surtout lorsqu'elles sont nombreuses. Vous pouvez aussi effectuer la mise à jour des applications sur votre ordinateur puis synchroniser l'iPad : consultez le chapitre 10 pour plus d'informations à ce sujet.

Sauvegarder l'iPad

Pour une raison ou une autre (dépannage, cession de votre iPad à un tiers ou achat d'un nouvel iPad, par exemple), vous devrez peut-être un jour réinitialiser ou restaurer votre iPad.

Or, si vous avez déjà effectué une synchronisation avec iTunes, sans le savoir, vous avez aussi sauvegardé le contenu de votre iPad !

iTunes procède en effet automatiquement à une sauvegarde de l'iPad avant chaque synchronisation.

Vous pouvez aussi lancer une sauvegarde manuelle de votre iPad :

1 Lancez iTunes et connectez l'iPad à votre ordinateur à l'aide du câble fourni.

3 Cliquez avec le bouton droit sur **iPad** à gauche.

4 Cliquez sur **Sauvegarder**.

5 Patientez pendant la sauvegarde de tout le contenu de l'iPad : contacts, comptes de messagerie, photos, fichiers multimédias, *etc.*

Vous êtes désormais à l'abri des accidents !

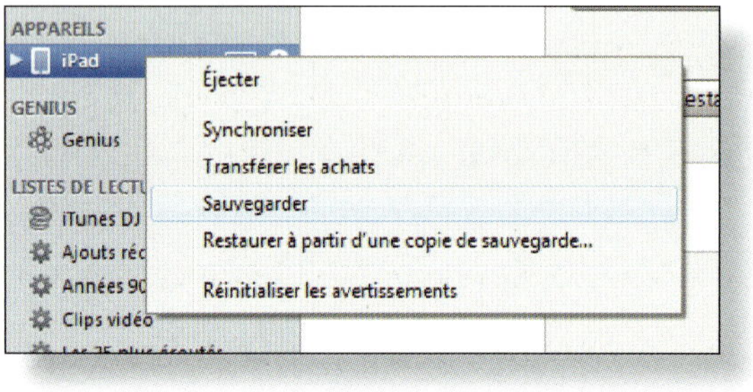

Restaurer l'iPad à partir d'une sauvegarde

Si vous rencontrez des problèmes avec votre iPad, vous pouvez commencer par restaurer les réglages d'origine du logiciel :

1 Connectez l'iPad à votre ordinateur.

2 Dans iTunes, cliquez sur **iPad** (section **Appareils**).

3 Cliquez sur l'onglet **Résumé**.

4 Cliquez sur **Restaurer**.

Vous pouvez aussi restaurer les réglages, lorsque vous changez d'appareil (pour un autre iPad, par exemple) et récupérer tout le contenu et les réglages à partir d'une sauvegarde de votre iPad. Attention : cette opération supprime les données existantes sur l'iPad.

1 Lancez iTunes et connectez l'iPad à votre ordinateur à l'aide du câble fourni.

2 Cliquez avec le bouton droit sur **iPad** à gauche.

3 Cliquez sur **Restaurer à partir d'une copie de sauvegarde**.

Il suffit ensuite de patienter pendant la restauration de l'iPad… Cela peut être long !

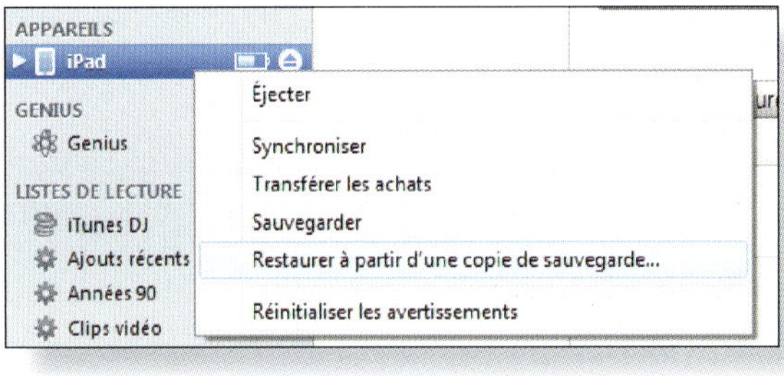

Astuce Si vous achetez un nouvel iPad, d'une version supérieure ou exactement le même modèle, la restauration vous servira à transférer tout le contenu (carnet d'adresses, réglages, musique, vidéos, applications, *etc.*), à l'identique, de votre ancien iPad vers votre nouvel iPad ! Suivez exactement la même procédure. Les seuls éléments qui ne seront pas copiés sur le nouvel iPad sont les mots de passe de vos comptes de messagerie : vous devrez les enregistrer à nouveau dans les réglages de Mail.

Réinitialiser l'iPad

Pour accéder aux options de réinitialisation de l'iPad, touchez **Réglages**, puis **Général** et, enfin, **Réinitialiser** tout en bas de l'écran. Attention ! Certaines réinitialisations sont irréversibles.

Astuce Notez que vous ne pourrez pas utiliser votre iPad avant la fin de la réinitialisation, qui peut durer jusqu'à deux heures. Il peut donc être judicieux de lancer une réinitialisation globale la nuit, par exemple.

Il existe plusieurs niveaux de réinitialisation de l'iPad :

- Pour réinitialiser toutes les préférences et réglages, *sans supprimer les informations* (contacts, éléments multimédias, *etc.*), touchez **Réinitialiser tous les réglages**.
- Pour réinitialiser tous les réglages et *effacer tout le contenu*, touchez **Effacer contenu et réglages**. Attention : cette option supprime toutes les informations et données multimédias de votre iPad !
- Pour réinitialiser uniquement les réglages réseau (et ainsi effacer la liste des réseaux Wi-Fi utilisés précédemment), touchez **Réinitialiser les réglages réseau**.
- Lorsque l'option de correction automatique est activée, vous ajoutez des mots au dictionnaire du clavier lors de la saisie. Pour effacer tous les mots que vous avez ajoutés, touchez **Réinitialiser le dictionnaire clavier**.

- Pour réinitialiser la position de toutes les icônes sur l'écran d'accueil, touchez **Réinitialiser l'écran principal**. Les icônes des applications iPad « de base » seront placées comme au premier démarrage de l'iPad. Les icônes des applications téléchargées seront classées par ordre alphabétique.
- Les *alertes de localisation* sont les messages affichés par les applications qui ont besoin de vous localiser. Ils n'apparaissent qu'une fois et enregistrent votre réponse (**Accepter** ou **Refuser**). Si vous réinitialisez les alertes de localisation, *tous* ces messages s'afficheront à nouveau !

Glossaire

3G : norme de technologie permettant aux téléphones mobiles et machines nomades d'accéder à Internet, dont les ancêtres sont le GPRS et EDGE

Accéléromètre : capteur de mouvement intégré à l'iPad, permettant de détecter tout déplacement, rotation, inclinaison, *etc.*

Activation : suite au premier démarrage, déverrouillage de l'iPad en le connectant à iTunes.

App Store : magasin d'applications disponible sur l'iPad ou depuis iTunes.

Bibliothèque iTunes : collection de musique ou de vidéos importée depuis votre ordinateur dans iTunes et permettant la synchronisation avec l'iPad.

Bouton Accueil : bouton principal de l'iPad, en bas au centre de la face avant. Permet de quitter une application et de revenir à l'écran d'accueil.

Cover Flow : mode d'affichage par pochettes d'albums de la musique dans l'iPad.

Défiler : mode d'interaction avec l'écran tactile de l'iPad, consistant à toucher l'écran puis à faire glisser le doigt sans relâcher.

Dock de lancement rapide : zone de quatre icônes située en bas d'écran et toujours visible, sur toutes les pages d'icônes. Entièrement personnalisable, elle permet un accès rapide aux applications choisies.

Écarter: voir *Zoomer.*

EDGE : norme de technologie permettant aux téléphones mobiles d'accéder à Internet. Ancêtre de la 3G.

GPRS : norme de technologie, permettant aux téléphones mobiles d'accéder à Internet. Ancêtre de EDGE et de la 3G.

Feuilleter : mode d'interaction avec l'écran tactile de l'iPad, consistant à faire glisser rapidement pour défiler dans un écran.

Fichiers pris en charge : types de fichiers supportés par l'iPad et pouvant être affichés. Les formats sont les suivants : .jpg, .tiff, .gif (images) ; .doc et .docx (Microsoft Word) ; .htm et .html (pages Web) ; .key (Keynote) ; .numbers (Numbers) ; .pages (Pages) ; .pdf (Aperçu et Adobe Acrobat) ; .ppt et .pptx (Microsoft PowerPoint) ; .txt (texte) ; .rtf (texte enrichi) ; .vcf (coordonnées) ; .xls et .xlsx (Microsoft Excel).

Genius : outil proposant des suggestions de téléchargement ou de création de listes dans iTunes en fonction du contenu de vos bibliothèques.

Géolocalisation : fonction permettant de positionner l'iPad géographiquement.

iBooks : application de gestion, de lecture et d'achat de livres électroniques, à télécharger gratuitement sur l'App Store.

iPod : lecteur de musique et vidéo (baladeur numérique) intégré à l'iPad.

iTunes Store : boutique de contenus numériques d'iTunes.

iTunes : logiciel « compagnon » de l'iPad, permettant de transférer des données de l'iPad vers un ordinateur et inversement, mais aussi d'acheter et de télécharger des contenus numériques (musique, vidéos ou applications).

Micro-SIM : carte SIM de nouvelle génération, plus petite que les cartes SIM traditionnelles.

Mode Avion : réglage qui permet d'utiliser uniquement les fonctionnalités de l'iPad qui ne sont pas liées au réseau sans fil (c'est-à-dire tout sauf l'utilisation du téléphone, l'accès à Internet ou aux appareils Bluetooth).

Mode paysage : mode d'utilisation de l'iPad « en largeur », en le faisant pivoter d'un quart de tour. Le mode paysage améliore certains usages (clavier plus large) ou donne accès à des fonctions supplémentaires (calculette scientifique, par exemple).

Pincer : voir *Zoomer*.

Push : système de notification par messages sur l'iPad. Une application non lancée peut ainsi tout de même émettre un message à l'utilisateur.

Recherche Spotlight : outil de recherche textuelle dans tout l'iPad, accessible par de nombreux moyens.

Synchroniser : mettre à jour l'iPad et transférer du contenu (musique, vidéos ou applications) de l'iPad vers un ordinateur ou inversement, à l'aide du logiciel iTunes.

Toucher : mode d'interaction avec l'écran tactile de l'iPad, consistant à appuyer sur l'écran.

Verrouillage : mise en veille de l'iPad, avec désactivation de l'écran tactile.

Wi-Fi : réseau Internet sans fil.

Zoomer : mode d'interaction avec l'écran tactile de l'iPad, consistant à agrandir (zoom avant) ou réduire (zoom arrière) une partie d'écran en touchant l'écran avec deux doigts puis en écartant ou en rapprochant les doigts (comme si l'on pinçait la surface de l'écran).

Index

Chiffres

A

D

E

F

G

H

I

J

K

L

M

N

O

P

Q

R

S

T

U

V

W

X

Y

Z